U0960189

高职高专“十二五”财经管理类规划教材

# 纳税实务

主　编　王艳利
副主编　杨新宇　贾鹏芳　党宏康

天津大学出版社
TIANJIN UNIVERSITY PRESS

## 内容简介

本教材依据我国最新的税收法律法规，为满足高职院校高素质技能型人才培养目标要求，紧密结合企业税收工作实际，在认真总结“纳税实务”课程教学实践和税务工作经验的基础上编写而成。

本教材主要包括税收法律基础、增值税核算与申报、消费税核算与申报、营业税核算与申报、关税核算与申报、企业所得税核算与申报、个人所得税核算与申报、资源税核算与申报、财产税核算与申报、行为目的税核算与申报、企业纳税筹划、纳税实务综合实训等内容。教材对主要税种主要讲述其基本知识、应纳税额计算、会计处理和纳税申报。营业税的内容还包含了我国最新实施的“营改增”的内容。本书内容新颖、体例独特、重点突出、案例丰富，突出对学生纳税业务核心能力的培养，体现“学中做”“做中学”、理实合一的教学理念。

本教材难易适中，为适合高职院校财经类专业的教学用书，也可作为成人高等学校教材以及会计培训用书，同时也是税务工作者掌握税法的自学用书。

**图书在版编目(CIP)数据**

纳税实务/王艳利主编. —天津:天津大学出版社,2015.1
高职高专“十二五”财经管理类规划教材
ISBN 978-7-5618-5258-3

Ⅰ.①纳… Ⅱ.①王… Ⅲ.①纳税－税收管理－中国－高等职业教育－教材 Ⅳ.①F812.423

中国版本图书馆 CIP 数据核字(2015)第 026851 号

出版发行 天津大学出版社
出 版 人 张树俊
地　　址 天津市卫津路 92 号天津大学内(邮编:300072)
电　　话 发行部:022-27403647
网　　址 publish.tju.edu.cn
印　　刷 天津泰宇印务有限公司
经　　销 全国各地新华书店
开　　本 185mm×260mm
印　　张 17.25
字　　数 437 千
版　　次 2015 年 3 月第 1 版
印　　次 2015 年 3 月第 1 次
定　　价 34.00 元

# 前　言

随着我国经济社会的发展，税收法律制度在不断地调整和改革。近几年来，增值税、消费税、资源税、企业所得税、个人所得税等税种都有所调整，颇受人们关注的是“营改增”的试点。2013 年 8 月 1 日，“营改增”试行范围已推广到全国，内容涉及交通运输业、邮政业和电信业。

“纳税实务”是财经类专业的核心课程。本教材依据我国最新的税收法律法规，为满足高职院校高素质技能型人才培养目标要求，紧密结合企业税收工作实际，在认真总结“纳税实务”课程教学实践和税务工作经验的基础上编写而成。

本教材编写具有以下特点。

第一，重点突出。教材内容包含税收法律基础、各税种的核算与申报、企业纳税筹划以及纳税实务综合实训，主要突出应纳税额计算、会计处理和纳税申报等纳税业务核心能力培养，可以使学生全方位、多角度地学习并掌握税收法律知识和技能。

第二，体例独特。按照项目导向的教学模式设计项目教学内容。项目内容包括案例或任务导入、相关内容学习、操作示范、任务训练等，使学生在“学中做”“做中学”，对所学知识能够活学活用，提高实践技能。

第三，内容新颖。融入 2014 年 10 月前的最新税法内容。营业税中，增加“营改增”最新内容，以达到对最新税法的学习和应用。

第四，课证融合。融入会计从业资格、初级会计师、会计师和注册税务师的考证内容，为学生考证奠定基础。

本教材难易适中，为适合高职院校财经类专业的教学用书，也可作为成人高等学校教材以及会计培训用书，同时也是税务工作者掌握税法的自学用书。教材配有课件，可在天津大学出版社官网下载使用。

本教材由咸阳职业技术学院王艳利主编，咸阳职业技术学院杨新宇、咸阳职业技术学院贾鹏芳、陕西省行政学院党宏康副主编，全书由王艳利负责拟定编写大纲，并完成统稿和定稿工作。编写人员具体分工：王艳利编写项目一、项目二、项目三、项目八以及项目十二的任务 1 和任务 2；杨新宇编写项目七；党宏康编写项目四；贾鹏芳编写项目九和项目十二的任务 3、任务 4 和任务 5；咸阳职业技术学院刘建政编写项目五；徐亚冬编写项目六；樊钟编写项目十；王莹编写项目十一。

在本教材的编写过程中，编者参阅了不少专著和教材，得到了有关专家、学者的大力支持，在此对相关人员一并致以诚挚的谢意。

由于编者水平有限，书中疏漏之处在所难免，敬请读者批评指正。

编　者

2015 年 1 月

# 前言

# 目　录

# 项目一　税收法律基础

| 知识目标 | 能力目标 |
| --- | --- |
| 1. 掌握我国现行的税法体系。<br>2. 掌握税法的构成要素。<br>3. 熟悉税务登记、纳税申报的基本程序和要求。<br>4. 掌握税款缴纳的方式和税务检查的方法。<br>5. 掌握违反税法的法律规定。 | 1. 能够理解税法的概念和特征。<br>2. 能够运用税法构成要素对企业某一税种的纳税义务进行分析。<br>3. 能够办理企业各类税务登记。<br>4. 能够运用税收法律规定对企业的税收违法行为进行具体分析。 |

## 【任务导入】

西方国家有句名言:人生有两件事是不可避免的,一是纳税,二是死亡。

果真如此吗?来看看纳税是如何不可避免的。如果你投资工商业或服务业,办工厂、开商店,或者开饭店、跑运输,等等,显然逃不了各种流转税,如增值税、消费税、营业税等,也避免不了所得税,如企业所得税、个人所得税。如果你不经商,而是一名普通的员工,是否就不纳税了呢?如果你的月工资超过了3 500元,就要缴纳个人所得税。如果你购买彩票中奖了,也需要纳税。如果你把房子或者设备出租了,获得一笔租金,也要纳税。你买房,要纳契税;你买车,要纳车辆购置税。无论你做什么,无论你的社会地位如何,你都是我们国家的纳税人,都在为祖国的建设做着贡献。

纳税人纳税关键在于需要知道要交什么税,交多少,怎么交,会计上又如何进行处理。解决这些问题之前,首先需要了解税收基本知识、纳税申报、税款缴纳等基础内容。

## 任务1　认识税收

### 一、税收概述

#### (一)税收和税法的概念

税收是国家为了实现其职能,凭借政治权力,按照税收法律规定的标准和程序,对负有纳税义务的单位和个人强制、无偿地征收实物或货币,以取得财政收入的一种形式。

税法是指由国家机关制定的,用以调整国家与纳税人之间在征税、纳税方面权利与义务关系的法律规范的总称。税法是国家依法征税、纳税人依法纳税的行为准则。

税法与税收的关系密不可分。税法是税收的法律表现形式,即通过法律明确国家与纳税人之间的权利和义务。税收则是税法确定的具体内容,即在税法规定的范围内取得财政收入的方式。但是,从某种意义上讲,二者的内容是一致的。

### (二)税收的特征

税收的特征是税收作为政府财政收入的主要形式区别于其他财政收入的标志。概括地说,税收主要有以下三个特征。

1. 强制性

税收的强制性是指政府征税是以法律的形式规定了纳税人义务,纳税人必须依法纳税,否则就要受到法律的惩罚。

税收的强制性源于税收的无偿性。因为税收是无偿征收的,对于纳税人来说,纳税就是一种经济利益的损失和放弃,所以一般都不会自愿缴纳,因而需要以法律的形式来强制实施税收。

2. 无偿性

税收的无偿性是指政府征税以后不直接给予纳税人某种对价物,也不向纳税人提供某种特权,以后也不需要返还给纳税人,而是将税收作为财政收入的来源,由政府用于各种职能活动的消耗。

3. 固定性

税收的固定性是指税收法律制度一经制定,就规定了某一种税的征税对象,即对什么征税,依据什么计算征税(如商品的销售收入或销售数量、企业或个人的收入等),也规定了税率。这些基本内容规定以后一般不频繁变动,而是具有相对的稳定性。税收法律制度的这种固定性使得税收作为政府的主要财政收入形式,成为政府经常性的、基本的财政收入来源。

## 二、税法构成要素

税法要素是指构成税收法律制度的共同因素,是国家征税必不可少的要素。税法要素一般包括纳税人、征税对象、税率、纳税环节、纳税地点、纳税期限、税收减免和法律责任等。其中纳税人、征税对象、税率是税法的基本要素。

### (一)纳税人

纳税人是指税法规定的负有纳税义务的单位和个人。纳税人包括自然人和法人。

1. 自然人

自然人是指在法律上独立享有民事权利并承担民事义务的公民。凡是在我国居住,享受民事权利并承担民事义务的中国人、外国人或无国籍人以及虽然不在我国居住但受我国法律管辖的中国人或外国人,都是负有纳税义务的自然人。

2. 法人

法人是指依法成立,能独立行使法定权利并承担法定义务的组织。比如,企业、事业单位等。在我国,法人是最主要的纳税主体。不同税种的纳税人有所不同。比如,生产销售商品的,为增值税纳税人;从事建筑、安装等劳务的,为营业税纳税人。一般情况下,法人企业都是多个税种的纳税人。

在税收征收管理中，与纳税人密切相关的一个主体是扣缴义务人。扣缴义务人是税法确定负有扣缴税款义务的单位和个人。扣缴义务人也是一种法律义务人。扣缴义务人如果不依法扣缴税款，也属违法，也要承担相应的法律责任，承受相应的处罚。

与纳税人有关的另一个重要主体是负税人。所谓负税人是指实际负担税款的单位和个人。从税收经济学的原理分析，纳税人缴纳税款后并不一定自己负担税款，而是有可能将税款转嫁给他人负担。例如，卷烟厂缴纳了高额的消费税以后，就将税款加在了卷烟的价格中，在将卷烟卖出去时，就将税款也转嫁给了卷烟的购买者。

### （二）征税对象

征税对象又称课税对象，是指征税的直接对象，即对什么征税。征税对象反映了征税的基本范围和界限，是确定征税范围的重要要素，是区别各种税种的主要标志，也是进行税法分类的最重要的依据。

与征税对象密切相关的有税目与计税依据两个概念。

税目是征税对象的具体项目。税目确定了征税的范围，体现了征税的广度。

计税依据又称税基，是计算应纳税额的依据。它具体分为三种：一是从价计征，以计税金额为计税依据；二是从量计征，以征税对象的实物单位量（如重量、体积）为计税依据；三是复合计税，即同时以征税对象的计税金额和实物单位量为计税依据。

### （三）税率

税率是应纳税额与计税依据之间的法定比例。它是税法的核心要素。税率是衡量税负高低的重要指标。在征税对象数额既定的情况下，税率的高低直接关系到纳税人负担的轻重和国家收入的多少。它反映国家征税的深度和国家的经济政策，是极为重要的宏观调控手段。

税率从形式上可分为三种：比例税率、累进税率和定额税率。

#### 1. 比例税率

比例税率即对同一征税对象，不论其数额大小，均按同一比例计算其应纳税额的税率。流转税一般多采用这种税率形式。

#### 2. 累进税率

累进税率是按征税对象数额的大小划分若干等级，每级由低到高规定相应的税率，征税对象数额越大，适用的税率越高，税负也就越重。此种税率一般适用于对所得额征税。

累进税率可分为全额累进税率、超额累进税率、超率累进税率。其中，全额累进税率因其违背公平原则，故一般已不采用。

#### 3. 定额税率

定额税率也称固定税额，是指按征税对象的一定计量单位直接规定其应纳的固定税额，而不采用百分比形式。一般适用于从量计征的税种。

税率的各种形式比较见表 1-1。

表 1-1 税率的各种形式比较

| 税率类别 | | 具体形式 | 应用的税种 |
|---|---|---|---|
| 比例税率 | | 单一比例税率,差别比例税率,幅度比例税率 | 增值税、营业税、城市维护建设税、企业所得税等 |
| 定额税率 | | 按征税对象的一定计量单位规定固定的税额 | 资源税、城镇土地使用税、车船税等 |
| 累进税率 | 全额累进税率 | (我国目前没有采用) | |
| | 超额累进税率 | 把征税对象按数额大小分成若干等级,每一等级规定一个税率,税率依次提高,将纳税人的征税对象依所属等级同时适用几个税率分别计算,再将计算结果相加后得出应纳税款 | 个人所得税 |
| | 超率累进税率 | 以征税对象数额的相对率划分若干级距,分别规定相应的差别税率,相对率每超过一个级距的,对超过的部分就按高一级的税率计算征税 | 土地增值税 |

## 【问题思考】1-1

税法构成最基本的三要素是什么?

### (四)纳税环节

纳税环节是指税法规定的征收对象在从生产到消费的流转过程中应当缴纳税款的环节。确定纳税环节应根据不同税种的具体情况,从有利于税款征收、控制税源等原则出发。

按照纳税环节的多少,可将税收课征制度划分为两类,即一次课征制度和多次课征制度。一次课征制度是指一种税收在各个流通环节只征收一次税。这种制度税源集中,可以避免重复征税,如消费税主要在生产或进口环节征收,对以后环节不再征收。多次课征制度是指一种税收在各个流通环节选择两个或两个以上的环节征收,如增值税。

### (五)纳税地点

纳税地点是纳税人依据税法规定向征税机关申报纳税的具体地点。即纳税人应向哪里的征税机关申报纳税以及哪里的征税机关有权进行税收管辖。通常,在税法上规定的纳税地点主要是机构所在地、经济活动发生地、财产所在地、报关地等。

### (六)纳税期限

纳税期限是税法中规定的应该履行纳税义务的期限。规定纳税期限是税收强制性的表现之一。如果纳税人不在规定的期限内履行规定的义务就会受到法律的惩罚。

纳税期限一般有两种形式:一是按期纳税,以纳税人发生纳税义务的一定期间作为纳税期限;二是按次纳税,以纳税人从事生产、经营活动的次数作为纳税计算期。

### (七)税收减免

这是对特定的纳税人减轻或免除其税负的一种特殊优惠措施。其目的在于,国家能充分运用税收对某些企业或产业予以扶持和照顾。我国目前的税收减免措施主要包括起征点、免征额、减税和免税几种。

(1)起征点是指税法规定对征税对象开始征税的数额界限。征税对象未达到起征点的不征税;达到或超过的,则以征税对象的全部数额征税。

(2)免征额是指税法规定按一定标准从征税对象中预先扣除、免予征税的数额。征税对象数额未达到免征额的,不征税;达到或超过免征额标准的,只对超过免征额的部分征税。

(3)减税是对应纳税额减征部分税款。

(4)免税是对应纳税额全部免征。

**【问题思考】1-2**

起征点和免征额有什么区别?

### (八)法律责任

法律责任是指违反税收法律法规的行为人应当承担的法律后果。法律责任内容一般包括违法行为和因违法行为而应承担的法律责任两部分。

违法行为是指违反国家税收法律法规的行为。如纳税人发生纳税义务,没有按照规定的期限办理纳税申报,经税务机关责令限期申报,逾期仍不申报的。

因违反税收法律法规应承担的法律责任,包括行政责任和刑事责任。纳税人和征税人员违反税法规定,都要依法承担法律责任。《中华人民共和国税收征收管理法》(以下简称《税收征管法》)、《中华人民共和国会计法》(以下简称《会计法》)以及《中华人民共和国刑法》(以下简称《刑法》)等法律法规,对违反财税法规的行为,有明确的制裁规定。

## 三、税收分类及我国税收体系

### (一)税收的分类

根据不同的划分标准,我国税收的分类情况如下。

1. 按征税对象的性质分类

税收包括流转税(增值税、消费税、营业税、关税等),所得税(企业所得税、个人所得税),资源税(资源税、城镇土地使用税、土地增值税等),行为税(印花税、车辆购置税、城市维护建设税等),财产税(房产税、契税、车船税等)。

2. 按税收管理和使用权限分类

税收包括中央税(关税、消费税等),地方税(个人所得税、房产税、土地使用税等),中央地方共享税(增值税等)。

3. 按税收与价格的关系划分

税收包括价内税(消费税等)和价外税(增值税等)。

4. 按计税标准划分

税收包括从价税(增值税、营业税等)和从量税(资源税等)。

5. 按税负是否转嫁划分

税收包括直接税(所得税、财产税等)和间接税(增值税、消费税等)。

## (二)我国现行的税收体系

1994 年,我国通过大规模的工商税制改革,在主体上形成了我国工商税制的整体格局,连同其他税种,共 26 种税。近 20 年来,又做了调整,目前开征的共有 17 个税种。关税由海关征收,其他由国家税务机关、地方税务机关征收。根据分税制财政管理体制,税收收入分为中央收入、地方收入和中央地方共享收入。我国现行税种如表 1-2 所示。

表 1-2 我国现行税种

| 税种 | | 中央税 | 地方税 | 中央地方共享税 | 备 注 |
|---|---|---|---|---|---|
| 1 | 增值税 | √ | | √ | 海关代征的增值税为中央固定收入;其余为中央地方共享收入,中央分享 75%,地方分享 25% |
| 2 | 消费税 | √ | | | 含海关代征的消费税 |
| 3 | 营业税 | √ | √ | | |
| 4 | 关税 | √ | | | |
| 5 | 企业所得税 | √ | | √ | 从 2002 年起,铁路运输、邮电、国有商业银行、海洋石油天然气等企业缴纳的所得税为中央固定收入;其他由中央和地方共享,中央分享 60%,地方分享 40% |
| 6 | 个人所得税 | | | √ | 从 2002 年起开始调整为共享税,中央分享 60%,地方分享 40% |
| 7 | 资源税 | | | √ | 海洋石油企业缴纳的资源税为中央收入,其余为地方收入 |
| 8 | 房产税 | | √ | | |
| 9 | 契税 | | √ | | |
| 10 | 车船税 | | √ | | 自 2007 年 1 月 1 日起,由车船使用税改为车船税;从 2012 年 1 月 1 日起执行新的车船税法 |
| 11 | 印花税 | | √ | | 证券交易印花税,中央地方分成,97% 归中央,3% 归地方;其他印花税收入全部归地方 |
| 12 | 城市维护建设税 | √ | √ | | 铁道部门、各银行总行、各保险公司等集中缴纳的城市维护建设税为中央收入,其余为地方收入 |
| 13 | 耕地占用税 | | √ | | |
| 14 | 车辆购置税 | √ | | | 2001 年 1 月 1 日起开征 |
| 15 | 城镇土地使用税 | | √ | | |
| 16 | 土地增值税 | | √ | | |
| 17 | 烟叶税 | | √ | | 2006 年 4 月 1 日起开征 |

注:表中“√”表示“是”。

# 任务2　税务管理

## 一、税务登记

税务登记是税务机关依据税法规定对纳税人的生产经营活动,包括开业、变更、注销以及经营范围进行登记并据此对纳税人实施税务管理的一种法律制度。

税务登记的基本步骤包括纳税人申报办理税务登记、主管税务机关审核、税务机关填发税务登记证。

税务登记的基本类型有开业税务登记、变更税务登记、停业复业登记、外出经营报验登记及注销登记等。

### 【案例分析】1-1

金海市和平区泰达修理厂是一家民营独资企业,厂长王洪于2005年6月8日领取营业执照之后从事汽车修理经营。他一直未办理税务登记,也未缴纳税款。王洪抱着侥幸心理,心想等税务部门知道了再缴税就是了。

请问:王洪的这种想法对吗?税务部门对王洪应怎样处理?

【分析】王洪的这种想法不对。按税收法律规定,王洪从事汽车修理经营,应当自领取营业执照之日起30日内向其所在地税务机关办理税务登记,领取税务登记证,并自开业之日起,按期纳税。

税务机关发现纳税人王洪没有按规定办理税务登记并缴纳税款,除责令其限期改正外,还要对其处以补缴税款和罚款。王洪逾期不改,税务机关可提请工商机关吊销其营业执照。

### (一)开业税务登记

1. 开业税务登记的概念

开业税务登记是纳税人依法成立,进行工商行政登记后,为确认其纳税人身份而进行的登记。开业税务登记包括领取营业执照从事生产经营的纳税人开业税务登记和非从事生产经营的纳税人开业税务登记两类。

凡是从事生产经营的纳税人,应当自领取营业执照之日起30日内,主动向所在地税务机关申报办理税务登记。按规定不需要领取营业执照的纳税人,应当自有关部门批准之日起30日内,或者自发生纳税义务之日起30日内,主动依法向主管国家税务机关申报办理税务登记。

2. 开业税务登记的主要内容

开业税务登记的主要内容包括:纳税人名称、纳税人识别号、登记注册类型、组织机构代码、法定代表人或负责人、生产经营地址、注册地址、核算方式、生产经营范围(主营、兼营)、开业日期、生产经营期限等。

3. 开业税务登记的办理程序

1）登记申请

纳税人申报办理税务登记时，首先应当到主管税务机关或指定的税务登记办理处，填报申请税务登记报告书，并相应出示以下证件和资料：营业执照或其他核准执业证件；有关合同、章程、协议书；银行账号证明；法定代表人、负责人、纳税人本人的居民身份证、护照或者其他证明身份的合法证件；组织机构统一代码证书；住所、经营场所的使用证明；税务机关要求提供的其他证件、资料。

2）登记办理

税务机关收到业户申请报告和有关证件资料后，应进行初步审查，对符合登记条件的纳税人，按其登记的种类，发放税务登记表或注册税务登记表和纳税人税种登记表。纳税人应当如实填写上述表格。

3）发放证件

对纳税人填报的登记表格、提供的证件和资料，税务机关应当自受理之日起 30 日内审核完毕；符合规定的，予以登记，发给税务登记证或注册税务登记证及其副本，并分税种填制税种登记表，确定纳税人所适用的税种、税目、税率、报缴税款的期限和征收方式及缴库方式等。

## （二）变更税务登记

1. 变更税务登记的情形

纳税人办理税务登记后，凡发生下列变化之一的，应按规定办理变更税务登记：①改变单位名称或法定代表人或个体工商户的姓名及其居民身份证、注册地点或经营地址及工商执照号码；②改变经济性质、核算方式或隶属关系；③改变生产、经营方式或经营范围；④改变银行基本存款账户或纳税专用账户（包括开户银行及账号）。

2. 变更税务登记的时限

纳税人税务登记内容发生变化时，必须向税务机关申报变更税务登记。纳税人在工商行政管理机关办理注册登记的，应当自工商行政管理机关办理变更之日起 30 日内，持有关证件向原税务登记机关申报办理变更税务登记。

纳税人按照规定不需要在工商行政管理机关办理变更登记，或者其变更登记的内容与工商登记内容无关的，应当自税务登记内容实际发生变化之日起 30 日内，或者自有关机关批准或宣布变更之日起 30 日内，到原税务登记机关申报办理变更税务登记。

## （三）停业、复业登记

实行定期定额征收方式的纳税人在营业执照核准的经营期限内需要停业的，应当向主管税务机关提出停业登记，说明停业理由、时间，停业前的纳税和发票的领、用、存情况，并如实填写停业申请审批表。税务机关经过审核，应责成纳税人结清税款，并在收回税务登记证件、发票领购簿和发票后，办理停业登记。纳税人的停业期限不得超过 1 年。

纳税人在停业期间发生纳税义务的，应当按照税收法律、行政法规的规定申报缴纳税款。

纳税人复业的，应当于恢复生产、经营之前，向主管税务机关提出复业申请，经确认后，办理复业登记，领回或启用税务登记证件和发票领购簿及领购的发票，纳入正常管理。

纳税人停业期满不能及时恢复生产、经营的，应当在停业期满前向税务机关提出延长停业登记。

### (四)注销税务登记

纳税人发生解散、破产、撤销以及其他情形，依法终止纳税义务时，应当在规定的时间内，持有关证件和资料向原税务登记机关申报办理注销税务登记。

纳税人依法终止纳税义务的，应在向原工商行政管理机关申报办理注销登记前，向原税务登记机关申报办理注销税务登记。

纳税人被工商行政管理机关吊销营业执照或被其他机关予以撤销登记的，应自营业执照被吊销或被其他机关撤销登记之日起15日内，向原税务登记机关申报办理注销税务登记。

纳税人办理注销税务登记前，应当向税务机关提交相关证明文件和资料，结清应纳税款、多退(免)税款、滞纳金和罚款，缴销发票、税务登记证件和其他税务证件，经税务机关核准后，办理注销税务登记手续。

### (五)外出经营报验登记

纳税人到外县(市)临时从事生产经营活动的，应当在外出生产经营以前，持税务登记证向主管税务机关申请开具外出经营活动税收管理证明(以下简称“外管证”)，向当地税务机关报验登记。

主管税务机关审核后，按照一地(外出经营地应当具体填写到县、市)一证的原则，核发外管证。纳税人到外县(市)销售货物的，外管证的有效期限一般为30天，最长不超过180天；到外县(市)从事建筑安装工程的，外管证的有效期限最长为1年，因工程需要延长的，应当向原外管证核发机关重新申请。

纳税人应当在外管证有效期届满后10天内，持外管证回原税务登记地税务机关办理外管证缴销手续。

### (六)税务登记证的使用与管理

1.税务登记证的使用

纳税人在办理下列事项时，必须持税务登记证件：①开立银行账户；②申请减税、免税、退税；③申请办理延期申报、延期缴纳税款；④领购发票；⑤申请开具外出经营活动税收管理证明；⑥办理停业、歇业。

2.税务登记证的管理

纳税人领取税务登记证后，应当将税务登记证正本在其生产、经营场所内明显易见的地方张挂，亮证经营；税务机关对已核发的税务登记证件，实行定期验证和换证制度(每年年审一次，3年更换一次)。

税务登记证件只限于纳税人自己使用，不得转借、涂改、损毁、买卖或者伪造，并应妥善保管，如有遗失，应在登报声明作废的同时，及时书面报告主管税务机关，并提供有关证件，经主管税务机关审查处理后，补发新证，同时按规定缴付工本管理费。

## 二、纳税申报

纳税申报是指纳税人、扣缴义务人、代征人为正常履行纳税、扣缴税款义务，就纳税事项向税务机关提出书面申报的一种法定手续。

### （一）纳税申报主体

按照国家法律、行政法规的规定，负有纳税义务的纳税人、代征人或者是负有代扣代缴义务的扣缴义务人（含享受减免税的纳税人），无论本期有无应纳、应缴税款，都必须按税法规定的期限如实向主管税务机关办理纳税申报。

### （二）纳税申报期限

按税法规定的时间，一般有按期纳税和按次纳税。

### （三）纳税申报的方式

1. 直接申报

直接申报是指纳税人、扣缴义务人在法定的税款征收期内直接到税务机关报送纳税申报表、代收代缴税款报告表和其他有关纳税申报资料。

2. 邮寄申报

邮寄申报是指纳税人、扣缴义务人经税务机关批准，通过邮寄方式向税务机关报送纳税申报表或者报送代扣代缴、代收代缴税款报告表及有关资料的方式。纳税人采取邮寄方式办理纳税申报的，应当使用统一的纳税申报专用信封，并以邮政部门收据作为申报凭据。邮寄申报以寄出的邮戳日期为实际申报日期。

3. 电子申报

电子申报是纳税人、扣缴义务人经过税务机关批准，通过电子系统联网的电脑终端，按照规定和系统发出的指示输入内容进行的纳税申报。这是适应信息化要求的一种快捷申报方式。纳税人采取电子方式办理纳税申报的，应当按照税务机关规定的期限和要求保存有关资料，并定期书面报送主管税务机关。

4. 简易申报

简易申报是指实行定期定额缴税的纳税人，通过以缴纳税款凭证代替申报或简并征期的一种申报方式。

### （四）纳税申报应提交的资料

纳税人在办理纳税申报时，应如实填写纳税申报表。一般情况下，还应报送下列资料：

（1）财务会计报表及其说明资料；

（2）与纳税有关的合同、协议及凭证；

（3）税控装置的电子报税资料；

（4）外出经营活动税收管理证明及异地完税凭证；

（5）税务机关规定应当报送的其他有关资料。

### (五)延期申报

延期申报是指纳税人、扣缴义务人因特殊困难不能按期办理纳税申报或者报送扣缴税款报告表的,经税务机关核准,可以延长一定的期限(最长不超过3个月),在核准后的期限内再行办理纳税申报。

## 三、税款缴纳

### (一)税款征收方法

根据《税收征管法》规定,税款征收方法由税务机关根据具体情况确定,纳税人无权自行确定。

我国税款的征收方法,目前主要有以下6种。

1.查账征收

查账征收是指税务机关按照纳税人提供的账表所反映的经营情况,依照适用税率计算缴纳税款的方法。这种征收方法适用于账簿、凭证和财务核算健全,能够认真履行纳税义务的纳税人。具体步骤是,先由纳税人在规定的纳税期限内,以纳税申报表的形式向税务机关办理纳税申报,经税务机关审查核实后,填写缴款书将税款缴入国库。

2.查定征收

查定征收是指由税务机关依据纳税人的生产设备、生产能力、从业人员数量和正常情况下的生产销售情况,对其生产的应税产品核定产量、销售量或销售额,依据适用税率征收税款的方法。这种征收方法,适用于生产不固定、账簿不健全的纳税人。

3.查验征收

查验征收是指税务机关对某些零星、分散的高税率货物,在纳税人申报缴税时,由税务机关派人到现场实地查验,并贴上查验标记或盖上查验戳记,据以计算征收税款的方法。这种征收方法,适用于经营品种单一,经营地点、时间和商品来源不固定的纳税单位。

4.定期定额征收

定期定额征收是指税务机关对一些营业额和所得额难以准确计算的纳税,采取由纳税人自报自议,税务机关逐户确定一定时期的营业额和所得税附征率,实行多税种合并征收税款的征收方法。这种方法适用于难以取得完整考核依据的小型纳税人,比如个体工商户。实行定期定额缴纳税款的纳税人,可以实行简易申报。

5.代扣代缴和代收代缴

1)代扣代缴

代扣代缴是指按照税法规定负有扣缴税款法定义务的单位和个人,从纳税人的收入中扣缴其应纳税款并解缴国库的方法。简单地说,就是由支付人在向纳税人支付款项时,从所支付的款项中依法直接扣收税款并代为缴纳的方法。

2)代收代缴

代收代缴是指按照税法规定负有收缴税款的法定义务人,负责对纳税人的应纳税款代收代缴的方法。简言之,就是由与纳税人有经济业务往来的单位和个人在向纳税人收取款项时依法收取税款并代为缴纳的方法。比如,《中华人民共和国增值税暂行条例》(以下简称《增值税暂行条例》)规定,工业企业委托加工产品,由受托方代收代缴税款。

6. 委托代征

委托代征是指受托单位按照税务机关核发的代征证书的要求,以税务机关的名义向纳税人征收税款的方法。这种方法适用于零散、不易管控的税源。

### (二)税款缴库方式

税款缴库方式是指纳税人、扣缴义务人向税务机关缴纳税款的形式。目前,税款缴库方式主要有以下5种。

1. 转账缴税

转账缴税是指纳税人、扣缴义务人根据税务机关填制的缴款书,通过开户银行转账缴纳税款的方式。

2. 自核自缴

自核自缴是指纳税人、扣缴义务人自行计算应纳税额,自行填写纳税申报表,自行填开缴款书,自行到银行缴纳税款的方式。这种方式只限于经县、市税务机关批准的财务会计制度健全、账册齐全准确、依法纳税的大中型企业和部分事业单位。这是一种传统的缴税方式。

3. 现金缴税

现金缴税是指纳税人、扣缴义务人用现金缴纳税款的方式。

4. 银行卡缴税

银行卡缴税是指纳税人、扣缴义务人用银行卡缴纳税款的方式。

5. 税银一体化缴税

税银一体化缴税是指纳税人、扣缴义务人在指定银行开设税款解缴专用账户,按期提前存入当期应纳税款,并在规定的期限内由税务机关通知银行直接划解税款,或自行到税务机关指定银行网点缴纳的方式。按实施方式不同,税银一体化缴税可分为一般缴税专户缴税和网上实时缴税。

### (三)税收滞纳金

纳税人和扣缴义务人,不按期限缴纳税款的,税务机关除责令限期缴纳外,从滞纳税款之日起,按日加收万分之五的滞纳金。纳税人拒绝缴纳滞纳金的,可以按不履行纳税义务实行强制执行措施,比如强行划拨或强制征收等。

加收滞纳金的起止时间为法律、法规规定或者税务机关依照法律、法规确定的税款缴纳期限届满次日起,至纳税人、扣缴义务人实际缴纳税款之日止。

### (四)税款的退还和追征制度

1. 税款退还

在实际征收过程中,对纳税人超过应纳税额多缴的税款,税务机关发现后,应立即退还。超过纳税年度,税务机关发现纳税人多缴税款的,自发现之日起10日内办理退还。

纳税人自结算缴纳税款之日起3年内发现的,可以向税务机关要求退还多缴的税款。

税务机关在接到纳税人退税申请表之日起60日内查证结束并予以退还。涉及从国库中退库的，依照法律、行政法规有关国库管理的规定执行，也可以按纳税人的要求抵缴下期应纳税款。

2. 税款追征

在实际征收中，对纳税人、扣缴义务人未缴或少缴税款的，分以下3种情况处理。

(1)由于税务机关的责任造成未缴或少缴税款的，3年内可以要求纳税人、扣缴义务人补缴税款，不加征滞纳金。

(2)由于纳税人计算错误等非逃税行为造成未缴或少缴税款的，税务机关可以在3年内追征，但要加收滞纳金。有特殊情况的，追征期延长至5年。

(3)纳税人或其他当事人偷税、抗税、骗取出口退税以及扣缴义务人采取伪造、变造、隐匿、擅自销毁账簿、记账凭证，在账簿上不列、少列收入，报送虚假代收代缴报告表的，追征期不受时间限制，税务机关可以无限期追征，并可以采取税收强制执行措施。

### (五)税收保全和强制执行

1. 税收保全措施

税收保全措施是指税务机关对由于纳税人的行为或某种客观原因，导致以后税款不能保证征收或者难以保证征收的案件，采取限制纳税人处理或转移商品、货物或其他财产的措施。

根据《税收征管法》规定，如果税务机关有证据认为纳税人有逃税行为的，可以在规定的纳税期限之前，责令纳税人限期缴纳税款；在限期内发现纳税人有明显转移、隐匿其应纳税的商品、货物以及其他财产或者应税收入迹象的，税务机关有权责成纳税人提供纳税担保。如果纳税人不提供纳税担保，经县级以上税务局(分局)局长批准，税务机关可以采取以下税收保全措施。

(1)书面通知纳税人开户银行或者其他金融机构，冻结纳税人相当于应纳税额的存款。

(2)扣押、查封纳税人相当于应纳税款的商品、货物或者其他财产。“其他财产”包括纳税人的房地产、现金、有价证券等不动产和动产。

纳税人在规定的纳税期限内缴纳税款的，税务机关应当立即解除税收保全措施。限期期满仍未缴纳税款的，经县级以上税务局(分局)局长批准，税务机关可以书面通知纳税人的开户银行或其他金融机构，从其冻结的存款中扣缴税款，或者委托依法成立的拍卖机构拍卖或变卖所扣押、查封的商品、货物或其他财产，以拍卖或变卖的款项抵缴税款。

需要注意的是，税收保全措施的适用范围，仅限于纳税义务人，不适用于扣缴义务人和纳税担保人。

税务机关实施税收保全措施，必须按照法定程序进行。由于采取的税收保全措施不当，或者纳税人在限期内已经缴纳税款，税务机关未立即解除税收保全措施，导致纳税人的合法权益遭受损失(即实际经济损失)的，税务机关应承担赔偿责任。

2. 税收强制执行措施

税收强制执行措施是指当事人不履行税法规定的纳税义务，税务机关采用法定的强制手段,强迫当事人履行纳税义务的行为。

从事生产经营的纳税人、扣缴义务人未按规定的期限缴纳税款,担保人未按规定的期限缴纳所担保的税款,由税务机关先行告诫,责令限期缴纳,逾期仍未缴纳的,经县级以上税务局(分局)局长批准,税务机关可以采取强制执行措施。

税务机关采取的强制执行措施,有以下两种。

(1)书面通知其开户银行或者其他金融机构,从其存款中扣缴税款。

(2)扣押、查封、依法拍卖或变卖其价值相当于应纳税款的商品、货物或者其他财产,以拍卖或变卖所得抵缴税款、滞纳金或者罚款。

税收强制执行措施的适用对象包括纳税人、扣缴义务人、纳税担保人及其他当事人。税收强制执行措施的适用范围不仅包括应缴未缴税款,还包括未缴纳的滞纳金和罚款。

需要说明的是,个人及其所扶养的家属维持生活必需的住房和用品,不在税收保全措施的范围之内,也不在强制执行范围之内。

## 四、税务检查

税务检查是税务机关根据国家税法和财务会计制度的规定,对纳税人履行纳税义务的情况进行的监督、审查制度。税务检查是税收征收管理的重要内容,也是税务监督的重要组成部分。搞好税务检查对于加强依法治税、保证国家财政收入有着十分重要的意义。

税务检查既有利于全面贯彻国家的税收政策,严肃税收法纪,加强纳税监督,查处偷税、漏税和逃骗税等违法行为,确保税收收入足额入库;也有利于帮助纳税人端正经营方向,促使其加强经济核算,提高经济效益。

### (一)税务检查的内容

税务检查的内容主要包括以下4个方面。

(1)检查纳税人执行国家税收政策和税收法规的情况。

(2)检查纳税人遵守财经纪律和财会制度的情况。

(3)检查纳税人的生产经营管理和经济核算情况。

(4)检查纳税人遵守和执行税收征收管理制度的情况,查其有无不按纳税程序办事和违反征管制度的问题。

### (二)税务检查的方法

税务机关进行税务检查,一般采用以下3种方法。

1. 税务查账

税务查账是对纳税人的会计凭证、账簿、会计报表以及银行存款账户等核算资料所反映的纳税情况所进行的检查。这是税务检查中最常用的方法。

2. 实地调查

实地调查是对纳税人账外情况进行的现场调查。

3. 税务稽查

税务稽查是对纳税人的应税货物进行的检查。

### (三)税务机关在进行税务检查时行使的权利

(1)检查纳税人的账簿、记账凭证、报表和有关资料,检查扣缴义务人代扣代缴、代收代缴税款账簿、记账凭证和有关资料。

(2)到纳税人的生产、经营场所和货物存放地检查纳税人应纳税的商品、货物或者其他财产,检查扣缴义务人与代扣代缴、代收代缴税款有关的经营情况。

(3)责成纳税人、扣缴义务人提供有关的文件、证明材料和有关资料。

(4)询问纳税人、扣缴义务人与纳税或者代扣代缴、代收代缴税款有关的问题和情况。

(5)到车站、码头、机场、邮政企业及其分支机构检查纳税人托运、邮寄应纳税商品、货物或者其他财产的有关单据、凭证和有关资料。

(6)经县以上税务局(分局)局长批准,凭全国统一格式的检查存款账户许可证,查询从事生产、经营的纳税人、扣缴义务人在银行或者其他金融机构的存款账户。税务机关在调查税收违法案件时,经设区的市、自治州以上税务局(分局)局长批准,可以检查案件涉嫌人员的存款账户。

### (四)税务机关在进行税务检查时应履行的义务

(1)税务机关派出的人员在进行税务检查时,应当出示税务检查证和税务检查通知书并有责任为被检查人保守秘密;未出示税务检查证和税务检查通知书的,被检查人有权拒绝检查。

(2)税务机关检查纳税人、扣缴义务人的存款账户时,应当指定专人负责,凭全国统一格式的检查存款账户许可证明进行,并有责任为被检查人保守秘密。

## 【案例分析】1-2

A县一个体户于某,主要从事摩托车零售业务,2007年与银行签订代扣税款协议,采取银行扣款的方式缴纳税款。2007年5月,A县国税局发现其还经营摩托车维修业务,遂按规定对其核定税款,并发给核定定额通知书(一式一份,企业留存,且无送达回证),核定每月税款为200元。2007年6月,A县国税局发现于某的银行存款不足以扣缴税款,对其发出催缴税款通知书,责令限期缴纳。在限期内于某仍未缴纳税款的情况下,A县国税局对其采取强制执行措施,扣押了其一辆5 000余元的摩托车,并告知若不服该措施可在税务机关采取强制措施之日起15日内向人民法院起诉。

请分析:A县国税局的上述执法行为有哪些不当之处?

【分析】

(1)下发核定定额通知书应有送达回证,证明送达企业,并应由税务机关留存一份。

(2)该个体户欠税200元,按照《税收征管法》的规定,应扣押相当于应纳税款的商品、货物。摩托车价值与欠缴税款数额相差太大,属于超标准扣押。

(3)按照行政诉讼法的规定,纳税人不服行政行为向法院提起诉讼的,应当在知道做出具体行政行为之日起3个月内提出。A县国税局告知其时限为15日,不符合法律规定。

(4)未告知复议权。

# 任务3 税收法律责任

## 一、税收法律责任的概念

所谓税收法律责任,是指税收法律关系的主体因违反税收法律规范所应承担的法律后果。税收法律责任依其性质和形式的不同,可分为经济责任、行政责任和刑事责任;依承担法律责任主体的不同,可分为纳税人的责任、扣缴义务人的责任、税务机关及其工作人员的责任。

明确规定税收法律责任,不仅有利于维护正常的税收征纳秩序,确保国家的税收收入及时足额入库,而且有利于增强税法的威慑力,为预防和打击税收违法犯罪行为提供有力的法律武器,也有利于维护纳税人的合法权益。

## 二、税收法律责任的形式

所谓税收法律责任的形式,是指纳税人因不履行或不完全履行税法规定的义务所应承担的法律后果的类型。根据现行规定,税收法律责任的形式主要有三种,即经济责任、行政责任和刑事责任。

### (一)经济责任

所谓经济责任,是指对违反税法的行为人在强制其补偿国家经济损失的基础上给予的经济制裁。

追究经济责任的主要形式有以下两种。

(1)罚款。

(2)加收滞纳金。所谓滞纳金,是指税务机关对违反税法的规定,不按期缴纳税款或未能及时、足额缴纳税款的当事人加收的款项。

### (二)行政责任

所谓行政责任,是指对违反税法的当事人,由税务机关或由税务机关提请有关部门依照行政程序所给予的一种税务行政制裁。行政责任的追究一般以税务违法行为发生为前提。这种税务违法行为不一定造成直接的经济损失。对违反税法的当事人追究行政责任,通常是在运用经济制裁还不足以消除其违法行为的社会危害性的情况下采取的。

追究行政责任的方式具体有两种:①行政处罚;②行政处分。

### (三)刑事责任

刑事责任是对违反税法行为情节严重,已构成犯罪的当事人或直接责任人所给予的刑事制裁。追究刑事责任以税务违法行为情节严重、构成犯罪为前提。经济责任和行政责任通常是由税务机关依法追究的,而刑事责任则是由司法机关追究的。刑事责任是税收法律责任中最严厉的一种制裁措施。

## 三、关于税收法律责任的具体规定

### (一)纳税人、扣缴义务人违反税法的法律责任

1. 未按规定登记、申报及进行账证管理行为的法律责任

(1)纳税人有下列行为之一,由税务机关责令限期改正,逾期不改正的,可处以2 000元以下的罚款;情节严重的,处2 000元以上1万元以下的罚款:未按照规定期限办理开业税务登记、变更或注销登记的;未按照规定设置、保管账簿或者保管记账凭证和有关资料的;未按照规定将财务会计制度或者财务会计处理办法和会计核算软件报送税务机关备查的;未按照规定将其全部银行账号向税务机关报告的;未按照规定安装、使用税控装置,或者损毁或擅自改动税控装置的。

(2)纳税人不办理税务登记的,由税务机关责令限期改正;逾期不改的,由工商行政管理机关吊销其营业执照。

(3)纳税人未按规定使用税务登记证件,或转借、涂改、损毁、买卖、伪造税务登记证件的,处2 000元以上1万元以下的罚款;情节严重的,处1万元以上5万元以下的罚款。

(4)扣缴义务人未按照规定设置、保管代扣代缴、代收代缴税款账簿或者保管代扣代缴、代收代缴税款记账凭证及有关资料的,由税务机关责令限期改正,可处以2 000元以下的罚款;情节严重的,处2 000元以上5 000元以下的罚款。

(5)纳税人未按照规定的期限办理纳税申报和报送纳税资料的,或者扣缴义务人未按照规定的期限向税务机关报送代扣代缴、代收代缴税款报告和有关资料的,由税务机关责令限期改正,可处以2 000元以下的罚款;情节严重的,处2 000元以上1万元以下的罚款。

2. 逃税的法律责任

纳税人不进行纳税申报,不缴或者少缴应纳税款的,由税务机关追缴其不缴或者少缴的税款、滞纳金,并处不缴或者少缴的税款50%以上5倍以下的罚款;纳税人、扣缴义务人编造虚假计税依据的,由税务机关责令限期改正,并处5万元以下的罚款。

扣缴义务人应扣未扣、应收而不收税款的,由税务机关向纳税人追缴税款,对扣缴义务人处应扣未扣、应收未收税款50%以上3倍以下的罚款。

3. 偷税的法律责任

偷税是指纳税人采取伪造、变造、隐匿、擅自销毁账簿、记账凭证,在账簿上多列支出或者不列、少列收入,或经税务机关通知申报而拒不申报或进行虚假纳税申报、不缴或者少缴应纳税款的行为。纳税人偷税的,由税务机关追缴其不缴或者少缴的税款、滞纳金,并处不缴或者少缴的税款50%以上5倍以下的罚款;构成犯罪的,依法追究刑事责任。扣缴义务人采取偷税手段不缴或者少缴已扣、已收税款的,处罚同对纳税人的处罚。

4. 逃避追缴欠税的法律责任

纳税人欠缴应纳税款,采取转移或者隐匿财产的手段,妨碍税务机关追缴欠缴的税款、滞纳金,处以欠缴税款50%以上5倍以下的罚款;构成犯罪的,依法追究刑事责任。

5. 骗取出口退税的法律责任

以假报出口或者其他欺骗手段,骗取国家出口退税款的,税务机关可以在规定期间停

止为其办理出口退税,由税务机关追缴其骗取的退税款,并处以骗取税款1倍以上5倍以下的罚款;构成犯罪的,依法追究刑事责任。

6. 抗税的法律责任

抗税是指以暴力、威胁方法拒不缴纳税款的行为。对抗税行为人,由税务机关追缴其拒缴的税款、滞纳金,并处以拒缴税款1倍以上5倍以下的罚款;构成犯罪的,依法追究刑事责任。

7. 不配合税务机关依法检查的法律责任

纳税人、扣缴义务人逃避、拒绝或者以其他方式阻挠税务机关检查的,由税务机关责令改正,可处1万元以下的罚款;情节严重的,处1万元以上5万元以下的罚款。

## 【知识链接】

偷税、欠税、骗税、抗税有哪些相同点和不同点?

相同点:

(1)都没有向国家缴纳应缴的税款;

(2)都是违反税法的行为,都要受到法律的处罚和制裁。

不同点:

(1)违反税法的手段不同,偷税是以欺骗、隐瞒等方式逃避纳税,欠税是拖欠税款,骗税是用欺骗的手段获得国家税收优惠,抗税是以暴力、威胁方法拒不缴纳税款;

(2)偷税和骗税比较隐蔽,而欠税和抗税直接明显,容易辨别。

### (二)税务人员违反税法的法律责任

税务人员征收税款或者查处税收违法案件时未依法回避的,对直接负责的主管人员和其他直接责任人员,给予行政处分。

税务人员查封、扣押纳税人个人及其所扶养家属维持生活必需的住房和用品的,责令退还,依法给予行政处分;构成犯罪的,依法追究刑事责任。

税务人员与纳税人、扣缴义务人勾结,唆使或者协助纳税人、扣缴义务人实施偷税、逃避追缴欠税、骗税行为,构成犯罪的,依法追究刑事责任;不构成犯罪的,依法给予行政处分。

税务人员利用职务上的便利,收受或者索取纳税人、扣缴义务人财物或者谋取其他不正当利益,构成犯罪的,依法追究刑事责任;尚不构成犯罪的,依法给予行政处分。

税务人员徇私舞弊或者玩忽职守,不征或者少征应征税款,致使国家税收遭受重大损失,构成犯罪的,依法追究刑事责任;尚不构成犯罪的,依法给予行政处分。

税务人员滥用职权,故意刁难纳税人、扣缴义务人的,调离税收工作岗位,并依法给予行政处分。

税务人员对控告、检举税收违法违纪行为的纳税人、扣缴义务人以及其他检举人进行打击报复的,依法给予行政处分;构成犯罪的,依法追究刑事责任。

未依法为纳税人、扣缴义务人、检举人保密的,对直接负责的主管人员和其他直接责任人员，由所在单位或者有关单位依法给予行政处分。

### （三）税务争议的处理

纳税人、扣缴义务人、纳税担保人同税务机关在纳税上发生争议时，必须先依照税务机关的纳税决定缴纳或者解缴税款及滞纳金或者提供相应的担保，然后可以依法申请行政复议；对行政复议决定不服的，可以依法向人民法院起诉。当事人对税务机关的处罚决定、强制执行措施或者税收保全措施不服的，可以依法申请行政复议，也可以依法向人民法院起诉。当事人对税务机关的处罚决定逾期不申请行政复议也不向人民法院起诉又不履行的，做出处罚决定的税务机关可以采取《税收征管法》第 40 条规定的强制执行措施，或者申请人民法院强制执行。

## 【任务小结】

税收是国家取得财政收入的一种形式。税收具有强制性、无偿性和固定性的特征。税法要素一般包括纳税人、征税对象、税率、纳税环节、纳税地点、纳税期限、税收减免和法律责任等。税务管理主要包括税务登记管理、纳税申报管理、税款缴纳和税务检查管理。纳税人、扣缴义务人和税务人员违反税收法律规定，都要承担相应的税收法律责任。

## 任 务 训 练

**一、单项选择训练**

1. 从税收的基本特征来分析，税收与罚款的区别在于（　　）。

A. 无偿性　　B. 固定性　　C. 强制性　　D. 目的不同

2. 税收的基本特征是（　　）。

A. 强制性、无偿性、固定性　　B. 强制性、公平性、无偿性

C. 强制性、有偿性、固定性　　D. 强制性、有偿性、公平性

3. 税法构成的基本三要素是（　　）。

A. 纳税人、课税对象、税率　　B. 纳税人、税目、税率

C. 纳税人、课税对象、计税依据　　D. 纳税人、减免税、计税依据

4. 从事生产、经营的纳税人，税务登记内容发生变化的，自工商行政管理机关办理变更登记之日起（　　）日内，持有关证件向税务机关申报办理变更登记。

A. 10　　B. 15　　C. 30　　D. 60

5. 法律、行政法规规定负有代扣代缴、代收代缴税款义务的单位和个人称为（　　）。

A. 纳税人　　B. 代扣代缴税款义务人

C. 代收代缴税款义务人　　D. 扣缴义务人

6. 某企业 2010 年 3 月份（税款所属期）应纳税额 8 万元，按规定应在 4 月 15 日前缴纳，但由于种种原因直到 5 月 15 日才缴纳，该纳税人实际应缴纳税款和滞纳金共（　　）元。

A. 80 000　　B. 84 800　　C. 81 200　　D. 83 600

7. 对于纳税人超过应纳税额缴纳的税款,税务机关发现后应当立即退还;纳税人自结算缴纳税款之日起(　　)内发现的,可以向税务机关要求退还多缴的税款并加算银行同期利息,税务机关及时查实后应当立即退还。

A. 1 年　　B. 3 年　　C. 5 年　　D. 任何一年

8. 因税务机关的责任,致使纳税人、扣缴义务人未缴或者少缴税款的,税务机关在(　　)内可以要求纳税人、扣缴义务人补缴税款,滞纳金(　　)加收。

A. 3 年,可以　　B. 3 年,不得　　C. 5 年,不得　　D. 10 年,可以

9. 纳税人应当设置但未设置账簿的,税务机关有权(　　)。

A. 核定其应纳税额　　B. 规定其财务核算方式

C. 确定其会计制度　　D. 指定某会计师事务所为其建账

10. 下列检查中,超越《税收征管法》所赋予税务机关权限的是(　　)。

A. 到车站检查纳税人托运应纳税货物的有关单据

B. 到机场检查纳税人托运应纳税商品的有关单据

C. 到邮政企业检查纳税人邮寄应纳税货物的有关凭证

D. 上路检查纳税人所运输的应纳税商品、货物

**二、多项选择训练**

1. 税收的基本特征有(　　)。

A. 固定性　　B. 强制性　　C. 社会性　　D. 无偿性

2. 下列哪些属于税收法律?(　　)

A.《中华人民共和国个人所得税法》　　B.《中华人民共和国企业所得税法》

C.《中华人民共和国税收征收管理法》　　D.《中华人民共和国增值税暂行条例》

3. 我国现行税率有哪几种形式?(　　)

A. 比例税率　　B. 定额税率　　C. 全额累进税率　　D. 超率累进税率

4. 下列税种属于中央税的是(　　)。

A. 消费税　　B. 营业税　　C. 增值税　　D. 关税

5. 法律、行政法规规定负有(　　)税款义务的单位和个人为扣缴义务人。

A. 直接征收　　B. 委托代征　　C. 代扣代缴　　D. 代收代缴

6. 对下列哪些情形,税务机关有权核定其应纳税额?(　　)

A. 擅自销毁账簿或者拒不提供纳税资料的

B. 虽设置账簿,但账目混乱或者成本资料、收入凭证、费用凭证残缺不全,难以查账的

C. 发生纳税义务,未按照规定的期限办理纳税申报,经税务机关责令限期申报,逾期仍不申报的

D. 纳税人申报的计税依据明显偏低,又无正当理由的

7. 某公司 2012 年 6 月应纳税款 10 万元,应于 7 月 15 日前缴纳,该公司未按规定的期限缴纳,税务机关向其送达催缴税款通知书,责令其 10 日内缴纳上述税款。至 7 月 30 日,该公司仍未缴纳税款,税务机关可以对其采取(　　)措施。

A. 责令其提供纳税担保

B. 书面通知开户银行扣缴税款

C. 扣押、拍卖其价值相当于应纳税款的货物抵缴税款

D. 处以罚款

8. 根据新《税收征管法》规定，适用于核定征收的情况包括(　　)。

A. 个体经营户

B. 账目混乱或者成本资料、收入凭证、费用凭证残缺不全，难以查账征收的

C. 发生纳税义务，未按照规定的期限办理纳税申报的

D. 关联企业不按照独立企业之间的业务往来收取支付价款、费用，而减少其应纳税的收入或者所得额的

9. 新《税收征管法》规定的纳税申报方式有(　　)。

A. 直接申报　　B. 邮寄申报　　C. 电话申报　　D. 电子申报

10. 纳税人自结算缴纳税款之日起 3 年内发现多缴税款的，可以向税务机关(　　)。

A. 提出行政赔偿请求　　B. 要求退还多缴的税款

C. 加算银行同期贷款利息　　D. 加算银行同期存款利息

11. 下列哪些税务违法行为，由税务机关责令限期改正，可以处 2 000 元以下的罚款？(　　)

A. 未将全部银行账号报告给税务机关

B. 未按规定使用税务登记证件

C. 扣缴义务人未按规定设置代扣代缴税款账簿

D. 纳税人未按照规定的期限办理纳税申报和报送纳税资料的

**三、业务训练**

**案例一：**

2013 年 7 月，王珍在宝康县工商局办理了临时营业执照从事服装经营，但未向税务机关申请办理税务登记。9 月，被宝康县税务所查处，核定应缴纳税款 300 元，限其于次日缴清税款。王珍在限期内未缴纳税款，对核定的税款提出异议，税务所不听其申辩，直接扣押了其价值 400 元的一件衣服，扣押后王珍仍未缴纳税款，税务所将衣服以 300 元的价格销售给内部职工，用以抵缴税款。

**分析问题：**

1. 对王珍的行为应如何处理？

2. 宝康县税务所的执法行为有无不妥？

**案例二：**

2001 年 8 月，某市开发区国税局(县级局)管理二处接到举报，该市 F 企业有偷税行为，遂以管理二处的名义下发检查通知书，派检查人员李刚到企业检查。该企业拒不提供纳税资料，开发区国税局核定其应纳税额 3 万元，责令其于 8 月 15 日之前缴纳。8 月 7 日，李刚发现该企业将大量商品装箱运出厂外，李刚担心税款流失，到其开户银行出示税务检查证后要求银行提供企业资金情况。在银行不予配合的情况下，李刚报经局长批准，扣押了 F 企业价值 3 万余元的商品，并委托商业机构拍卖，拍卖价款 4 万元。8 月 15 日，该企业缴纳

税款3万元,对其扣押措施不服,向中级人民法院提起诉讼。

**分析问题:**

1. 开发区国税局的执法行为不当之处在哪里?应如何做才正确?
2. 银行是否应提供该企业的账户资金情况,为什么?
3. 法院是否应受理此案,为什么?
4. 若法院受理应如何判决?
5. 对该企业拒不提供纳税资料的行为应如何处理?

# 项目二　增值税核算与申报

| 知识目标 | 能力目标 |
|---|---|
| 1. 了解增值税的概念和特点。 | 1. 办理增值税专用发票的领购、开具、认证。 |
| 2. 熟悉增值税的纳税人、税率和征税范围。 | 2. 正确计算增值税一般纳税人的应纳税额。 |
| 3. 领会增值税的税收优惠政策。 | 3. 正确计算小规模纳税人应缴纳的增值税。 |
| 4. 掌握增值税应缴税额的计算和账务处理。 | 4. 正确登记“应交增值税”明细账。 |
| 5. 掌握增值税的纳税申报。 | 5. 独立完成增值税纳税申报表的编制。 |

【案例导入】

江苏安达木地板有限责任公司属于一般纳税人,主营销售各种木地板业务,兼营木地板安装服务。下设三个部门,采购部门负责采购木地板,安装部门负责安装木地板,销售部门负责销售木地板,其收支均由公司实行统一核算。销售部门的收入由销售木地板收入、销售复合地板收入和销售实木地板收入组成。2013 年销售木地板收入 150 万元,销售复合地板收入 120 万元,销售实木地板收入 180 万元。安装木地板收入 60 万元,其中安装自己销售的地板收入 35 万元,安装其他企业的地板收入 25 万元。

对浙江安达木地板有限责任公司销售木地板、复合地板和实木地板以及安装木地板服务收入应当如何进行税务处理?

## 任务 1　认识增值税

### 一、增值税的含义及其特点

#### (一)增值税的含义

增值税是对在我国境内从事销售货物或者提供加工、修理修配劳务以及进口货物的单位和个人取得的以“增值额”为计税依据征收的一种流转税。2009 年起我国增值税转型为“消费型增值税”。

我国增值税的征收范围从 1994 年税制改革以后扩大到对商品的生产、批发、零售和进口以及部分劳务等多个环节征收。

#### (二)增值税的特点

(1)增值税征收范围广泛。

(2)增值税不重复征税,只对货物或劳务销售额中没有征过税的那部分增值额征税。

(3)逐环节征税,逐环节扣税,最终消费者是全部税款的承担者。

(4)在税收征管上可以互相制约,交叉审计,避免发生偷税。

(5)增值税的计算审核比较复杂,征收管理难度大,征收成本高,特别是对发票的控制、管理难度更大。

**【知识链接】**

增值税的类型有哪三种?

1.生产型增值税

以纳税人的销售收入(劳务收入)减去用于生产经营的外购原材料、燃料、动力等物质资料价值后的余额作为法定的增值额,但对购入的固定资产及其折旧均不予以扣除。

2.收入型增值税

除允许扣除外购物质资料的价值之外,对于购置用于生产、经营用的固定资产,允许将已提折旧的价值额予以扣除。

3.消费型增值税

允许将购置物质资料的价值和用于生产、经营的固定资产价值中所含的税款,在购置当期全部一次扣除。

## 二、增值税的纳税人

### (一)增值税纳税义务人的一般规定

凡在中华人民共和国境内销售货物或者提供加工、修理修配劳务以及进口货物的单位和个人,为增值税的纳税义务人,主要包括单位、个人、外商投资企业和外国企业、承租人和承包人、扣缴义务人。

### (二)增值税两类纳税人的认定及管理

为了简化手续,便于征收管理,适应纳税人的管理水平,现行增值税根据生产经营规模和财会核算健全程度,将纳税人具体区分为一般纳税人和小规模纳税人。

1.小规模纳税人的认定及管理

1)小规模纳税人的认定范围

小规模纳税人是指年销售额在规定标准以下,并且会计核算不健全,不能按规定报送有关税务资料的增值税纳税人。

小规模纳税人的认定标准:①从事货物生产或提供应税劳务的纳税人以及以从事货物生产或提供应税劳务为主,并兼营货物批发或零售的纳税人,年应税销售额在50万元以下的;②从事货物批发或零售的纳税人,年应税销售额在80万元以下的。

年应税销售额超过小规模纳税人标准的其他个人按小规模纳税的、非企业性单位、不经常发生应税行为的企业,也可选择按小规模纳税人纳税。

2)小规模纳税人的管理

小规模纳税人不能领购和使用增值税专用发票,按简易办法计算缴纳增值税。但对那些能够认真履行纳税义务的小规模纳税人,经县(市)税务局批准,其销售货物或应税劳务可由税务机关代开增值税专用发票。

2. 一般纳税人的认定及管理

1)一般纳税人的认定范围

一般纳税人是指年应征增值税销售额超过小规模纳税人标准的企业和企业性单位(以下简称企业)。

根据规定,下列纳税人不办理一般纳税人认定手续:①年应税销售额未超过小规模纳税人标准的企业;②个人(除个体经营者以外的其他个人);③非企业性单位;④不经常发生增值税应税行为的企业。

2)一般纳税人的认定管理

增值税一般纳税人需向税务机关办理认定手续,以取得法定资格。具体程序按国家税务总局专门制定的《增值税一般纳税人申请认定办法》规定办理。经税务机关审核认定的一般纳税人,可按规定领购和使用增值税专用发票,按增值税条例规定计算缴纳增值税,纳税人一经认定为正式的一般纳税人,不得再转为小规模纳税人。

3. 一般纳税人和小规模纳税人的区别

1)使用的发票不同

一般纳税人使用增值税专用发票,并凭进货的专用发票和购进劳务的专用发票抵扣进项税额;小规模纳税人销货时,不能使用增值税专用发票,只能使用普通发票,购进货物或应税劳务时,也不得抵扣进项税额。

2)适用的税率不同

一般纳税人通常适用17%或13%的税率。小规模纳税人通常适用3%的征收率。

3)计税方法不同

一般纳税人的计税方法是:“应纳税额 = 当期销项税额 - 当期进项税额”。小规模纳税人的计税方法是:“应纳税额 = 销售额 × 征收率”。

## 三、增值税的征税范围

### (一)征税范围的一般规定

按照《增值税暂行条例》的规定,纳税人在中华人民共和国境内从事销售货物或者提供加工、修理修配劳务以及进口货物等都列入增值税的征税范围。

1. 销售货物

这里的货物是指除去土地、房屋和其他建筑物等一切不动产之外的有形动产,包括电力、热力和气体在内,目前不包括无形资产和不动产。销售货物是指有偿转让货物的所有权。

2. 提供加工、修理修配劳务

加工是指接受来料加工,加工后的货物所有权仍属于委托者的业务,即委托方提供原料及主要材料,受托方按照委托方的要求制造货物并收取加工费的业务。修理修配是指受托对损伤和丧失功能的货物进行修复,使其恢复原状和功能的业务。这里的加工和修理修配劳务是指有偿提供劳务,但单位或个体经营者聘用的员工为本单位或雇主提供此项劳务的不包括在内。

3.进口的货物

进口货物是指报关进口的货物。

### (二)征税范围的特殊规定

(1)对货物期货(包括商品期货和贵金属期货),应当征收增值税。在期货的实物交割环节纳税。

(2)对银行销售金银的业务,应当征收增值税。

(3)对典当业的死当物品销售业务和寄售业代委托人销售物品的业务,均应征收增值税。

(4)对集邮商品(如邮票、首日封、邮折等)的生产以及邮政部门以外的其他单位和个人销售的,均应征收增值税。

### (三)征税范围的特殊行为

1.视同销售行为

(1)将货物交付他人代销。

(2)销售代销货物。

(3)设有两个以上机构并实行统一核算的纳税人,将货物从一个机构移送至其他机构用于销售,相关机构不是设在同一县(市)的,要视同销售,缴纳增值税。相关机构设在同一县(市)的除外。

(4)将自产或委托加工的货物用于非应税项目(非增值项目)。

(5)将自产或委托加工的货物用于集体福利或个人消费。

(6)将自产、委托加工或购买的货物分配给股东或投资者。

(7)将自产、委托加工或购买的货物作为投资,提供给其他单位或个体经营者。

(8)将自产、委托加工或购买的货物无偿赠送他人。

2.混合销售行为

混合销售行为是指一项销售行为既涉及增值税应税货物又涉及非增值税应税劳务,而且增值税应税货物和非增值税应税劳务是提供给同一购买者的。比如,电梯生产企业销售电梯时,同时提供电梯的运送和安装劳务。

从事货物生产、批发或零售的企业、企业性单位及个体经营者的混合销售行为,视为销售货物,应当征收增值税。其他单位和个人的混合销售行为,视为销售非应税劳务,不征收增值税而征收营业税。

注意:纳税人销售自产货物并同时提供建筑业劳务的混合销售行为,应分别核算货物的销售额和非增值税应税劳务的营业额,并根据其销售货物的销售额计算缴纳增值税,非增值税应税劳务的营业额不缴纳增值税;未分别核算的,由主管税务机关核定其货物的销售额。

3. 兼营非应税劳务

它是指纳税人在销售应税货物或者提供应税劳务的同时，还兼营非应税劳务的行为，并且增值税应税货物和非增值税应税劳务不是提供给同一购买者的。纳税人兼营非应税劳务的，应分别核算货物或应税劳务和非应税劳务的销售额，分别计算缴纳增值税和营业税，不分别核算或不能准确核算的，其非应税劳务应与货物或应税劳务一并征收增值税。比如，某药店除销售药品外，还提供针灸推拿等医疗服务。

## 四、税率

一般纳税人的基本税率为17%，适用于一般销售、进口，提供加工、修理修配劳务者；特定货物的销售适用13%的低税率；另外，出口货物适用零税率（国务院另有规定的除外）。小规模纳税人则适用3%的征收率。“营改增”纳税人增值税税率为17%、11%和6%。

### （一）基本税率

一般纳税人的基本税率为17%，适用于一般销售、进口，提供加工、修理修配劳务的纳税人。

### （二）低税率

纳税人销售或进口下列货物，按13%的低税率计征增值税。

（1）粮食、食用植物油。

（2）自来水、暖气、冷气、热水、煤气、石油液化气、天然气、沼气、居民用煤炭制品。

（3）图书、报纸、杂志。

（4）饲料、化肥、农药、农机（不包括农机零部件）、农膜。

（5）国务院规定的其他货物。

注意：有些适用低税率的货物，随着经济形式的变化和体现国家调控的意图，已经发生了变化，如农业生产资料中的化肥、农药、农机、农膜等，已经变为免征增值税的项目。

### （三）零税率

纳税人出口货物，适用零税率，但国务院另有规定的除外。

### （四）征收率

1. 小规模纳税人

从2009年1月1日起，小规模纳税人销售货物或者应税劳务的征收率为3%，小规模纳税人销售自己使用过的固定资产，减按2%征收率征收增值税。

2. 一般纳税人

1)6%征收率

一般纳税人销售自产的下列货物，可选择按简易办法依6%的征收率征收增值税。

（1）县以下小型水力发电单位生产的电力。

（2）建筑用和生产建筑材料所用的砂、土、石料。

（3）以自己采掘的砂、土、石料或其他矿物连续生产的砖、瓦、石灰。

(4)用微生物、微生物代谢产物、动物毒素、人或动物的血液制品或组织制成的生物制品。

(5)自来水。自来水税率说明:①自来水厂销售自来水,可以按6%计算销项税额,也可按13%计算,但如果选择6%计算,不得抵扣进项税额;②自来水公司销售自来水按6%计算,不得抵扣进项税额;③其他单位销售自来水,按13%计算销项税额,取得专用发票,可以抵扣进项税额。

(6)商品混凝土(仅限于以水泥为原材料生产的水泥混凝土)。

2)4%征收率

(1)寄售商店代销寄售物品。

(2)典当业销售死当物品。

(3)经国务院或国务院授权机关批准的免税商店零售免税货物。

3)4%征收率减半

(1)一般纳税人销售自己使用过的物品,按简易办法依4%征收率减半征收增值税,不得抵扣进项税额。

(2)一般纳税人销售自己使用过的固定资产,区分不同情况征收增值税。

一般纳税人销售自己使用过的2009年1月1日以后购进或自制的固定资产,按照适用税率(17%)征收增值税。

销售自己使用过的2008年12月31日以前购进或自制的固定资产,2014年7月1日以前,按4%征收率减半征收增值税;2014年7月1日后,按照简易办法依3%征收率减按2%征收增值税,应开具普通发票,不得开具增值税专用发票。

### (五)"营改增"纳税人增值税税率

(1)有形动产租赁服务税率为17%。

(2)适用11%税率的是提供交通运输业服务,邮政业、电信业提供的基础电信服务。

(3)适用6%税率的是提供现代服务(有形动产租赁服务除外)和电信业提供增值电信服务。

## 五、增值税的优惠政策

### (一)增值税法定免税项目

(1)农业生产者销售的自产农产品。

(2)避孕药品和用具。

(3)古旧图书。

(4)直接用于科学研究、科学试验和教学的进口仪器、设备。

(5)外国政府、国际组织无偿援助的进口物资和设备。

(6)由残疾人的组织直接进口供残疾人专用的物品。

(7)销售自己使用过的物品。

### （二）起征点

对销售额未达到规定起征点的个人，免征增值税。2011 年 11 月 1 日起增值税的起征点为：

（1）销售货物起征点为月销售额 5 000 ~ 20 000 元；

（2）销售应税劳务起征点为月销售额 5 000 ~ 20 000 元；

（3）按次纳税的起征点为每次（日）销售额 300 ~ 500 元。

## 六、增值税专用发票的使用与管理

### （一）增值税专用发票的领购和开具范围

1. 领购范围

增值税的一般纳税人可以凭发票领购簿、IC 卡和经办人身份证明领购增值税专用发票。

一般纳税人有下列情况之一者，不得领购使用专用发票。

（1）会计核算不健全，不能向税务机关准确提供增值税销项税额、进项税额、应纳税额数据及其他有关增值税税务资料者。

（2）有《税收征管法》规定的税收违法行为，拒不接受税务机关处理的。

（3）有以下行为，经税务机关责令限期改正而仍未改正者：私自印制专用发票；虚开增值税专用发票；借用他人专用发票；向税务机关以外的单位和个人买取专用发票；未按规定的要求开具专用发票；未按规定保管专用发票和专用设备；未按规定申请办理防伪税控系统变更发行；未按规定接受税务机关的检查。

2. 专用发票开具范围

一般纳税人销售货物或应税劳务，应当向索取增值税专用发票的购买方开具增值税专用发票，并在增值税专用发票上注明销售额和销项税额。

属于下列情形之一的，不得开具增值税专用发票：①向消费者销售货物或者应税劳务；②销售免税项目；③向小规模纳税人销售货物或者应税劳务。

商业企业一般纳税人零售的烟、酒、食品、服装、鞋帽（不包括劳保专用部分）、化妆品等消费品不得开具专用发票。增值税小规模纳税人需要开具专用发票的，可向主管税务机关申请代开。

### （二）增值税专用发票的基本内容和开具要求

增值税专用发票由基本联次或者基本联次附加其他联次构成。基本联次为三联，依次为记账联、抵扣联和发票联。记账联作为销售方核算销售收入和增值税销项税额的凭证；抵扣联是购买方报送主管税务机关认证和留存备查的凭证；发票联作为购买方核算采购成本和增值税进项税额的凭证。

增值税一般纳税人应通过增值税防伪税控系统使用专用发票。防伪税控系统是指经国务院同意推行的，使用专用设备和通用设备、运用数字密码和电子存储技术管理专用发票的计算机管理系统。其中专用设备包括金税卡、IC 卡、读卡器等，通用设备包括计算机、打印机、扫描器具等。纳税人可以购买专用开票设备自行开票，也可以不购买上述专用开票设备，按《国家税务总局增值税防伪税控主机共享服务系统管理暂行办法》的规定，聘请社会中介机构代为开票。

增值税专用发票应按照增值税纳税义务的发生时间开具，不得提前或滞后，并与实际交易相符。开具时应项目齐全，字迹清楚，不得压线、错格，发票联和抵扣联加盖财务专用章或者发票专用章。对不符合上列要求的专用发票，购买方有权拒收。

对已开具增值税专用发票的销售货物，销货方要及时足额计入当期销售额计税。凡开具了增值税专用发票，其销售额未按规定计入销售账户核算的，一律按偷税论处。

### (三)增值税专用发票抵扣联进项税额的抵扣

除国家税务总局另有规定的外，用于抵扣增值税进项税额的专用发票应经税务机关认证。纳税人可以自行采集增值税专用发票抵扣联电子信息报送税务部门批量认证(企业自行扫描、识别或人工录入抵扣联票面信息，生成电子数据，以磁盘或通过互联网方式报送税务机关，由税务机关完成认证比对，并将认证结果信息返回企业)。2010 年 1 月 1 日以后由防伪税控系统开具的增值税专用发票，自开具之日起 180 日内到税务机关认证，否则不予抵扣进项税额。经过认证的增值税专用发票，应在认证通过的当月按规定核算当期进项税额，并申报抵扣，否则不予抵扣进项税额。税务机关认证后，应向纳税人提供一份增值税专用发票抵扣联认证清单，以备企业将其作为纳税申报附列资料。

未经认证或未在规定时间内认证的增值税专用发票以及认证不符的增值税专用发票，其进项税额不得抵扣。

### (四)开具增值税专用发票后发生退货或销售折让的处理

一般纳税人在开具专用发票当月发生销货退回、开票有误等情形，收到退回的发票联、抵扣联符合作废条件的(即：收到退回的发票联、抵扣联的时间未超过销售方开票的当月；销售方未抄税并且未记账；购买方未认证或者认证结果为“纳税人识别号认证不符”“专用发票代码、号码认证不符”)，按“作废”处理；开具时发现有误的，可即时作废。专用发票须在防伪税控系统中将相应的数据电文按“作废”处理，在纸质专用发票(含未打印的专用发票)各联次上注明“作废”字样，全部联次留存。

一般纳税人取得专用发票后发生销货退回、开票有误等情形但不符合作废条件的，或者因销货部分退回及发生销售折让的，购买方应向主管税务机关填报开具红字增值税专用发票申请单(以下简称“申请单”)。

主管税务机关对一般纳税人填报的申请单进行审核后，出具开具红字增值税专用发票通知单(以下简称“通知单”)。通知单应与申请单一一对应。除不符合作废条件的销货退回、部分退回及销售折让等情况外，购买方必须暂依通知单所列增值税税额从当期进项税额中转出，未抵扣增值税进项税额的可列入当期进项税额，待取得销售方开具的红字专用发票后，与留存的通知单一并作为记账凭证。销售方凭购买方提供的通知单开具红字专用发票，在防伪税控系统中以销项负数开具。红字专用发票应与通知单一一对应。

### (五)丢失已开具增值税专用发票的处理

一般纳税人丢失已开具增值税专用发票的发票联和抵扣联,购买方凭销售方提供的相应增值税专用发票记账联复印件及销售方所在地主管税务机关出具的丢失增值税专用发票已报税证明单,经购买方主管税务机关审核同意后,可作为增值税进项税额的抵扣凭证。如果丢失前尚未认证的,购买方需凭销售方提供的相应增值税专用发票记账联复印件到主管税务机关进行认证。

一般纳税人丢失已开具的专用发票的抵扣联,如果丢失前已认证相符的,可使用专用发票发票联复印件留存备查;如果丢失前未认证的,可使用专用发票发票联到主管税务机关认证,专用发票发票联复印件留存备查。

一般纳税人丢失已开具专用发票的发票联,可将专用发票抵扣联作为记账凭证的附件,专用发票抵扣联复印件留存备查。

## 【课堂训练】

(1)某大型机械生产企业生产的 A 型机械属大型笨重商品,由企业为客户送货上门。一般运费占产品销售额的 20% 左右。按以往的做法,该机械公司销售机械并提供运输服务,将运费包括在销售额中,计算增值税款。请判断企业的做法是否正确。

(2)某建筑材料公司主要销售建筑材料,下设一个施工队,负责承接家庭装潢的设计与施工。这个施工队与建材公司实行独立核算,独立对外营业。请分析:该建筑材料公司行为是否属兼营非应税劳务行为,应如何进行税务处理?

# 任务 2　增值税的计算

## 一、一般纳税人应纳税额的计算

我国现行增值税一般纳税人应纳税额的计算方法是进项抵扣法,也就是计算出销项税额与经认证准予抵扣的进项税额,然后计算两者的差额,即为应纳税额。

应纳税额的计算公式为

当期应缴增值税 = 当期销项税额 - 当期进项税额

### (一)销项税额的计算

销项税额是纳税人销售货物或者提供应税劳务,按照销售额和适用税率计算并向购买方收取的增值税税额。其计算公式为

当期销项税额 = 当期销售额 × 增值税税率

销项税额是商品或应税劳务在某一个环节的整体税负,而且是销售方向购买方收取的,体现了增值税的转嫁性。

#### 1. 销售额的一般规定

销售额是指纳税人销售货物或提供应税劳务向购买方收取的全部价款和价外费用,不

包括收取的销项税额。税法规定的销售额不包括收取的销项税额，体现增值税价外税的性质。

价外费用是指价外向购买方收取的手续费、补贴、基金、集资费、返还利润、奖励费、违约金（延期付款利息）、包装费、包装物租金、储备费、优质费、运输装卸费、代收款项、代垫款项以及其他各种性质的价外收费。

上述价外费用不包括向购买方收取的销项税额，受托加工应征消费税的消费品所代收代缴的消费税，同时符合下面条件的代垫运费：承运者的运费发票开具给购货方的，纳税人将该项发票转交给购货方的；符合国家税收法律、法规规定条件代为收取的政府性基金或者行政事业性收费；销售货物的同时代办的保险费等。

纳税实务操作中，如果价外费用与所售的货物、劳务的销售额开具在一张专用发票上收取的，可认定不含税，不需换算调整；如果收取价外费用另开普通发票，则须换算成不含税销售额，计算销项税额。

（1）如果销售额含税，应换算为不含税销售额。

不含税销售额 = 含税销售额 ÷（1 + 增值税税率）

注意：一般情况下，普通发票上的金额、价外费用收入、逾期包装物押金收入、增值税混合销售行为中的营业税涉税收入均为含税金额。

**【例 2-1】** 某一般纳税人，2013 年 3 月销售电器，开具普通发票取得价税合计销售额 25 万元，另开具普通发票收取运输装卸费 5 万元，则该纳税人 3 月份增值税的销售额是多少？

**【解析】** 销售额 =（25 + 5）÷（1 + 17%）= 25.64（万元）

（2）销售额以人民币计算，纳税人按外汇结算销售额的，其销售额的人民币折合率可以选择销售额发生当天或当月 1 日的国家外汇牌价（原则上为中间价）。纳税人应事先确定采用何种折合率，确定后一年内不得变更。

（3）纳税人销售货物或者提供应税劳务的价格明显偏低并且没有正当理由的，主管税务机关有权按下列顺序确定其销售额。

①按纳税人最近时期同类货物的平均销售价格确定。

②按其他纳税人最近时期同类货物的平均销售价格确定。

③按组成计税价格确定。组成计税价格的公式为

组成计税价格 = 成本 ×（1 + 成本利润率）

属于应征消费税的货物，其组成计税价格中应加计消费税额。

组成计税价格 = 成本 ×（1 + 成本利润率）÷（1 − 消费税税率）

成本是指销售自产货物的实际生产成本，销售外购货物的实际采购成本。

成本利润率由国家税务总局确定，一般为 10%。

**【例 2-2】** 某电器生产企业为增值税一般纳税人，2013 年 7 月将新生产的家用电器作为福利发给职工，该电器无销售价，已知生产总成本为 20 万元。则该批电器的计税销售额是多少？

**【解析】** 销售额 = 20 ×（1 + 10%）= 22（万元）

2. 销售额的特殊规定

1）以折扣方式销售货物

（1）折扣销售又称商业折扣，是指销售方在销售货物或提供应税劳务时，因购买方购买量大等原因，而给予的价格方面的优惠。

按照现行税法规定：纳税人采取折扣方式销售货物，如果销售额和折扣额在同一张发票上分别注明，可以按折扣后的销售额征收增值税；如果将折扣额另开发票，不论其在财务上如何处理，均不得从销售额中减除折扣额。

（2）销售折扣又称现金折扣，是指销货方在销售货物或应税劳务时，为了鼓励购买方及早偿还货款，而协议许诺给予购货方的一种折扣优待。现金折扣发生在销货之后，是一种融资性质的理财费用，因此现金折扣不得从销售额中减除。

（3）销售退回或折让，是指货物售出后，由于品种、质量等原因，购货方要求予以退货或者要求销货方给予价格折让。对于手续完备的销售退回或折让而退还给购买方的增值税，可从发生销售退回或折让的当期销项税额中扣减。对于销售回扣，不得从销售额中减除。

2）采取以旧换新方式销售货物

以旧换新是指纳税人在销售自己的货物时，折价收回同类旧货物，并以折价款部分冲减货物价款的一种销售方式。税法规定，采取以旧换新方式销售货物的（金银首饰除外），应按新货物的同期销售价格确定销售额，不得扣减旧货物的收购价格。

**【例2-3】** 某公司促销，推出以旧换新冰箱业务，每台冰箱正常销售含税价为4 000元，回收一台旧冰箱抵付500元，本年度共销售5万台，本年度销项税额的销售额为多少？

**【解析】** 销售额 $=5\times 4\ 000\div(1+17\%)=17\ 094$（万元）

3）采取还本销售方式销售货物

还本销售是指纳税人在销售货物后，到一定期限由销货方一次或分次退还给购货方全部或部分价款的一种销售方式。税法规定，纳税人采取还本销售方式销售货物的，不得从销售额中减除还本支出。

4）采取以物易物方式销售货物

以物易物是一种特殊的购销活动。在货物所有权转让的过程中，交换双方不是以货币结算，而是以同等价款的货物相互结算，它符合有偿转让货物所有权中“有偿”的特征。税法规定：以物易物销售的双方均应作购销处理，以各自发出的货物核算销售额并计算销项税额，以各自收到的货物按规定核算购进额并计算进项税额。应注意的是，在以物易物活动中，应分别开具合法的票据，如收到的货物不能取得相应的增值税专用发票或其他合法票据，不能抵扣进项税额。

5）包装物租金、押金

包装物租金作为价外费用，换算为不含税金额并入销售额计算销项税额。纳税人为销售货物而出租出借包装物收取的押金，单独记账核算的，不并入销售额征税；但对逾期（或超过一年）未收回不再退还的包装物押金，应按所包装货物的适用税率计算纳税。另外，对销售除啤酒、黄酒以外的其他酒类产品，其包装物押金一律计入销售额，一并计税。

6)混合销售时销售额的确定

对于征收增值税的混合销售,其销售额为货物销售额和非应税劳务销售额的合计数,货物销售额根据实际情况来判断含税与否。对于非应税劳务营业额,应视为含税销售收入,应换算为不含税销售额后征税。

## (二)进项税额的计算

进项税额是指纳税人购进货物或接受应税劳务所支付或负担的增值税额。应纳税额是销项税额减去进项税额的差额,但是,并不是所有的进项税额都能从销项税额中抵扣。

1. 可以从销项税额中抵扣的进项税额

(1)从销售方取得的增值税专用发票上注明的增值税额。

(2)从海关取得的海关进口增值税专用缴款书上注明的增值税额。

(3)从运输企业取得的增值税运输发票上注明的增值税额。

(4)一般纳税人向农业生产者购买的农产品,或者向小规模纳税人购买的农产品,自2002年1月1日起,准予按照买价和13%的扣除率计算进项税额,从当期销项税额中扣除。其进项税额的计算公式是:

进项税额 = 买价 × 扣除率

**【例2-4】** 某生产厂商2013年10月出售电动自行车1 000台,不含税价3 000元/台,自行支付运输单位运费2.22万元。运输单位开具增值税运输发票,注明运费2.22万元。计算该生产厂商应抵扣的进项税额。

**【解析】** 该厂商应抵扣的进项税额 =2.22 ÷(1 +11%)×11% =0.22(万元)

2. 不得抵扣的进项税额

(1)用于非增值税应税项目、免征增值税项目、集体福利或者个人消费的购进货物或者应税劳务。

非增值税应税项目是指提供非增值税应税劳务、转让无形资产、销售不动产和不动产在建工程。纳税人新建、改建、扩建、修缮、装饰不动产均属于不动产在建工程。

(2)因管理不善造成被盗、丢失、霉烂变质的非正常损失的购进货物及其相关的应税劳务。不包括自然灾害损失、正常损耗。

(3)非正常损失的在产品、产成品所耗用的购进货物或者应税劳务。

(4)纳税人自用的应征消费税的摩托车、汽车、游艇,其进项税额不得抵扣。

根据财税《关于在全国开展交通运输业和部分现代服务业营业税改征增值税试点税收政策的通知》(财税〔2013〕37号)附件2第二条第2项,2013年8月1日后,增值税一般纳税人(包括原增值税一般纳税人和试点增值税一般纳税人)自用的应征消费税的摩托车、汽车、游艇,其进项税额准予从销项税额中抵扣。

(5)符合上述(1)至(4)项规定的货物的运输费用和销售免税货物的运费费用。

(6)购进货物或应税劳务取得的增值税扣税凭证不符合法律、行政法规或者国务院主管部门的有关规定。

此外,一般纳税人兼营免税项目或者非增值税应税劳务而无法划分不得抵扣的进项税

额的,按下列方式计算:

不得抵扣的进项税额 = 当月全部进项税额 ×(当月免税项目的销售额与非应税项目的营业额)÷(当月全部销售额 + 营业额)

注意:已抵扣进项税额的购进货物或者应税劳务,改变用途用于非增值税应税项目、免征增值税项目、集体福利或者个人消费,或者购进的货物发生非正常损失,在产品、产成品发生非正常损失,应当将该项购进货物或者应税劳务的进项税额从当期的进项税额中转出;无法确定该项进项税额的,按当期实际成本计算应扣减的进项税额。

**【例 2-5】** 某企业 2013 年 5 月购进一批原材料,价款 20 万元,2013 年 6 月 10 日,该批原材料的进项税额已做了抵扣,2013 年 6 月 20 日,该批原材料因管理不善被盗一部分,价值 10 万元,请问应转出的进项税额是多少?

**【解析】** 应转出的进项税额 = 10 × 17% = 1.7(万元)

### (三)一般纳税人应纳税额的计算

增值税销项税额和进项税额确定后,就可以计算实际应纳的增值税。增值税一般纳税人应纳税额的计算方法如下。

应纳增值税 = 当期销项税额 - 当期进项税额

上式计算结果为正数,为当期应纳增值税;如果计算结果为负数,则形成留抵税额,待下期抵扣,下期应纳增值税的计算公式为

应纳增值税 = 当期销项税额 - 当期进项税额 - 上期留抵税额

## 【练一练】

东风钢厂是一般纳税人,本月销售钢材一批,含税价计 4 500 万元,并开具增值税专用发票;同时,本月已购进生铁一批,价款计 3 000 万元(不含税),并取得增值税专用发票;另外还向消费者个人销售钢材一批并开具普通发票,金额为 70.2 万元。若取得的发票已通过认证,则该厂本月应交增值税额为多少?

**【解析】** 当月应计销项税额 =(4 500 + 70.2)÷(1 + 17%)× 17% = 664.05(万元)

当月允许抵扣进项税额 = 3 000 × 17% = 510(万元)

当月应纳增值税 = 664.05 - 510 = 154.05(万元)

## 二、小规模纳税人应纳税额的计算

根据《增值税暂行条例》规定,小规模纳税人销售货物或提供应税劳务,按简易方法计算,即按销售额和规定的征收率计算应纳税额,不得抵扣进项税额,同时,销售货物也不得自行开具增值税专用发票。

小规模纳税人应纳税额的计算公式为

应纳税额 = 销售额 × 征收率

公式中的销售额与一般纳税人的销售额的规定内容一致。

如果销售额是含增值税的销售额,在计算时要换算为不含增值税的销售额。换算公

式为

不含税销售额 = 含税销售额 ÷(1 + 3%)

小规模纳税人销售货物或提供应税劳务,可以申请由主管税务机关代开发票。主管税务机关为小规模纳税人代开增值税专用发票,应在专用发票“单价”栏和“金额”栏分别填写不含增值税税额的单价和销售额,其应纳税额按销售额依据征收率计算。

**【例2-6】** 某商业企业为小规模纳税人,2013 年 6 月购进货物 30 000 元;销售货物取得销售收入 52 000 元。

要求:根据上述资料计算该企业本月应纳增值税额。

**【解析】** 该企业为小规模商业企业,应按简易办法计算纳税,征收率为 3%。

(1)销售额 =52 000 ÷(1 + 3%)=50 485(元)

(2)本月应纳税额 =50 485 ×3% =1514(元)

## 三、进口货物应纳税额的计算

根据《增值税暂行条例》的规定,申报进入中华人民共和国境内的货物,均应缴纳增值税。纳税人进口货物,按照组成计税价格和适用的税率计算应纳税额,不得抵扣任何税额(即发生在我国境外的各种税金)。公式如下。

应纳税额 = 组成计税价格 × 税率

公式中组成计税价格包括已纳关税税额;如果进口货物属于消费税应税消费品,还要包括进口环节已纳消费税税额。

组成计税价格 = 关税完税价格 + 关税 + 消费税

或

组成计税价格 = 关税完税价格 ×(1 + 关税税率)÷(1 - 消费税税率)

## 【课堂训练】

某企业是增值税一般纳税人, 2014 年 6 月有关生产经营业务如下。

(1)从 A 公司购进生产用原材料,取得 A 公司开具的增值税专用发票,注明货款 200 万元、增值税 34 万元。合同约定运输由企业自己负责,企业支付运输公司运输费 3. 33 万元,取得运输税控专用发票。

(2)从 B 公司购进维修设备零部件,由于 B 公司为小规模纳税人,取得 B 公司开具的普通发票,注明价款 11. 7 万元。

(3)从农业生产者手中购进免税农产品,收购凭证上注明收购货款是 50 万元。

(4)销售本企业产品,取得含税销售收入共计 1 170 万元。

要求:计算该企业当月应缴纳的增值税额。(假如该企业的进项发票都已认证。)

# 任务 3　增值税的账务处理

## 一、会计科目的设置

### （一）一般纳税人会计科目的设置

一般纳税人在“应交税费”账户下设置“应交增值税”和“未交增值税”两个明细科目，进行增值税会计处理。

“应交税费——应交增值税”明细账采用多栏式。在借方设置“进项税额”“已交税金”“减免税款”“出口抵减内销产品应纳税额”“转出未交增值税”，贷方设置“销项税额”“出口退税”“进项税额转出”“转出多交增值税”等专栏。“应交税费——应交增值税”借方发生额反映企业购进货物或接受应税劳务支付的进项税额和实际已缴纳的增值税；贷方发生额反映销售货物或提供应税劳务应缴纳的增值税额；期末借方余额反映企业多缴或尚未抵扣的增值税；期末贷方余额反映企业尚未缴纳的增值税。

增值税“应交税费——应交增值税”明细账格式见表 2-1。

**表 2-1　“应交税费——应交增值税”明细账**

<table>
<tr><th colspan="2">年</th><th rowspan="2">凭证号</th><th rowspan="2">摘要</th><th colspan="6">借方</th><th colspan="5">贷方</th><th rowspan="2">借或贷</th><th rowspan="2">余额</th></tr>
<tr><th>月</th><th>日</th><th>合计</th><th>进项税额</th><th>已交税金</th><th>减免税款</th><th>出口抵减内销产品应纳税额</th><th>转出未交增值税</th><th>合计</th><th>销项税额</th><th>出口退税</th><th>进项税额转出</th><th>转出多交增值税</th></tr>
<tr><td></td><td></td><td></td><td></td><td></td><td></td><td></td><td></td><td></td><td></td><td></td><td></td><td></td><td></td><td></td><td></td><td></td></tr>
<tr><td></td><td></td><td></td><td></td><td></td><td></td><td></td><td></td><td></td><td></td><td></td><td></td><td></td><td></td><td></td><td></td><td></td></tr>
<tr><td></td><td></td><td></td><td></td><td></td><td></td><td></td><td></td><td></td><td></td><td></td><td></td><td></td><td></td><td></td><td></td><td></td></tr>
<tr><td colspan="3">合计</td><td></td><td></td><td></td><td></td><td></td><td></td><td></td><td></td><td></td><td></td><td></td><td></td><td></td><td></td></tr>
</table>

“应交税费——未交增值税”科目的借方发生额反映企业上缴以前月份未交增值税和月末自“应交税费——应交增值税（转出多交增值税）”科目转入的当月多交的增值税额；贷方发生额反映企业月末自“应交税费——应交增值税（转出未交增值税）”科目转入的当月未交的增值税额；期末余额，借方反映企业多交的增值税，贷方反映企业未交的增值税。

### （二）小规模纳税人会计科目的设置

小规模纳税人只需设置“应交税费——应交增值税”二级账户，采用三栏式账页，贷方发生额反映企业销售货物或提供应税劳务应缴纳的增值税额，借方发生额反映企业已缴纳的增值税额。

## 二、增值税一般纳税人的账务处理

### (一)一般纳税人销项税额的会计处理

1. 一般纳税人正常销售货物的会计处理

纳税人在国内销售货物或提供加工、修理修配劳务,按照实现的销售收入和按规定收取的增值税额,借记"银行存款""应收账款""应收票据"等科目;按实现的销售收入,贷记"主营业务收入""其他业务收入"等科目;按照规定收取的增值税额,贷记"应交税费——应交增值税(销项税额)"科目。发生销货退回或销售折让,作相反的会计分录。

**【例2-7】** 金星公司2013年8月1日采取支票结算方式向A公司销售产品500件,不含税售价40元/件,开具增值税专用发票注明价款20 000元,增值税3 400元,收到A公司的转账支票一张。请对金星公司的业务进行账务处理。

**【解析】** 该公司的账务处理如下。

借:银行存款 23 400
　贷:主营业务收入 20 000
　　应交税费——应交增值税(销项税额) 3 400

**【例2-8】** 金星公司2013年8月3日采取分期收款方式向A公司销售产品2 000件,单位成本10元/件,不含税售价20元/件。当期款项已收到。请对该公司业务进行账务处理。

**【解析】** 该公司账务处理如下。

(1)发出商品时:

借:发出商品 20 000
　贷:库存商品 20 000

(2)收到第一期款时:

销项税额 $=2\ 000\times20\times17\%=6\ 800$(元)

借:银行存款 46 800
　贷:主营业务收入 40 000
　　应交税费——应交增值税(销项税额) 6 800

(3)结转已销商品的销售成本时:

借:主营业务成本 20 000
　贷:库存商品 20 000

2. 一般纳税人视同销售货物的会计处理

纳税人将自产、委托加工或购买的货物分配给股东,投资给其他企业,将自产、委托加工的货物用于集体福利、个人消费等视同销售行为,应确认收入,按市场价格作销售处理。借记"应付利润(长期股权投资、应付职工薪酬等)",贷记"主营业务收入、应交税费——应交增值税(销项税额)"。

纳税人将自产、委托加工或购买的货物无偿赠送给他人,将自产、委托加工的货物用于非应税项目等视同销售行为不确认收入，不作销售处理。借记“营业外支出（在建工程等）”，贷记“库存商品（原材料）、应交税费——应交增值税（销项税额）”。

**【例2-9】** 甲公司将自产的产品用于个人消费，该批产品的成本价为200万元，市场售价为300万元。假设甲公司为一般纳税人，增值税税率为17%。请对甲公司的业务进行账务处理。

**【解析】** 将自产的货物用于个人消费属于视同销售行为，确认收入，按销售处理。销项税额 = 3 000 000 × 17% = 510 000（元）

借：应付职工薪酬　3 510 000

　贷：主营业务收入　3 000 000

　　应交税费——应交增值税（销项税额）　510 000

借：主营业务成本　2 000 000

　贷：库存商品　2 000 000

**【例2-10】** 某生产企业（一般纳税人）通过希望工程基金会将一批自制产成品赠送给某学校。该批产品的实际成本是20 000元，不含税的价格为30 000元，增值税税率为17%。请对该企业的业务进行账务处理。

**【解析】** 将自产的货物无偿赠送给他人，属于视同销售行为，不确认收入，不作销售处理。该企业的业务账务处理如下。

借：营业外支出　25 100

　贷：库存商品　20 000

　　应交税费——应交增值税（销项税额）　5 100

3. 包装物销售及没收押金的会计处理

1）随同产品销售不单独计价的包装物

随同产品销售不单独计价的包装物，由于其收入随同销售商品的收入一并记入“主营业务收入”，所以，其账务处理与一般销售业务相同，不需要单独进行会计处理。

2）随同产品销售并单独计价的包装物

按照税法规定，应作为销售计算缴纳增值税，借记“银行存款”“应收账款”科目，贷记“主营业务收入”“其他业务收入”“应交税费——应交增值税（销项税额）”科目（不单独计价的，其收入应并入主营业务收入计算应纳税额）。

3）逾期未归还包装物没收押金的会计处理

收取包装物押金是含税的，没收时应将包装物押金还原为不含税价格；没收包装物押金适用的税率是包装物的适用税率。会计处理为，借记“其他应付款”，贷记“应交税费——应交增值税（销项税额）”“其他业务收入”科目。

**【例2-11】** 金星公司9月15日销售给风华公司带包装物的商品一批，包装物单独计价，开具增值税专用发票注明商品价款200 000元，包装物价款2 000元，增值税税额34 340元，款项尚未收到。请对该公司业务进行账务处理。

**【解析】** 该企业的业务账务处理如下。

借：应收账款　236 340

贷:主营业务收入　　200 000

其他业务收入　　2 000

应交税费——应交增值税(销项税额)　　34 340

【例2-12】 金星公司9月25日销售500台产品给C公司,不含税单位售价2 500元,因销售而出租的包装物500件,租期3个月,租金58 500元,同时,收取包装物押金50 000元,所有款项已存银行。请对该公司业务进行账务处理。

【解析】 包装物租金计税销售额=58 500/(1+17%)=50 000(元)

应纳销项税=2 500×500×17%+50 000×17%=221 000(元)

借:银行存款　　1 571 000

贷:主营业务收入　　1 250 000

其他业务收入　　50 000

应交税费——应交增值税(销项税额)　　221 000

其他应付款——存入保证金　　50 000

【例2-13】 假若金星公司上述出租的包装物一年以后仍未收回,按规定没收其押金。请对该公司业务进行账务处理。

【解析】 计税销售额=50 000/(1+17%)=42 735.04(元)

应纳销项税额=42 735.04×17%=7 264.96(元)

借:其他应付款——存入保证金　　50 000

贷:其他业务收入　　42 735.04

应交税费——应交增值税(销项税额)　　7 264.96

### (二)一般纳税人购进货物的会计处理

1.纳税人在国内采购货物的会计处理

纳税人在国内购进应税货物或应税劳务,按增值税专用发票上注明货物价款以及应计入采购成本的其他费用,借记“材料采购”“原材料”“委托加工物资”等账户;按增值税专用发票上注明的增值税额,借记“应交税费——应交增值税(进项税额)”账户。按照应付或实际支付的货款和增值税进项税额之和,贷记“银行存款”“应付账款”“应付票据”等账户。购入货物发生的退货作相反的会计分录。

【例2-14】 大明工厂9月22日向本市某工厂购进102#材料300千克,价格为60元/千克,增值税额3 060元,材料已验收入库,发票收到并以转账支票支付。请对该业务进行账务处理。

【解析】 应作会计分录如下。

借:原材料——102#材料　　18 000

应交税费——应交增值税(进项税额)　　3 060

贷:银行存款　　21 060

2.购进免税农产品的会计处理

纳税人购进免税农产品,应当按购入农产品的进项税额,借记“应交税费——应交增值税(进项税额)”科目;按买价扣除按规定计算的进项税额后的数额,借记“原材料”等科目。按实际支付或应付的价款,贷记“银行存款”“应付账款”等科目。

**【例 2-15】** 大明工厂 9 月 26 日购进免税农产品一批已验收入库,买价为 10 000 元,款项以银行存款支付。请对该业务进行账务处理。

**【解析】** 应抵扣的进项税额 = 10 000 × 13% = 1 300 (元)

| | | |
|---|---|---|
| 借:原材料 | 87 00 | |
| 应交税费——应交增值税(进项税额) | 13 00 | |
| 贷:银行存款 | | 10 000 |

3. 进项税额转出的会计处理

对进项税额转出的会计处理主要适用于两种情况:一是发生非正常损失,一是改变用途。

1)发生非正常损失的会计处理

纳税人购进货物、在产品、库存商品发生非正常损失时,应将购进项目的进项税额与遭受非正常损失的购进货物、在产品、库存商品成本一起转入“待处理财产损益”科目,应借记“待处理财产损益”科目;贷记“原材料”“生产成本”“库存商品”等科目,同时贷记“应交税费——应交增值税(进项税额转出)”科目。

**【例 2-16】** 甲企业由于管理不严造成原材料被盗,损失价值共计 25 000 元,增值税税率为 17%。后经主管部门批准,该损失作为营业外支出处理。请对该业务进行账务处理。

**【解析】** 甲企业会计处理如下。

| | | |
|---|---|---|
| 借:待处理财产损益——待处理流动资产损益 | 29 250 | |
| 贷:原材料 | | 25 000 |
| 应交税费——应交增值税(进项税额转出) | | 4 250 |

2)改变用途的会计处理

纳税人本应用于应税项目的购进货物或应税劳务,已抵扣了进项税额,又转用于非应税项目、免税项目、集体福利或个人消费等其他用途的,应将其进项税额从当期进项税额中抵减,借记“在建工程”“应付职工薪酬”等科目,贷记“应交税费——应交增值税(进项税额转出)”科目。

**【例 2-17】** 大明工厂 9 月 27 日将购入的用于生产应税产品的原材料 15 000 元,转用于本企业厂房建设,其进项税额为 2 550 元。请对该业务进行账务处理。

**【解析】** 该企业的业务账务处理如下。

| | | |
|---|---|---|
| 借:在建工程 | 17 550 | |
| 贷:原材料 | | 15 000 |
| 应交税费——应交增值税(进项税额转出) | | 2 550 |

4. 进口货物的会计处理

纳税人进口货物,应当按照进口货物的采购成本,借记“材料采购”“原材料”等科目,按照海关提供的完税凭证上注明的增值税额,借记“应交税费——应交增值税(进项税额)”科目;按照实际支付或应付的金额,贷记“银行存款”“应付账款”等科目。

【例2-18】 大明工厂9月26日从国外进口一批材料，料到并已验收入库，海关核定的关税完税价格为1 000 000元，应纳关税150 000元，消费税50 000元。请对该业务进行账务处理。

【解析】 增值税进项税额 =（1 000 000 + 150 000 + 50 000）× 17% = 204 000（元）

借：原材料　　1 200 000

　应交税费——应交增值税（进项税额）　　204 000

　贷：银行存款　　1 404 000

## 三、小规模纳税人增值税的会计核算

### （一）购入货物或接受应税劳务的会计处理

小规模纳税人由于实行简易定率征收办法，其购入货物及接受劳务支付的增值税税额，应直接计入货物及劳务的成本，所以应按发票所列价款和税款合计，直接借记“材料采购”“委托加工物资”“原材料”“库存商品”等账户，贷记“应付账款”“应付票据”“银行存款”等账户。

【例2-19】 某公司为小规模纳税人，8月份购进一批原材料，增值税专用发票注明价款为12 000元，增值税税额为2 040元。材料已验收入库，款项已支付。请对该业务进行账务处理。

【解析】 应编制的会计分录如下。

借：原材料　　14 040

　贷：银行存款　　14 040

### （二）销售货物及提供应税劳务的会计处理

能代开增值税专用发票的，根据专用发票上注明的价款和税款合计借记“应收账款”“银行存款”等账户，根据专用发票上注明的价款贷记“主营业务收入”“其他业务收入”等账户，根据专用发票上注明的税款贷记“应交税费——应交增值税”账户。开具普通发票的，由于是价税合并定价的，因此应当将发票上注明的总金额分解为不含增值税的价款和按此价款的3%计算的增值税税额。

【例2-20】 某公司2013年8月份销售产品一批，由税务机关代开的增值税专用发票上注明的货款为21 000元，增值税税额为1 260元。产品已发出，款项已收妥存入银行。请对该企业业务进行账务处理。

【解析】 应编制的会计分录如下。

借：银行存款　　22 260

　贷：主营业务收入　　21 000

　　应交税费——应交增值税　　1 260

## 四、缴纳增值税的会计处理

对企业来说增值税的纳税期限一般为1个月，应纳税额于月终后15天内上缴。一般纳税人企业当期销项税额抵扣当期进项税额后的余额，即为当期应缴纳的增值税；当期销项税额不足以抵扣当期进项税额的，差额留待下期继续抵扣。月末企业应将当月应缴未缴的增值税转入“未交增值税”明细科目。

借：应交税费——应交增值税（转出未交增值税）

　　贷：应交税费——未交增值税

下月初上缴时，应作会计分录：

借：应交税费——未交增值税

　　贷：银行存款

或

借：应交税费——应交增值税（已交税金）

　　贷：银行存款

## 【课堂训练】

（1）某企业（一般纳税人）2011 年 3 月销售产品，取得不含税销售额 100 000 元。本月购进材料，取得增值税专用发票注明增值税为 9 000 元，支付运费 600 元，取得运输企业开具增值税运费发票。计算该企业当月应缴纳的增值税，并进行相应的账务处理。

（2）A 公司（小规模纳税人）8 月份销售产品给星星公司，开具普通发票一张，金额为 3 360 元。产品已售出，货款尚欠。请对 A 公司的销售业务进行账务处理。

# 任务 4　增值税的纳税申报

## 一、增值税的征收管理

### （一）纳税义务发生时间

纳税义务发生时间是指纳税人发生应税行为，应当承担纳税义务的起始时间。税法明确规定纳税义务发生时间的作用在于：正式确认纳税人已经发生属于税法规定的应税行为，应当承担相应的纳税义务；有利于税务机关实施税务管理，合理规定申报期限和纳税期限，监督纳税人有效履行纳税义务。

1. 纳税义务发生时间的基本规定

（1）销售货物或者应税劳务，为收讫销售款或者取得索取销售款凭据的当天。

（2）进口货物，为报关进口的当天。

（3）纳税人出口适用税率为零的货物，可以按月向税务机关申报办理该项出口货物的退税。

2. 纳税义务发生时间的具体规定

销售货物或者应税劳务的纳税义务发生时间，按销售结算方式的不同，具体分为：

（1）采取直接收款方式销售货物，不论货物是否发出，均为收到销售额或取得索取销售额的凭据，并将提货单交给买方的当天；

(2)采取托收承付和委托银行收款方式销售货物，为发出货物并办妥托收手续的当天；

(3)采取赊销和分期收款方式销售货物，为按合同约定的收款日期的当天；

(4)采取预收货款方式销售货物，为货物发出的当天；

(5)委托其他纳税人代销货物，为收到代销单位销售的代销清单的当天；

(6)销售应税劳务，为提供劳务同时收讫销售额或取得索取销售额凭据的当天；

(7)纳税人发生视同销售货物行为，为货物移送的当天。

## 【问题思考】

税制中对纳税义务发生时间为何要明确规定？

【解析】上述销售货物和应税劳务纳税义务发生时间的确定，明确了增值税应纳税额计算中重要构成部分的“当期销项税额”的时间限定，从而奠定了增值税及时、准确计缴的基础，企业必须按上述规定准确无误地记录销售额和计算当期销项税额。

### (二)增值税的纳税期限

增值税的纳税期限有两种：一种是按期纳税，即分别以 1 日、3 日、5 日、10 日、15 日、1 个月或者 1 个季度为一个纳税期；另一种是按次纳税，即不能按固定期限纳税的，可以按次缴纳。

(1)纳税人以 1 个月或者 1 个季度为一期纳税的，自期满之日起 15 日内申报纳税；以 1 日、3 日、5 日、10 日或者 15 日为一期纳税的，自期满之日起 5 日内预交税款，于次月 1 日起 15 日内申报纳税并结清上月应纳税款。

(2)纳税人进口货物，应当自海关填发进口增值税专用缴款书之日起 15 日内缴纳税款。

(3)纳税人出口货物，应按月向税务机关申报办理该项出口货物退税。

### (三)增值税的纳税地点

为了保证纳税人按期申报纳税，根据企业跨地区经营和搞活商品流通的特点及不同情况，税法还具体规定了增值税的纳税地点。按规定，增值税的纳税地点主要有以下情况。

(1)固定业户应当向其机构所在地主管税务机关申报纳税。总机构和分支机构不在同一县(市)的，应当分别向各自所在地主管税务机关申报纳税；经国家财政、税务总局或其授权的财政、税务机关批准，也可由总机构汇总向总机构所在地主管税务机关申报纳税。

固定业户到外县(市)销售货物的，应当向其机构所在地主管税务机关申请开具外出经营活动税收管理证明，向其机构所在地主管税务机关申报纳税；未持有其机构所在地主管税务机关核发的外出经营活动税收管理证明，到外县(市)销售货物或应税劳务的，应当向销售地主管税务机关申报纳税；未向销售地主管税务机关申报纳税的，由其机构所在地主管税务机关补征税款。

(2)非固定业户销售货物或者应税劳务，应当向销售地或者劳务发生地的主管税务机关申报纳税；非固定业户到外县(市)销售货物或者应税劳务未向销售地主管税务机关申报纳税的，由其机构所在地或居住地主管税务机关补征税款。

（3）进口货物，应当由进口人或其代理人向报关地海关申报纳税。

（4）扣缴义务人应当向其机构所在地或者居住地的主管税务机关申报缴纳其扣缴的税款。

## 二、增值税纳税申报

### （一）一般纳税人的纳税申报

1. 申报程序

一般纳税人办理纳税申报，需要经过专用发票认证、抄税、报税、办理申报等环节。

（1）专用发票认证。增值税专用发票的认证方式可选择手工认证和网上认证。手工认证由单位办税员月底持专用发票“抵扣联”和运输专用发票到所属主管税务机关服务大厅“认证窗口”进行认证；网上认证是纳税人月底前通过扫描仪将专用发票抵扣联扫入认证专用软件，生成电子数据，将数据文件传给税务机关完成认证。

（2）抄税。抄税是在当月的最后一天，通常是在次月 1 日早上开票前，利用防伪税控开票系统进行抄税处理，将本月开具增值税专用发票的信息读入 IC 卡（抄税完成后本月不允许再开具发票）。

（3）报税。报税是在报税期内，一般单位在次月 15 日前，将 IC 卡拿到税务机关，由税务人员将 IC 卡的信息读入税务机关的金税系统。经过抄税，税务机关确保所有开具的销项发票进入到了金税系统；经过报税，税务机关确保了所有抵扣的进项发票都进入了金税系统，就可以由系统自动进行比对，确保任何一张抵扣的进项发票都有销项发票与其对应。

（4）办理申报。申报工作可分为上门申报和网上申报，上门申报是指在申报期内，携带打印的申报表、资产负债表、利润表及其他相关材料到主管税务机关办理纳税申报，税务机关审核后将申报表退还一联给纳税人。网上申报是指纳税人在征税期内，通过互联网将增值纳税申报表主表、附表及其他必报资料的电子信息传送至电子申报系统。纳税人应从办理税务登记的次月 1 日起 15 日内，不论有无销售额，均按主管税务机关核定的纳税期限按期向当地税务机关申报。

（5）税款缴纳。税务机关将申报表单据送到开户银行，由银行进行自动转账处理。未使用税库银联网的纳税人还需自己到税务机关指定的银行进行缴纳。

2. 申报资料

电子信息采集系统一般纳税人纳税申报资料包括以下几项。

（1）必须填报资料：①增值税纳税申报表（适用于增值税一般纳税人）、增值税纳税申报表附列资料（表一）（表二）和固定资产进项税额抵扣情况表；②备份数据软盘和 IC 卡；③资产负债表和利润表。

（2）其他必报资料：①增值税运输发票抵扣清单；②海关完税凭证抵扣清单；③代开发票抵扣清单；④主管国税机关规定的其他必报资料。

（3）备查资料：①已开具普通发票存根联；②符合抵扣条件并且在本期申报抵扣增值税

专用发票抵扣联；③海关进口货物完税凭证、运输发票（无抵扣联）、购进农产品普通发票存根联原件及复印件；④收购发票、运输发票（有抵扣联）抵扣联；⑤代扣代缴税款凭证存根联；⑥主管税务机关规定的其他备查资料。备查资料是否需要当期报送，由各级国家税务局确定。

3. 增值税纳税申报表的格式与内容

(1)一般纳税人增值税纳税申报表如表 2-2 所示。

(2)增值税纳税申报表附列资料（表一）如表 2-3 所示。

(3)增值税纳税申报表附列资料（表二）如表 2-4 所示。

(4)固定资产进项税额抵扣情况表如表 2-5 所示。

## 【纳税申报工作实例】

某电视机厂 2013 年 12 月发生下列经济业务。

(1)某商场销售 A 型号彩电 100 台，每台不含税售价 0.4 万元，货款已收到。

(2)“五一”期间，表彰劳动模范，每人奖励 A 型号彩电 1 台，共计 10 台。

(3)发货给外省分支机构 A 型号彩电 200 台，用于销售，并支付运杂费 5 万元，运输单位开具的运输专用发票上注明运费 4 万元。

(4)以折扣方式销售 B 型号彩电 50 台，共计销售额为 26 万元（不含税），企业另开红字专用发票折扣 1 万元，实收货款 25 万元，货已发出。

(5)购入电子元件一批，取得的增值税专用发票上注明的价款为 20 万元。

(6)购进一批吊灯用于本厂正在修建的职工活动中心，取得的专用发票上注明的税金为 0.15 万元。

(7)购进一台检测设备，取得的专用发票上注明的税金为 0.21 万元。

若该厂取得的发票均以通过税务机关认证，试计算该电视机厂该月应纳的增值税额。

**【解析】**

(1)应计当期销项税额 $=100\times0.4\times17\%=6.8$（万元）

(2)视同销售行为，应计当期销项税额 $=10\times0.4\times17\%=0.68$（万元）

(3)视同销售行为，应计当期销项税额 $=200\times0.4\times17\%=13.6$（万元）

发生的运输费用的进项税额 $=4\div(1+11\%)\times11\%=0.3964$（万元）

(4)另开发票的折扣额不允许从计税的销售额中扣除。

当期销项税额 $=26\times17\%=4.42$（万元）

(5)当期允许抵扣的进项税额 $=20\times17\%=3.4$（万元）

(6)购进用于非应税项目的材料负担的进项税额不允许抵扣。

(7)购进固定资产的进项税额为 0.21 万元。

(8)当期应纳增值税 $=(6.8+0.68+13.6+4.42)-(0.3964+3.4+0.21)$

$=25.5-4.0064$

$=21.4936$（万元）

## 表 2-2　增值税纳税申报表(主表)

(适用于增值税一般纳税人)

根据《中华人民共和国增值税暂行条例》和《交通运输业和部分现代服务业营业税改征增值税试点实施办法》的规定制定本表。纳税人无论有无销售额,均应按主管税务机关核定的纳税期限按期填报本表,向当地税务机关申报。

税款所属时间:自 2014 年 12 月 1 日至 2014 年 12 月 31 日

填表日期:2015 年 1 月 10 日　　金额单位:元(列至角分)

| | | | |
|---|---|---|---|
| 纳税人识别号 | | 所属行业: | |
| 纳税人名称 | (公章) | 法定代表人姓名: | 注册地址:　营业地址: |
| 开户银行及账号 | | 企业登记注册类型 | 电话号码: |

| 项目 | | 栏次 | 一般货物及劳务 | | 即征即退货物及劳务 | |
|---|---|---|---|---|---|---|
| | | | 本月数 | 本年累计 | 本月数 | 本年累计 |
| 销售额 | (一)按适用税率征税货物及劳务销售额 | 1 | 1 500 000 | | 0.00 | 0.00 |
| | 其中:应税货物销售额 | 2 | 1 500 000 | | 0.00 | 0.00 |
| | 应税劳务销售额 | 3 | | | | |
| | 纳税检查调整的销售额 | 4 | 0.00 | 0.00 | 0.00 | 0.00 |
| | (二)按简易征收办法征税货物销售额 | 5 | 0.00 | 0.00 | 0.00 | 0.00 |
| | 其中:纳税检查调整的销售额 | 6 | 0.00 | 0.00 | | |
| | (三)免、抵、退办法出口货物销售额 | 7 | 0.00 | 0.00 | | |
| | (四)免税货物及劳务销售额 | 8 | 0.00 | 0.00 | | |
| | 其中:免税货物销售额 | 9 | 0.00 | 0.00 | | |
| | 免税劳务销售额 | 10 | 0.00 | 0.00 | | |
| 税款计算 | 销项税额 | 11 | 255 000 | | | |
| | 进项税额 | 12 | 40 064 | | 0.00 | 0.00 |
| | 上期留抵税额 | 13 | | | 0.00 | 0.00 |
| | 进项税额转出 | 14 | | | 0.00 | 0.00 |
| | 免抵退货物应退税额 | 15 | 0.00 | 0.00 | 0.00 | 0.00 |
| | 按适用税率计算的纳税检查应补缴税额 | 16 | 0.00 | 0.00 | 0.00 | 0.00 |
| | 应抵扣税额合计 | 17 = 12 + 13 − 14 − 15 + 16 | 40 064 | | 0.00 | |
| | 实际抵扣税额 | 18(如 17 < 11,则为 17,否则为 11) | 40 064 | | 0.00 | 0.00 |
| | 应纳税额 | 19 = 11 − 18 | 214 936 | | 0.00 | 0.00 |
| | 期末留抵税额 | 20 = 17 − 18 | 0.00 | 0.00 | | |
| | 简易征收办法计算的应纳税额 | 21 | 0.00 | 0.00 | — | — |
| | 按简易征收办法计算的纳税检查应补缴税额 | 22 | 0.00 | 0.00 | | |
| | 应纳税额减征额 | 23 | 0.00 | 0.00 | 0.00 | 0.00 |
| | 应纳税额合计 | 24 = 19 + 21 − 23 | 214 936 | | | |

**续表**

<table>
<tr><th colspan="2" rowspan="2">项目</th><th rowspan="2">栏次</th><th colspan="2">一般货物及劳务</th><th colspan="2">即征即退货物及劳务</th></tr>
<tr><th>本月数</th><th>本年累计</th><th>本月数</th><th>本年累计</th></tr>
<tr><td rowspan="16">税款缴纳</td><td>期初未缴税额(多缴为负数)</td><td>25</td><td></td><td></td><td>0.00</td><td>0.00</td></tr>
<tr><td>实收出口开具专用缴款书退税额</td><td>26</td><td>0.00</td><td>0.00</td><td>—</td><td>—</td></tr>
<tr><td>本期已缴税额</td><td>27 = 28 + 29 + 30 + 31</td><td></td><td></td><td></td><td></td></tr>
<tr><td>①分次预缴税额</td><td>28</td><td>0.00</td><td>0.00</td><td></td><td></td></tr>
<tr><td>②出口开具专用缴款书预缴税额</td><td>29</td><td>0.00</td><td></td><td>—</td><td>—</td></tr>
<tr><td>③本期缴纳上期应纳税额</td><td>30</td><td></td><td></td><td></td><td></td></tr>
<tr><td>④本期缴纳欠缴税额</td><td>31</td><td></td><td></td><td></td><td></td></tr>
<tr><td>期末未缴税额(多缴为负数)</td><td>32 = 24 + 25 + 26 - 27</td><td>214 936</td><td></td><td></td><td></td></tr>
<tr><td>其中:欠缴税额(≥0)</td><td>33 = 25 + 26 - 27</td><td></td><td></td><td>0.00</td><td></td></tr>
<tr><td>本期应补(退)税额</td><td>34 = 24 - 28 - 29</td><td>214 936</td><td></td><td>0.00</td><td></td></tr>
<tr><td>即征即退实际退税额</td><td>35</td><td>0.00</td><td>0.00</td><td></td><td></td></tr>
<tr><td>期初未缴查补税额</td><td>36</td><td>0.00</td><td>0.00</td><td></td><td></td></tr>
<tr><td>本期入库查补税额</td><td>37</td><td>0.00</td><td>0.00</td><td></td><td></td></tr>
<tr><td>期末未缴查补税额</td><td>38 = 16 + 22 + 36 - 37</td><td>0.00</td><td>0.00</td><td></td><td></td></tr>
<tr><td>授权声明</td><td colspan="3">如果你已委托代理人申报,请填写下列资料:<br>为代理一切税务事宜,现授权:<br>(地址)　　为本纳税人的代理申报人,任何与本申报有关的往来文件,都可寄予此人。<br>授权人签字:</td><td>申报人声明</td><td colspan="2">此纳税申报表是根据《中华人民共和国增值税暂行条例》的规定填报的,我相信它是真实的、可靠的、完整的。<br>声明人签字:</td></tr>
</table>

以下由税务机关填写:

收到日期:　　　　接收人:　　　　主管税务机关盖章:

**表 2-3　增值税纳税申报表附列资料(表一)**

(本期销售情况明细)

税款所属时间:2014 年 12 月 1 日至 2014 年 12 月 31 日

纳税人名称:(公章)　　　　金额单位:元至角分

| 项目及栏次 | | | 开具税控增值税专用发票 | | 开具其他发票 | | 未开具发票 | | 纳税检查调整 | | 合计 | | | 应税服务扣除项目本期实际扣除金额 | 扣除后 | |
|---|---|---|---|---|---|---|---|---|---|---|---|---|---|---|---|---|
| | | | 销售额 | 销项(应纳)税额 | 销售额 | 销项(应纳)税额 | 销售额 | 销项(应纳)税额 | 销售额 | 销项(应纳)税额 | 销售额 | 销项(应纳)税额 | 价税合计 | | 含税(免税)销售额 | 销项(应纳)税额 |
| | | | 1 | 2 | 3 | 4 | 5 | 6 | 7 | 8 | 9 = 1 + 3 + 5 + 7 | 10 = 2 + 4 + 6 + 8 | 11 = 9 + 10 | 12 | 13 = 11 − 12 | 14 = 13 ÷ (100% + 税率或征收率) × 税率或征收率 |
| 一、一般计税方法计税 | 全部征税项目 | (1)17%税率的货物及加工修理修配劳务 | 400 000 | 68 000 | 260 000 | 44 200 | 840 000 | 142 800 | | | 1 500 000 | 255 000 | 1 755 000 | — | | — — |
| | | (2)17%税率的有形动产租赁服务 | | | | | | | | | | | | | | |
| | | (3)13%税率 | | | | | | | | | | | | — | | — — |
| | | (4)11%税率 | | | | | | | | | | | | | | |
| | | (5)6%税率 | | | | | | | | | | | | | | |
| | 其中:即征即退项目 | (6)即征即退货物及加工修理修配劳务 | | — | — | — | — | — | — | — | | | | — — | | — — |
| | | (7)即征即退应税服务 | | — | — | — | — | — | — | — | | | | | | |

续表

| 项目及栏次 | | | 开具税控增值税专用发票 | | 开具其他发票 | | 未开具发票 | | 纳税检查调整 | | 合计 | | | 应税服务扣除项目本期实际扣除金额 | 扣除后 | |
|---|---|---|---|---|---|---|---|---|---|---|---|---|---|---|---|---|
| | | | 销售额 | 销项（应纳）税额 | 销售额 | 销项（应纳）税额 | 销售额 | 销项（应纳）税额 | 销售额 | 销项（应纳）税额 | 销售额 | 销项（应纳）税额 | 价税合计 | | 含税（免税）销售额 | 销项（应纳）税额 |
| | | | 1 | 2 | 3 | 4 | 5 | 6 | 7 | 8 | 9 = 1 + 3 + 5 + 7 | 10 = 2 + 4 + 6 + 8 | 11 = 9 + 10 | 12 | 13 = 11 − 12 | 14 = 13 ÷ (100% + 税率或征收率) × 税率或征收率 |
| 二、简易计税方法计税 | 全部征税项目 | (8)6%征收率 | | | | | | | — | — | | | | —<br>— | | —<br>— |
| | | (9)5%征收率 | | | | | | | — | — | | | | —<br>— | | —<br>— |
| | | (10)4%征收率 | | | | | | | — | — | | | | —<br>— | | —<br>— |
| | | (11)3%征收率的货物及加工修理修配劳务 | | | | | | | — | — | | | | —<br>— | | —<br>— |
| | | (12)3%征收率的应税服务 | | | | | | | — | — | | | | | | |
| | | (13)预征收率(%) | | | | | | | — | — | | | | | | |
| | 其中：即征即退项目 | (14)即征即退货物及加工修理修配劳务 | | — | — | — | — | — | — | — | | | | | | —<br>— |
| | | (15)即征即退应税服务 | | — | — | — | — | — | — | — | | | | | | |
| 三、免抵退税 | (16)货物及加工修理修配劳务 | | | — | | — | | — | — | — | | — | | —<br>— | | —<br>— |
| | (17)应税服务 | | | — | | — | | — | — | — | | — | | | | — |
| 四、免税 | (18)货物及加工修理修配劳务 | | | | | — | | — | — | — | | — | | | | — |
| | (19)应税服务 | | | — | | — | | — | — | — | | — | | | | — |

**表 2-4 增值税纳税申报表附列资料(表二)**

(本期进项税额明细)

税款所属时间: 年 月 日至 年 月 日

纳税人名称:(公章) 金额单位:元(列至角分)

| 一、申报抵扣的进项税额 | | | | |
|---|---|---|---|---|
| 项目 | 栏次 | 份数 | 金额 | 税额 |
| (一)认证相符的防伪税控增值税专用发票 | 1 =2 +3 | | 236 036 | 37 964 |
| 其中:本期认证相符且本期申报抵扣 | 2 | | 236 036 | 37 964 |
| 前期认证相符且本期申报抵扣 | 3 | | | |
| (二)其他扣税凭证 | 4 =5 +6 +7 +8 | | | |
| 其中:海关完税凭证 | 5 | | | |
| 农产品收购凭证及普通发票 | 6 | | | |
| 代扣代缴税收通用缴款书 | 7 | | | |
| 运输费用结算单据 | 8 | | | |
| | 9 | | | |
| | 10 | | | |
| (三)外贸企业进项税额抵扣证明 | 11 | | | |
| 当期申报抵扣进项税额合计 | 12 =1 +4 +11 | | 236 036 | 37 964 |
| 二、进项税额转出额 | | | | |
| 项目 | 栏次 | 税额 | | |
| 本期进项税额转出额 | 13 =14 至 23 之和 | | | |
| 其中:免税项目用 | 14 | | | |
| 非应税项目用、集体福利、个人消费 | 15 | | | |
| 非正常损失 | 16 | | | |
| 简易计税方法征税项目用 | 17 | | | |
| 免抵退税办法出口货物不得抵扣进项税额 | 18 | | | |
| 纳税检查调减进项税额 | 19 | | | |
| 红字专用发票通知单注明的进项税额 | 20 | | | |
| 上期留抵税额退税 | 21 | | | |
| 其他应作进项税额转出的情形 | 22 | | | |
| | 23 | | | |
| 三、待抵扣进项税额 | | | | |
| 项目 | 栏次 | 份数 | 金额 | 税额 |
| (一)认证相符的税控增值税专用发票 | 24 | | | |
| 期初已认证相符但未申报抵扣 | 25 | 0 | | |
| 本期认证相符且本期未申报抵扣 | 26 | | | |
| 期末已认证相符但未申报抵扣 | 27 | | | |
| 其中:按照税法规定不允许抵扣 | 28 | | | |
| (二)其他扣税凭证 | 29 =30 至 33 之和 | 0 | | |

续表

| | | | | |
|---|---|---|---|---|
| 其中:海关进口增值税专用缴款书 | 30 | 0 | | |
| 农产品收购发票或者销售发票 | 31 | 0 | | |
| 代扣代缴税收通用缴款书 | 32 | 0 | | |
| 运输费用结算单据 | 33 | 0 | | |
| | 34 | 0 | | |
| 四、其他 | | | | |
| 项目 | 栏次 | 份数 | 金额 | 税额 |
| 本期认证相符的防伪税控增值税专用发票 | 35 | | 236 036 | 37 964 |
| 代扣代缴税额 | 36 | | | |
| | | | | |
| | | | | |

**表 2-5 固定资产进项税额抵扣情况表**

纳税人识别号: 纳税人名称:(公章)

填表日期:2015 年 1 月 10 日 金额单位:元(列至角分)

| 项 目 | 当期申报抵扣的固定资产进项税额 | 当期申报抵扣的固定资产进项税额累计 |
|---|---|---|
| 增值税专用发票 | 2 100 | 2 100 |
| 海关进口增值税专用缴款书 | | |
| 合 计 | 2 100 | 2 100 |

## (二)小规模纳税人的纳税申报

小规模企业无论当月有无销售额,均应填报增值税纳税申报表(适用于小规模纳税人),于次月 15 日前报主管税务机关。

1. 申报资料

(1)增值税小规模纳税人纳税申报表;

(2)资产负债表、利润表;

(3)主管税务机关要求的其他资料。

2. 申报表的格式与内容

申报表的格式与内容如表 2-6 所示。

**表 2-6　增值税纳税申报表(适用小规模纳税人)**

纳税人识别号:□□□□□□□□□□□□□□□□□□□□

纳税人名称(公章):　　　　　　　　　　　　　　　　　　　　　　　　金额单位:元(列至角分)

税款所属期:　　年　月　日至　　年　月　日　　　　　　　　　　　　填表日期:　　年　月　日

| | 项目 | 栏次 | 本期数 | 本年累计 |
|---|---|---|---|---|
| 一、计税依据 | (一)应征增值税货物及劳务不含税销售额 | 1 | | |
| | 其中:税务机关代开的增值税专用发票不含税销售额 | 2 | | |
| | 税控器具开具的普通发票不含税销售额 | 3 | | |
| | (二)销售使用过的应税固定资产不含税销售额 | 4 | — | — |
| | 其中:税控器具开具的普通发票不含税销售额 | 5 | — | — |
| | (三)免税货物及劳务销售额 | 6 | | |
| | 其中:税控器具开具的普通发票销售额 | 7 | | |
| | (四)出口免税货物销售额 | 8 | | |
| | 其中:税控器具开具的普通发票销售额 | 9 | | |
| 二、税款计算 | 本期应纳税额 | 10 | | |
| | 本期应纳税额减征额 | 11 | | |
| | 应纳税额合计 | 12 = 10 − 11 | | |
| | 本期预缴税额 | 13 | | — |
| | 本期应补(退)税额 | 14 = 12 − 13 | | — |
| | | | | |

| | |
|---|---|
| 纳税人或代理人声明:<br>此纳税申报表是根据国家税收法律的规定填报的,我确定它是真实的、可靠的、完整的。 | 如纳税人填报,由纳税人填写以下各栏:<br>办税人员(签章):　　财务负责人(签章):<br>法定代表人(签章):　　联系电话: |
| | 如委托代理人填报,由代理人填写以下各栏: |
| | 代理人名称:　　经办人(签章):　　联系电话:<br>代理人(公章): |

受理人:　　　　受理日期:　　年　月　日　　　　受理税务机关(签章):

本表为 A3 竖式一式三份,一份纳税人留存,一份主管税务机关留存、一份征收部门留存。

## 【任务小结】

增值税是对在我国境内从事销售货物,提供加工、修理修配劳务,以及进口货物的单位和个人取得的以“增值额”为计税依据征收的一种流转税。增值税的基本税制要素包括纳税人、征税范围和税率。增值税的纳税人有一般纳税人和小规模纳税人。一般纳税人应纳税额的计算是,用当期销项税额减去经认证准予抵扣的进项税额,所得的差额,即为应纳税额。小规模纳税人应纳税额的计算是按简易方法计算。一般纳税人的会计处理主要包括销项税额、进项税额和进项税额转出的会计处理,小规模纳税人的会计处理包括购进货物和销售货物的会计处理。增值税的纳税申报包括一般纳税人的纳税申报和小规模纳税人的纳税申报。

## 【导入案例解析】

案例中江苏安达木地板有限责任公司经营范围包括木地板销售和木地板安装。顾客不购买公司的木地板,公司也可以为顾客提供安装木地板服务,而且二者没有必然的从属关系,属于兼营行为;但是如果顾客购买了公司的木地板,然后让公司安装,则属于混合销售行为。所以,公司对于销售木地板收入、复合地板收入和实木地板收入应当缴纳增值税,对于安装自己销售的地板收入应当缴纳增值税,对于安装其他企业的地板收入应当缴纳营业税。

# 任 务 训 练

### 一、单项选择训练

1. 下列哪种类型的增值税在计算增值额时不允许抵扣固定资产的价值?(　　)

A. 生产型增值税　　B. 收入型增值税　　C. 消费型增值税　　D. 过渡型增值税

2. 某加工修理修配厂(为小规模纳税人)本月的不含增值税销售额为20 000元,购进的原材料等的进价为8 000元,则其本月应纳的增值税为(　　)。

A. 769.23元　　B. 2 040元　　C. 1 200元　　D. 1 132.06元

3. 小规模纳税人销售货物,对其进项税额的处理规定是(　　)。

A. 可按3%抵扣进项税额　　B. 不得抵扣任何进项税额

C. 可按6%抵扣进项税额　　D. 可按17%抵扣进项税额

4. 现在,对小规模纳税人的商业企业按(　　)征增值税。

A. 3%的征收率　　B. 6%的征收率　　C. 13%的税率　　D. 17%的税率

5. 蓝岛大厦销售电器时负责送货上门,则此行为应该(　　)。

A. 缴纳消费税

B. 缴纳营业税

C. 缴纳增值税

D. 销售行为纳增值税、送货上门行为纳营业税

6. 下列各项中,应征收增值税的是(　　)。

A. 销售房地产　　B. 提供娱乐服务劳务

C. 销售自来水　　D. 转让商标使用权

7. 纳税人兼营不同增值税税率的货物或者增值税应税劳务,未分别核算或不能分别准确核算销售额的,其增值税税率的确定方法是(　　)。

A. 从高适用税率　　B. 从低适用税率

C. 适用平均税率　　D. 适用6%的征收率

8. 从 2002 年 6 月 1 日起，对自来水公司销售自来水按(　　)征收增值税。

A. 4% 的征收率　　B. 6% 的征收率　　C. 13% 的税率　　D. 17% 的税率

9. 在以下单位或者个人中，不是增值税的纳税人的是(　　)。

A. 进口固定资产的企业　　B. 销售商品房的公司

C. 零售杂货的个体户　　D. 生产销售家用电器的公司

10. 一般纳税人按基本税率计征增值税的货物有(　　)。

A. 图书、杂志、报纸　　B. 化肥、农药

C. 自产的汽车　　D. 粮食、食用植物油

11. 从事货物批发或零售的企业为小规模纳税人的年应税销售额的标准是(　　)。

A. 50 万元以下　　B. 80 万元以下　　C. 150 万元以下　　D. 180 万元以下

12. 一般纳税人不得从增值税销项税额中抵扣进项税额的项目是(　　)。

A. 购进农产品的进项税额

B. 购进货物所支付运费的进项税额

C. 购进货物所支付的进项税额

D. 用于装饰建筑物所购进货物的进项税额

13. 增值税专用发票领购使用范围是(　　)。

A. 增值税的小规模纳税人　　B. 增值税的小规模纳税人和一般纳税人

C. 增值税的一般纳税人　　D. 所有缴纳增值税的纳税人

14. 纳税人既经营增值税应税劳务，又兼营营业税应税劳务而又未分别核算的，其兼营的营业税应税劳务与增值税应税劳务(　　)。

A. 分别征收增值税、营业税　　B. 一并征收增值税

C. 一并征收营业税　　D. 按营业税与增值税平均税率征税

15. 以 1 个月为一期的增值税，纳税人应于期满后(　　)日内申报纳税。

A. 1　　B. 5　　C. 10　　D. 15

**二、多项选择训练**

1. 下列哪些行为应该征收增值税？(　　)

A. 农业生产者销售的自产农产品　　B. 电力公司销售电力

C. 服装公司销售服装　　D. 运输公司提供运输服务

2. 下列项目中，允许抵扣进项税额的有(　　)。

A. 从小规模纳税人处购买农业产品

B. 销售货物支付的运输费用(有专用发票)

C. 外购货物支付的运输费用(有专用票)

D. 从海关取得的完税凭证上注明的进项税额

3. 什么情况下不能开增值税专用发票？(　　)

A. 向消费者销售应税项目

B. 销售免税项目

C. 销售报关出口的货物，在境外销售的应税劳务

D. 向一般纳税人销售应税货物

4. 下列各项中,应计入增值税的应税销售额的是(　　)。

A. 向购买方收取的销项税额

B. 受托加工消费品所代收代缴的消费税

C. 因销售货物向购买方收取的手续费

D. 因销售货物向购买方收取的优质费

5. 现在,准予从增值税销项税额中抵扣进项税额的项目是(　　)。

A. 购进的固定资产　　B. 向农业生产者购进的免税农产品

C. 用于生产免税货物的购进货物　　D. 销售应税货物所支付的运输费用

6. 现在,下列(　　)的进项税款不能抵扣。

A. 购进的固定资产

B. 用于非应税项目的购进货物或者应税劳务

C. 用于免税项目的购进货物或应税劳务

D. 用于集体福利或个人消费的购进货物或应税劳务

7. 下列(　　)行为的销售额应该在6月份纳税。

A. 纳税人于6月20日采取直接收款方式销售货物,当天取得了索取销售额的凭证,并将货物单交给了买方

B. 纳税人于6月20日采取分期收款结算方式销售货物,销售额为200万元,合同规定分两次收款,收款日期为9月20日和12月20日

C. 纳税人5月30日采取预收货款结算方式销售货物,6月15日发出货物

D. 纳税人6月15日采取委托银行收款方式销售货物,6月20日发出货物并办妥托收手续

8. 下列(　　)属于增值税的征税范围。

A. 销售天然气　　B. 提供加工修理修配

C. 销售电力产品　　D. 销售烟酒商品

9. 下列经营收入在并入销售额计算销项税额时,需换算为不含增值税的销售额的有(　　)。

A. 混合销售涉及的非应税劳务收入

B. 兼营非应税劳务且未分别核算,需与应税货物或劳务一并征收增值税的非应税劳务收入

C. 逾期包装物押金收入

D. 向购买方收取的各项价外费用

10. 企业在商品销售价格之外向购买方收取的下列费用中,应并入销售额缴纳增值税的有(　　)。

A. 销项税额　　B. 包装物租金　　C. 包装费　　D. 价外基金

12. 下列哪些纳税人不能认定为一般纳税人?(　　)

A. 年应税销售额超过小规模纳税人标准的个人

B. 年应税销售额超过小规模纳税人标准的非企业性单位

C. 年应税销售额超过小规模纳税人标准，但不经常发生应税行为的企业

D. 从事成品油销售的加油站

13. 某医疗器械厂为增值税一般纳税人，其本期发生的经济业务中，不需作进项税额转出处理的购进货物有（　　）。

A. 生产应税货物时耗用的上期购买的原材料

B. 捐赠灾区的医疗器械耗用上期购买的原材料

C. 本企业医院使用自产医疗器械耗用的本期购买原材料

D. 被盗产品耗用的本期购买原材料

14. 下列项目中，准许计算抵扣进项税额的有（　　）。

A. 从小规模纳税人处购买农业产品

B. 销售货物支付的运输费用（有专用发票）

C. 外购固定资产支付的运输费用（有专用发票）

D. 从农业生产者处购进的免税农产品

15. 按现行增值税制度规定，下列行为应按“提供加工、修理修配劳务”征收增值税的是（　　）。

A. 商店服务部为顾客修理手表　　B. 企业受托为另一企业加工服装

C. 企业为另一企业修理锅炉　　D. 汽车修配厂为本厂修理汽车

**三、业务训练**

1. 某服装厂（一般纳税人）2014 年 5 月将自产服装 500 套发放给本厂职工，该服装的对外不含税销售价格为 300 元/套，生产成本为 250 元/套，该视同销售行为的销项税款为多少？

2. 某商贸公司为增值税一般纳税人，2013 年 12 月相关经营业务如下。

（1）受托加工化妆品一批，委托方提供的原材料不含税金额 86 万元，加工结束向委托方开具普通发票收取加工费和添加辅助材料的含税金额共计 46.8 万元，该化妆品商贸公司当地无同类产品市场价格。

（2）收购免税农产品一批，支付收购价款 70 万元、运输费用 10 万元，当月将购回免税农产品的 30% 用于公司饮食部。

（3）购进其他商品，取得增值税专用发票，支付价款 200 万元、增值税 34 万元，支付运输单位运输费用 20 万元，待货物验收入库时发现短缺商品金额 10 万元（占支付金额的 5%），经查实应由运输单位赔偿。

（4）销售商品，开具增值税专用发票，应收不含税销售额 300 万元，由于月末前可将全部货款收回，给所有购货方的销售折扣比例为 5%，实际收到金额 285 万元。

（5）取得化妆品的逾期包装押金收入 14.04 万元。

（注：当月购销各环节所涉及的票据符合税法规定，并经过税务机关认证。）

要求：

（1）计算该公司增值税的销项税额。

(2)计算该公司增值税的进项税额。

(3)计算该公司应缴纳的增值税。

3. 某化妆品厂2014年5月研制了一种新型化妆品,为了开拓市场,将该化妆品赠送给有关客户10套。该化妆品无同类产品销售价格。该化妆品单位实际成本为1 000元/套(化妆品成本利润率为5%)。赠送时该厂应怎样进行账务处理?

# 项目三　消费税核算与申报

| 知识目标 | 能力目标 |
|---|---|
| 1. 熟悉消费税的纳税人、税目、税率和征税范围。<br>2. 掌握消费税的减免和退补政策。<br>3. 掌握消费税应缴税额的计算和账务处理。<br>4. 掌握纳税人生产的应税消费品用于销售、自产自用的纳税处理。<br>5. 掌握纳税人委托加工、进口应税消费品的纳税处理。 | 1. 独立完成消费税应纳税额的计算和税务处理。<br>2. 正确处理自产应用消费品“用于其他方面”的纳税核算。<br>3. 正确登记“应交消费税”明细账。<br>4. 独立完成消费税纳税申报表的编制和纳税申报业务。 |

## 【案例导入】

广东佳美化妆品有限公司委托上海新宁公司代为加工一批化妆品。广东佳美化妆品有限公司提供的化妆品原料价值20 000元。上海新宁公司收取加工费3 500元(不含增值税),代垫部分辅料价值1 000元。

对于受托加工的化妆品,上海新宁公司没有同类消费品的售价可供参考。在向广东佳美化妆品有限公司交货时,上海新宁公司代收代缴消费税。广东佳美化妆品有限公司收回委托加工的化妆品后继续进行深加工后全部销售,取得不含税价格50 000元。

问题:(1)上海新宁公司如何扣缴消费税?(2)广东佳美化妆品有限公司销售深加工的化妆品时应缴纳的消费税税款是多少?

## 任务1　认识消费税

### 一、消费税的概念及特点

#### (一)消费税的概念

消费税是对在我国境内从事生产、委托加工和进口应税消费品的单位和个人,就其应税消费品的销售额或销售量征收的一种税。

消费税是在对货物普遍征收增值税的基础上,选择少数消费品再征收的一个税种,主要是为了正确引导社会消费方向,调整产业结构,保证国家的财政收入。

1993年12月31日,国务院颁布《中华人民共和国消费税暂行条例》(以下简称《消费税暂行条例》),在流转税中新设置了消费税税种。

现行的消费税基本规范,是自2009年1月1日起实施的《中华人民共和国消费税暂行条例》(国务院令第539号)以及财政部、国家税务总局发布的《中华人民共和国消费税暂行条例实施细则》(财政部、国家税务总局第51号令)。

### (二)消费税的特点

1. 征收范围具有选择性

消费税的征收范围,只选择消费品中的特定消费品、奢侈品、高能耗消费品、高档消费品和不可再生的资源性消费品,作为征税对象。

2. 征收环节具有单一性

消费税,只在生产环节、委托加工环节和进口环节一次性征收,在以后的批发、零售环节,不再征收消费税。目前,只有符合条件的金银首饰、钻石及其饰品在零售环节征税。

3. 征收方法具有灵活性

消费税可以根据每一课税对象的不同特点,选择不同的征收方法:对一部分应税消费品,依据销售额实行从价计征;对另一部分消费品,则可以依据其数量实行从量定额征收的方法;还可以对一些消费品,实行从价和从量复合征收消费税的方法。

4. 税负具有转嫁性

消费税属于间接税,是一种价内税,不论它在哪个环节征收,消费品价格中所含的消费税税款,最终都要转嫁到消费者身上,由最终的消费者承担,而不是由生产或销售单位或个人承担,所以,消费税的税收负担具有转嫁性。

## 二、消费税的纳税人

凡在中华人民共和国境内生产、委托加工和进口应税消费品的单位和个人均为消费税的纳税义务人。

为了加强对金银首饰消费税的征收管理,堵塞税收漏洞,保证国家的财政收入,经国务院批准,金银首饰消费税自1995年1月1日起,由在生产环节征收改为在零售环节征收,并另行制定了一系列特殊的征收管理办法。现行金银首饰消费税的纳税人为在中华人民共和国境内从事金银首饰零售业务的单位和个人。委托加工、委托代销金银首饰的,受托方也是纳税人。自2009年5月1日起对卷烟在批发环节加征一道从价消费税,因此从事卷烟批发的单位和个人也是消费税纳税人。

## 三、征税范围

### (一)应税消费品的范围规定

(1)过度消费会对人类健康、社会秩序、生态环境造成危害的特殊消费品,如烟、酒、鞭炮、焰火等。

(2)奢侈品、非生活必需品,如化妆品、贵重首饰及珠宝玉石等。

(3)高能耗及高档消费品,如摩托车、小汽车等。

(4)不可再生和替代的能源产品,如汽油、柴油等。

(5)税基宽广、消费普遍、征税后不影响居民基本生活并具有一定财政意义的消费品，如汽车轮胎等。

## (二)征税范围的具体规定

消费税的征税范围包括14个税目。具体范围如下。

1. 烟

凡是以烟叶为原料加工生产的产品，不论使用何种辅料，均属于本税目的征收范围。本税目下设卷烟、雪茄烟、烟丝三个子目。

2. 酒及酒精

本税目下设白酒、黄酒、啤酒、其他酒以及酒精。

酒精的征收范围包括各种工业酒精、医药酒精、食用酒精。

饮食业、商业、娱乐业举办的啤酒屋(啤酒坊)利用啤酒生产设备生产的啤酒应当征收消费税。

3. 化妆品

本税目的征收范围包括香水、香水精、香粉、口红、指甲油、胭脂、眉笔、唇笔、蓝眼油、眼睫毛、成套化妆品等。

舞台、戏剧、影视演员化妆用的上妆油、卸妆油、油彩，不属于本税目的征收范围。

4. 贵重首饰及珠宝玉石

本税目征收范围包括以金、银、铂金、宝石、珍珠、钻石、翡翠、珊瑚、玛瑙等高贵稀有物质以及其他金属、人造宝石等制作的各种纯金银首饰及镶嵌首饰(含人造金银、合成金银首饰等)和经采掘、打磨、加工的各种珠宝玉石。

5. 鞭炮、焰火

本税目有各种鞭炮、焰火。体育上用的发令纸、鞭炮药引线，不属于本税目。

6. 成品油

本税目包括汽油、柴油、航空煤油、石脑油、溶剂油、润滑油、燃料油七个子目。

7. 汽车轮胎

汽车轮胎是指用于各种汽车、挂车、专用车和其他机动车上的内、外胎。

另外，自2010年12月1日起农用拖拉机、收割机、手扶拖拉机专用轮胎不属于消费税“汽车轮胎”的征收范围。

8. 摩托车

本税目包括轻便摩托车和摩托车。

9. 小汽车

本税目征收范围包括小轿车、越野车、小客车(包括微型客车(气缸容量<2 000毫升)和中型客车(气缸容量≥2 000毫升))。

另外，电动汽车不属于本税目征收范围。

10. 高尔夫球及球具

本税目征收范围包括高尔夫球、高尔夫球杆、高尔夫球包(袋)。高尔夫球杆的杆头、杆身和握把属于本税目的征收范围。

11. 高档手表

高档手表指销售价格(不含增值税)每只在10 000元(含)以上的各类手表。

12. 游艇

本税目征收范围包括艇身长度大于8米(含)小于90米(含),内置发动机,可在水上移动,一般为私人或团体购置,主要用于水上运动和休闲娱乐等非营利活动的各类机动艇。

13. 木制一次性筷子

木制一次性筷子又称卫生筷子,是指以木材为原料经过锯段、浸泡、旋切、刨切、烘干、筛选、打磨、倒角、包装等环节加工而成的各类一次性使用的筷子。未经打磨、倒角的木制一次性筷子属于本税目征收范围。

14. 实木地板

实木地板按生产工艺不同,可分为独板(块)实木地板、实木指接地板、实木复合地板三类;按表面处理状态不同,可分为未涂饰地板(白坯板、素板)和漆饰地板两类。本税目征收范围包括各类规格的实木地板、实木指接地板、实木复合地板及用于装饰墙壁、天棚的侧端面为榫、槽的实木装饰板。未经涂饰的素板也属于本税目征收范围。

## 四、税率

消费税的税率有比例税率和定额税率,实行从价定率计税、从量定额计税和从价定率与从量定额复合计税三种计税方式。其中啤酒、黄酒和成品油实行从量定额计税,卷烟、白酒实行复合计税,其他应税消费品实行从价定率计税。

卷烟的换算单位标准为:1箱=250条;1条=10包;1包=20支;1箱=50 000支。

现行消费税税目税率见表3-1所示。

表3-1 消费税税目税率表

| 税　目 | (征收范围) | 税　率 |
|---|---|---|
| 一、烟 | | |
| 1. 卷烟 | | |
| (1)甲类卷烟 | (每条出厂价≥70元) | 56%加150元/箱(0.003元/支) |
| (2)乙类卷烟 | (每条出厂价<70元) | 36%加150元/箱(0.003元/支) |
| (3)批发环节 | | 5% |
| 2. 雪茄烟 | | 36% |
| 3. 烟丝 | | 30% |
| 二、酒及酒精 | | |
| 1. 白酒 | (包括粮食白酒和薯类白酒) | 20%加0.5元/斤(或者500毫升) |
| 2. 黄酒 | | 240元/吨 |
| 3. 啤酒 | | |
| (1)甲类啤酒 | (出厂价每吨≥3 000元) | 250元/吨 |

续表

| 税　目　　（征收范围） | 税　率 |
|---|---|
| (2)乙类啤酒　　（出厂价每吨<3 000元） | 220元/吨 |
| 4.其他酒 | 10% |
| 5.酒精 | 5% |
| 三、化妆品 | 30% |
| 四、贵重首饰及珠宝玉石 | |
| 1.金银首饰、铂金首饰和钻石及钻石饰品<br>2.其他贵重首饰和珠宝玉石 | 5%<br>10% |
| 五、鞭炮、焰火 | 15% |
| 六、成品油 | |
| 1.汽油<br>(1)含铅汽油<br>(2)无铅汽油 | <br>1.40元/升<br>1.00元/升 |
| 2.柴油 | 0.80元/升 |
| 3.航空煤油 | 0.80元/升 |
| 4.石脑油 | 1.00元/升 |
| 5.溶剂油 | 1.00元/升 |
| 6.润滑油 | 1.00元/升 |
| 7.燃料油 | 0.80元/升 |
| 七、汽车轮胎 | 3% |
| 八、摩托车 | |
| 1.气缸容量(排气量,下同)在250毫升(含250毫升)以下的<br>2.气缸容量在250毫升以上的 | 3%<br>10% |
| 九、小汽车 | |
| 1.乘用车<br>(1)气缸容量(排气量,下同)在1.0升(含1.0升)以下的<br>(2)气缸容量在1.0升以上至1.5升(含1.5升)的<br>(3)气缸容量在1.5升以上至2.0升(含2.0升)的<br>(4)气缸容量在2.0升以上至2.5升(含2.5升)的<br>(5)气缸容量在2.5升以上至3.0升(含3.0升)的<br>(6)气缸容量在3.0升以上至4.0升(含4.0升)的<br>(7)气缸容量在4.0升以上的 | <br>1%<br>3%<br>5%<br>9%<br>12%<br>25%<br>40% |
| 2.中轻型商用客车 | 5% |
| 十、高尔夫球及球具 | 10% |
| 十一、高档手表 | 20% |
| 十二、游艇 | 10% |
| 十三、木制一次性筷子 | 5% |
| 十四、实木地板 | 5% |

# 任务2 消费税的计算

## 一、对外销售应税消费品应纳税额的计算

### （一）实行从价定率计征办法应纳税额的计算

1. 计税公式

应纳税额 = 应税消费品的销售额 × 比例税率

消费税实行价内税，增值税实行价外税，实行从价定率征收消费税的消费品，应纳消费税的销售额为含消费税而不含增值税的销售额。

**【例3-1】** 某化妆品厂为增值税一般纳税人，2013年11月8日销售一批化妆品，开具增值税专用发票标明价款20万元，增值税额3.4万元；11月16日，销售一批化妆品，开具普通发票，金额为35.1万元。化妆品适用消费税税率为30%。计算化妆品厂2013年11月份应缴纳的消费税税额。

**【解析】** 该化妆品厂化妆品应税销售额 = 20 + 35.1 ÷ (1 + 17%) = 50（万元）

应纳消费税税额 = 50 × 30% = 15（万元）

2. 销售额的确定

（1）基本规定：销售额为纳税人销售应税消费品向购买方收取的全部价款和价外费用。“价外费用”是指价外收取的基金、集资款、返还利润、补贴、违约金（延期付款利息）和手续费、包装费、储备费、优质费、运输装卸费、代收款项以及其他各种性质的价外收款。但同时符合下列条件的款项不属于价外费用：一是承运部门开具给购货方的运输发票；二是纳税人将该项发票转交给购货方。除此之外，其他价外费用，无论是否属于纳税人的收入，均应并入销售额计算征税。

（2）应税消费品连同包装物销售计税的规定：①无论包装是否单独计价，也不论在财务上如何核算，均应并入应税消费品的销售额中征收消费税；②如果包装物不作价随同产品销售，而收取押金，此项押金不应并入应税消费品的销售额中征税；逾期未收回和已收取一年以上的押金，应并入销售额纳税；③生产企业销售酒类产品（黄酒、啤酒除外）而收取的包装物押金，无论押金是否返还及会计上如何核算，均应并入酒类产品销售额中征收消费税。

（3）纳税人销售的应税消费品，以外汇结算销售额的，应当按外汇市场价格折合人民币计算纳税，其销售额的人民币折合率可以选择结算的当天或者当月1日的国家外汇牌价（原则上为中间价）。纳税人应在事先确定采用何种折合率，确定后一年内不得变更。

（4）纳税人通过自设非独立核算门市部销售的自产应税消费品，应当按照门市部对外销售额计征消费税。

（5）纳税人的自产应税消费品若用于换取生产资料和消费资料、投资入股和抵偿债务等方面，则应当按纳税人同类应税消费品的最高价格作为计税依据计算消费税（增值税用平均价格作为计税依据）。

【例3-2】　某工厂设有非独立核算的门市部对外零售自产的应税消费品，某月全部销售额为58 500元，企业所适用增值税的税率为17%，该应税消费品的消费税税率为10%，计算应纳消费税额。

【解析】　应税消费品的不含税销售额 = 58 500 ÷ (1 + 17%) = 50 000(元)

应纳税额 = 50 000 × 10% = 5 000(元)

### (二)实行从量定额计征办法应纳税额的计算

1. 计税公式

应纳消费税额 = 应税消费品的销售数量 × 定额税率

2. 适用范围

啤酒、黄酒、成品油。

3. 销售数量的规定

销售应税消费品的，为应税消费品的销售数量。

自产自用应税消费品的，为应税消费品的移送使用数量。

委托加工应税消费品的，为纳税人收回的应税消费品的数量。

进口应税消费品的，为海关核定的应税消费品的进口数量。

其计量单位的换算标准如下。

| | | | |
|---|---|---|---|
| 黄酒 | 1吨 = 962升 | 啤酒 | 1吨 = 988升 |
| 汽油 | 1吨 = 1 388升 | 柴油 | 1吨 = 1 176升 |
| 石脑油 | 1吨 = 1 385升 | 溶剂油 | 1吨 = 1 282升 |
| 润滑油 | 1吨 = 1 126升 | 燃料油 | 1吨 = 1 015升 |
| 航空煤油 | 1吨 = 1 246升 | | |

【例3-3】　某炼油厂采购原油80吨，加工成无铅汽油25吨，其应纳的消费税为多少？

【解析】　应纳消费税额 = 25 × 1 388 × 1.0 = 34 700(元)

### (三)实行复合计征办法应纳税额的计算

1. 计税依据

应纳税额 = 应税消费品销售额 × 比例税率 + 应税消费品销售数量 × 定额税率

2. 适用范围

卷烟、白酒。

【例3-4】　某酒厂生产粮食白酒和黄酒，2013年12月销售自产的粮食白酒100吨，其中50吨售价为6 000元/吨，另50吨售价为6 100元/吨；销售自产黄酒19 240升；销售白酒泡制的药酒10吨，售价为4 000元/吨。其中粮食白酒适用复合税率，比例税率为20%，定额税率为每500克0.5元；黄酒定额税率为240元/吨；药酒比例税率为10%(上述均不含增值税单价)。

【解析】　本例中，白酒适用复合税率，药酒适用比例税率，黄酒适用定额税率。计量单位应按税法规定进行换算。

(1)销售白酒应纳消费税额 = (6 000 × 50 + 6 100 × 50) × 20% + 100 × 2 000 × 0.5

$=221\ 000$(元)

(2)销售药酒应纳消费税额 $=4\ 000\times10\times10\%=4\ 000$(元)

(3)销售黄酒应纳消费税额 $=19\ 240\div962\times240=4\ 800$(元)

(4)该厂12月份应纳消费税总额 $=221\ 000+4\ 000+4\ 800=229\ 800$(元)

## 二、纳税人自产自用应税消费品应纳税额的计算

自产自用就是指纳税人生产应税消费品后,不是用于直接对外销售,而是用于自己连续生产应税消费品或用于其他方面。

### (一)纳税人自产自用应税消费品的两种情况

一种是用于连续生产,继续加工成应税消费品。例如,以自产的烟丝继续加工成卷烟,只需就最终产品卷烟缴纳消费税,而作为中间产品的烟丝则不需缴税。

另一种则是将自产应税消费品用于除生产以外的其他方面,应在自产应税消费品移送使用时计算缴纳消费税。

用于其他方面,是指纳税人用于生产非应税消费品和在建工程、管理部门、非生产机构、提供劳务以及用于馈赠、赞助、集资、广告、样品、职工福利、奖励等方面的应税消费品,都要视同销售纳税。

### (二)应纳税额的计算

根据《消费税暂行条例》规定,纳税人自产自用应税消费品,凡用于其他方面应当纳税的,其销售额的核算顺序如下。

(1)按照纳税人当月生产的同类消费品的销售价格计算纳税;

(2)如果当月同类消费品的各期销售价格高低不同,按销售数量加权平均计算;

(3)如果当月未销售或未完结,按照同类消费品上月或最近月份的销售价格计算纳税;

(4)没有同类消费品销售价格的,按照组成计税价格计算纳税。

1. 从价定率征税的应税消费品应纳税额的计算

组成计税价格 =(成本 + 利润)÷(1 - 比例税率)

= 成本 ×(1 + 成本利润率)÷(1 - 比例税率)

应纳税额 = 自产自用同类应税消费品的销售额或组成计税价格 × 比例税率

2. 从量定额征税的应税消费品应纳税额的计算

应纳消费税额 = 应税消费品移送使用数量 × 定额税率

3. 复合计税方法征税的应税消费品应纳税额的计算

组成计税价格 =(成本 + 利润 + 自产数量 × 定额税率)÷(1 - 比例税率)

应纳税额 = 自产自用应税消费品的销售额或组成计税价格 × 比例税率 +

自产自用应税消费品的数量 × 定额税率

计算公式中的"成本"是指应税消费品的产品生产成本,"利润"是指根据应税消费品的全国平均成本利润率计算的利润。国家税务总局对应税消费品的全国平均成本利润率的规定如下。

(1)甲类卷烟 10%；(2)乙类卷烟 5%；
(3)雪茄烟 5%；(4)烟丝 5%；
(5)粮食白酒 10%；(6)薯类白酒 5%；
(7)其他酒 5%；(8)酒精 5%；
(9)化妆品 5%；(10)鞭炮、焰火 5%；
(11)贵重首饰及珠宝玉石 6%；(12)汽车轮胎 5%；
(13)摩托车 6%；(14)乘用车 8%；
(15)中轻型商用客车 5%；(16)高尔夫球及球具 10%；
(17)高档手表 20%；(18)游艇 10%；
(19)木制一次性筷子 5%；(20)实木地板 5%。

**【例 3-5】** 某企业为开拓市场，将研制开发的应税消费品新品种作为样品投放展销会，以扩大产品广告宣传的影响。该产品没有同类消费品的销售价格，其生产成本为 75 000 元，平均成本利润率为 5%，消费税适用税率为 10%，计算应纳消费税税额。

**【解析】** 组成计税价格 = (75 000 + 75 000 × 5%) ÷ (1 − 10%) = 87 500(元)

应纳消费税额 = 87 500 × 10% = 8 750(元)

## 三、委托加工应税消费品应纳税额的计算

### (一)委托加工应税消费品的确定

委托加工应税消费品是指由委托方提供原材料和主要材料，受托方只收取加工费和代垫部分辅助材料。

以下三种均为假委托加工，都应按自制产品征税：

(1)由受托方提供原材料生产的应税消费品；

(2)受托方先将原材料卖给委托方后再接受加工的应税消费品；

(3)由受托方以委托方名义购进原材料生产的应税消费品。

### (二)委托加工应税消费品应纳税额的计算

委托加工的应税消费品，按照受托方的同类消费品的销售价格计算纳税。如果当月同类消费品的各期销售价格高低不同，按销售数量加权平均计算纳税。受托方没有同类消费品销售价格的，按组成计税价格计算纳税。

1. 从价定率征税的应税消费品应纳税额的计算

组成计税价格 = (材料成本 + 加工费) ÷ (1 − 比例税率)

应纳税额 = 委托加工应税消费品的销售额或组成计税价格 × 比例税率

2. 从量定额征税的应税消费品应纳税额的计算

应纳消费税额 = 纳税人收回的应税消费品数量 × 定额税率

3. 复合计税方法征税的应税消费品应纳税额的计算

组成计税价格 = (材料成本 + 加工费 + 委托加工数量 × 定额税率) ÷ (1 − 比例税率)

应纳税额 = 委托加工应税消费品的销售额或组成计税价格 × 比例税率 +
委托加工数量 × 定额税率

### (三)委托加工应税消费品消费税的缴纳

(1)一般由受托方在向委托方交货时代收代缴消费税,但纳税人委托个体经营者加工应税消费品,一律由委托方收回后在委托方所在地缴纳消费税。

(2)受托方没有按规定代收代缴税款的,委托方应补缴税款。在对委托方进行税务检查中,如果发现受托方没有代收代缴税款,受托方要承担法律责任,

(3)委托方收回加工产品以后直接对外销售的,不再缴纳消费税,如果是用于连续生产的应税消费品,在销售这些应税消费品时,可将委托加工应税消费品由受托方代收代缴的消费税从应纳消费税税额中予以扣除,从而避免重复缴纳消费税。

### (四)委托加工收回的应税消费品已纳税款的扣除

纳税人委托加工的应税消费品已由受托方代收代缴消费税,委托方收回货物后用于连续生产应税消费品的,其已纳税款准予按照规定从连续生产的应税消费品应纳消费税税额中扣除。

当期准予扣除的委托加工应税消费品已纳税款 = 期初库存的委托加工应税消费品已纳税款 + 当期收回的委托加工应税消费品已纳税款 - 期末库存的委托加工应税消费品已纳税款。

**【例 3-6】** 甲工厂委托乙工厂加工一批应税消费品,甲工厂提供的原材料成本为 32 000 元,乙工厂代垫辅助材料的成本为 2 000 元,收取加工费 8 000 元,该应税消费品适用税率为 30%。受托的乙工厂没有同类消费品的销售价格。计算受托方应代收代缴的消费税税额。

**【解析】** 受托的乙工厂没有同类消费品的销售价格,应按照组成计税价格计税。

组成计税价格 = (32 000 + 2 000 + 8 000) ÷ (1 - 30%) = 60 000(元)

应纳消费税额 = 60 000 × 30% = 18 000(元)

**【例 3-7】** 如果上例中的甲工厂将委托加工的已税消费品用于连续生产成应税消费品(最终产品),然后进行销售,假设取得销售收入额为 70 000 元,适用税率为 30%,其应纳消费税税额为多少?

**【解析】** 应纳消费税额(最终产品) = 70 000 × 30% = 21 000(元)

扣除委托加工原材料的已交消费税后,实际应缴纳的消费税为

实际应交消费税额 = 21 000 - 18 000 = 3 000(元)

## 四、进口应税消费品应纳税额的计算

纳税人进口应税消费品,应当按照组成计税价格计算纳税。

### (一)从价定率计税应纳税额的计算

组成计税价格 = (关税完税价格 + 关税) ÷ (1 - 比例税率)
= 关税完税价格 × (1 + 关税税率) ÷ (1 - 比例税率)

应纳税额 = 组成计税价格 × 比例税率

【例3-8】 某进出口公司进口应税消费品一批,海关核定的关税完税价格为人民币800 000元,关税税额为600 000元,消费税适用税率为30%,计算其应纳消费税。

【解析】 组成计税价格 =(800 000 + 600 000)÷(1 − 30%)= 2 000 000(元)

应纳消费税额 = 2 000 000 × 30% = 600 000(元)

### (二)从量定额计税应纳税额的计算

应纳税额 = 应税消费品数量 × 消费税定额税率

### (三)复合计税应纳税额的计算

组成计税价格 =(关税完税价格 + 关税 + 应税消费品数量 × 定额税率)÷(1 − 比例税率)

应纳税额 = 组成计税价格 × 比例税率 + 进口数量 × 定额税率

【例3-9】 某公司从境外进口甲类卷烟10箱,经海关核定,关税完税价格为100 000元,关税为25 000元,计算应纳的消费税。

【解析】 组成计税价格 =(100 000 + 25 000 + 10 × 150)÷(1 − 56%)= 287 500(元)

应纳消费税额 = 287 500 × 56% + 10 × 150 = 162 500(元)

## 【课堂训练】

某橡胶厂为增值税一般纳税人,本月销售给一个汽车修理厂(小规模纳税人)汽车轮胎,开具增值税普通发票上注明的价款为11.7万元,以成本价转给统一核算的门市部汽车轮胎20万元,门市部当月取得含税收入28.08万元。计算该纳税人当月应纳消费税税额。

# 任务3　消费税的账务处理

## 一、消费税会计科目的设置

### (一)设置"应交税费"科目

在"应交税费"账户下设置"应交消费税"明细账户进行会计核算。该账户采用三栏式账户记账,借方核算实际缴纳的消费税或待抵扣的消费税;贷方核算按规定应缴纳的消费税;期末贷方余额表示尚未缴纳的消费税,借方余额表示多缴纳的消费税。

### (二)设置"营业税金及附加"科目

该科目属于损益类会计科目。其借方表示应缴纳的消费税,期末从该科目的贷方转入"本年利润"科目的借方。

实际缴纳消费税时,借记"应交税费——应交消费税",贷记"银行存款"。

## 二、消费税的会计处理

### (一)生产销售应税消费品的会计处理

生产性企业销售应税消费品时,借记“银行存款”“应收账款”等,贷记“主营业务收入”“其他业务收入”“应交税费 —— 应交增值税(销项税额)”等科目,并按应缴纳的消费税税额借记“营业税金及附加”等科目,贷记“应交税费——应交消费税”。实际向税务机关上缴消费税税款时,借记“应交税费——应交消费税”,贷记“银行存款”科目。

**【例3-10】** 广州市某摩托车集团公司2013年2月销售摩托车100部,已知每部售价20 000元(不含增值税),货款未收。摩托车每部成本为10 000元;适用消费税率10%。企业应怎样进行账务处理?

**【解析】** 增值税销项税额 = 100 × 20 000 × 17% = 340 000(元)

应交纳的消费税 = 100 × 20 000 × 10% = 200 000(元)

(1)确认收入时:

| | | |
|---|---|---|
| 借:应收账款 | 2 340 000 | |
| 贷:主营业务收入 | | 2 000 000 |
| 应交税费 —— 应交增值税(销项税额) | | 340 000 |

(2)计提消费税时:

| | | |
|---|---|---|
| 借:营业税金及附加 | 200 000 | |
| 贷:应交税费—— 应交消费税 | | 200 000 |

(3)结转成本时:

| | | |
|---|---|---|
| 借:主营业务成本 | 1 000 000 | |
| 贷:库存商品 | | 1 000 000 |

(4)缴纳消费税时:

| | | |
|---|---|---|
| 借:应交税费——应交消费税 | 200 000 | |
| 贷:银行存款 | | 200 000 |

### (二)视同销售的会计处理

1.自产的应税消费品视同销售,确认收入的会计处理

纳税人用自产的应税消费品,换取生产资料和消费资料、抵偿债务、支付代购的手续费、对外投资、给投资者支付股利、分配职工福利等,作为视同销售、确认收入的会计处理。第一步,借记“原材料、应付账款、销售费用、长期股权投资、应付股利或应付职工薪酬”等相应科目,贷记“主营业务收入”“应交税费——应交增值税(销项税额)”。第二步,按照计算应缴纳的消费税,借记“营业税金及附加”科目,贷记“应交税金——应交消费税”科目。第三步,结转销售成本。

**【例3-11】** 某企业以自产的应税消费品与另一企业换取生产用的原材料,发出产品售价为100万元。该企业为增值税一般纳税人,该产品适用增值税税率17%,消费税税率10%,所换取的生产资料的价格、消费税税额、增值税税额与换出产品的相同,企业用实际

成本法核算存货价值。请对该企业的业务进行会计处理。

【解析】 企业应交纳的消费税 =100×10% =10(万元)

企业增值税销项税额 =100×17% =17(万元)

(1)确认收入时:

| | | |
|---|---|---|
| 借:原材料 | 1 000 000 | |
| 应交税费——应交增值税(进项税额) | 170 000 | |
| 贷:主营业务收入 | | 1 000 000 |
| 应交税费——应交增值税(销项税额) | | 170 000 |

(2)计提消费税时:

| | | |
|---|---|---|
| 借:营业税金及附加 | 100 000 | |
| 贷:应交税费——应交消费税 | | 100 000 |

2. 自产的应税消费品视同销售,不确认收入的会计处理

纳税人将自产的应税消费品用于在建工程、非生产机构、非应税产品生产、管理部门、广告样品、赞助、捐赠等其他方面的,作为视同销售、不确认收入的会计处理。借记“固定资产”“在建工程”“营业外支出”“销售费用”“应付职工薪酬”等相应科目,贷记“库存商品”“应交税费——应交增值税(销项税额)”“应交税费——应交消费税”科目。

【例3-12】 某企业将自产的一批化妆品捐赠给灾区,该批化妆品的成本价格为20 000元,税务机关核定的价格为22 000元,请对该企业的这笔业务进行会计处理。

【解析】 该化妆品应纳增值税销项税额 =22 000×17% =3 740(元)

该化妆品应纳消费税 =22 000× 30% =6 600元

| | | |
|---|---|---|
| 借:营业外支出 | 30 340 | |
| 贷:库存商品 | | 20 000 |
| 应交税费——应交增值税(销项税额) | | 3 740 |
| 应交税费——应交消费税 | | 6 600 |

### (三)应税消费品包装物的会计处理

按照纳税人销售消费品时对包装物的处理不同,税法上也有不同的规定,从而账务处理上亦有不同的处理方式。

1. 随同产品销售且不单独计价的包装物

因为其收入已包括在产品销售收入中,因而其应纳消费税与销售额一并进行会计处理。

2. 随同产品销售且单独计价的包装物

包装物所实现的价款应记为“其他业务收入”,对包装物出售所收取的价款计算缴纳消费税时,借记“营业税金及附加”,贷记“应交税费——应交消费税”;上缴消费税时,借记“应交税费——应交消费税”,贷记“银行存款”。

【例3-13】 某烟丝厂为增值税一般纳税人,当月销售烟丝时把包装物一起销售,当月共销售烟丝82万元,销售包装物5万元并单独计价。则企业应怎样进行账务处理。

【解析】 销售烟丝及包装物应纳增值税销项税额 = 87 × 17% = 14.79(万元)

销售烟丝应纳的消费税额 = 82 × 30% = 24.6(万元)

销售烟丝包装物应纳的消费税额 = 5 × 30% = 1.5(万元)

(1)确认收入时:

| | | |
|---|---|---|
| 借:银行存款 | 1 017 900 | |
| 贷:主营业务收入 | | 820 000 |
| 其他业务收入 | | 50 000 |
| 应交税费——应交增值税(销项税额) | | 147 900 |

(2)计提消费税时:

| | | |
|---|---|---|
| 借:营业税金及附加 | 246 000 | |
| 营业税金及附加 | 15 000 | |
| 贷:应交税费——应交消费税 | | 261 000 |

(3)向税务征收机关上缴增值税、消费税时:

| | | |
|---|---|---|
| 借:应交税费——应交消费税 | 261 000 | |
| 应交税费——应交增值税(已交税金) | 147 900 | |
| 贷:银行存款 | | 408 900 |

3. 包装物逾期未收回而没收的押金

企业逾期未退还的包装物押金,按照《消费税暂行条例》的规定,应计算交纳消费税。在进行账务处理时,应借记“营业税金及附加”“其他应付款”等科目,贷记“应交税费——应交消费税”科目。

【例3-14】 某企业销售化妆品一批,出借包装物收取的押金2 000元,因包装物逾期未归还,而没收押金。请进行会计处理。

【解析】 应纳增值税额 = 2 000 ÷ (1 + 17%) × 17% = 290.60(元)

应纳消费税税额 = 2 000 ÷ (1 + 17%) × 30% = 512.82(元)

| | | |
|---|---|---|
| (1)借:其他应付款 | 2 000 | |
| 贷:其他业务收入 | | 1 709.40 |
| 应交税费——应交增值税(销项税额) | | 290.60 |
| (2)借:营业税金及附加 | 512.82 | |
| 贷:应交税费——应交消费税 | | 512.82 |

## (四)委托加工应税消费品消费税的会计处理

根据《消费税暂行条例》及其实施细则的规定,企业委托加工的应税消费品,由受托方在向委托方交货时代收代缴税款。如受托方为个人,则由委托方在其机构所在地税务机关缴纳消费税。

1. 受托方代收代缴消费税的会计处理

受托方按照规定代收消费税时,借记“银行存款”或“应收账款”等账户,贷记“应交税费——应交消费税”;上交代收代缴消费税时,借记“应交税费——应交消费税”,贷记“银行存款”。

2.委托方支付消费税的会计处理

1)委托方将委托加工应税消费品收回后,直接用于销售的,应将受托方代收代缴的消费税计入委托加工的应税消费品成本,借记“委托加工物资”,贷记“银行存款”或“应收账款”等。委托方将收回的已由受托方代收代缴消费税的消费品对外出售时,不再缴纳消费税。

**【例3-15】** 某烟草厂委托外单位加工烟丝一批,原材料价款60万元,加工费10万元,烟草厂已经将加工后的烟丝收回并验收入库,加工费用尚未支付。如烟草厂收回委托加工的烟丝后直接出售,烟草厂及受托加工单位应如何进行账务处理。

**【解析】** 一方面,委托方的会计处理如下。

委托方应纳增值税进项税额 = 10 × 17% = 1.7(万元)

受托方代收代缴的消费税 = (60 + 10) ÷ (1 − 30%) × 30% = 30(万元)

(1)发出材料时:

借:委托加工物资　600 000

　贷:原材料——烟叶　600 000

(2)支付加工费、增值税和消费税时:

借:委托加工物资　400 000

　应交税费——应交增值税(进项税额)　17 000

　贷:应付账款　417 000

(3)烟丝收回,验收入库时:

借:库存商品——烟丝　1 000 000

　贷:委托加工物资　1 000 000

另一方面,受托方的会计处理如下。

(1)收到委托方发来的原材料时,在备查账中登记,不进行账务处理。

(2)结算加工费时:

借:应收账款　117 000

　贷:主营业务收入　100 000

　　应交税费——应交增值税(销项税额)　17 000

(3)代扣委托方应交纳的消费税时:

借:应收账款　300 000

　贷:应交税费——应交消费税　300 000

(4)交纳代扣的消费税时:

借:应交税费——应交消费税　300 000

　贷:银行存款　300 000

2)委托加工应税消费品收回后用于连续生产应税消费品。委托方将委托加工的应税消费品收回后,用于连续生产应税消费品,则应将受托方代收代缴的消费税计入“应交税费——应交消费税”的借方,在最终应税消费品计算应缴纳消费税时,予以抵扣。

【例3-16】 某烟草厂委托外单位加工烟丝一批,原材料价款60万元,加工费10万元,烟草厂已经将加工后的烟丝收回并验收入库,加工费用尚未支付。如烟草厂收回委托加工的烟丝后用于连续生产卷烟,且生产的卷烟全部进行销售,取得不含税销售收入120万元,则烟草厂应如何进行账务处理。

【解析】 委托方烟草厂的会计处理如下。

(1)发出材料时:

借:委托加工物资 600 000

  贷:原材料——烟叶 600 000

(2)支付加工费、增值税和消费税时:

借:委托加工物资 100 000

  应交税费——应交增值税(进项税额) 17 000

  应交税费——应交消费税 300 000

  贷:应付账款 417 000

(3)烟丝收回,验收入库时:

借:原材料——烟丝 700 000

  贷:委托加工物资 700 000

(4)销售卷烟,确认收入,计算消费税时:

卷烟应纳增值税 $=120\times17\%=20.4$(万元)

卷烟应纳消费税 $=120\times30\%=36$(万元)

借:银行存款 1 404 000

  贷:主营业务收入 1 200 000

    应交税费——应交增值税(销项税额) 204 000

借:营业税金及附加 360 000

  贷:应交税费——应交消费税 360 000

(5)计算销售卷烟实际应纳的消费税时:

当期实际应纳消费税 $=36-30=6$(万元)

借:应交税费——应交消费税 60 000

  贷:银行存款 60 000

### (五)进口应税消费品的会计处理

纳税人进口应税消费品时,按进口成本连同应纳关税、消费税,借记“在途物资”“库存商品”“固定资产”“材料采购”“原材料”“应交税费——应交增值税(进项税额)”等科目,贷记“银行存款”。

【例3-17】 某企业(一般纳税人)从国外购进化妆品一批,海关完税凭证上注明的价格为40 000美元。关税税率假定为20%,增值税税率为17%。各种款项已用银行存款支付。货物已入库。假定当日汇率为100美元=700元人民币。化妆品消费税税率为30%。请进行账务处理。

【解析】　组成计税价格 = (40 000 + 40 000 × 20%) ÷ (1 − 30%) × 7 = 480 000(元)

应纳关税 = 40 000 × 20% × 7 = 56 000(元)

应纳消费税 = 480 000 × 30% = 144 000(元)

应纳增值税 = 480 000 × 17% = 81 600(元)

借:库存商品　480 000

　应交税费——应交增值税(进项税额)　81 600

　贷:银行存款　561 600

## 【课堂训练】

(1)某化妆品厂 2014 年 2 月销售化妆品 100 箱,取得不含税价款为 100 万元,该化妆品成本为 95 万元。请对该厂的销售业务进行账务处理。

(2)某汽车制造企业, 2014 年 3 月将自产的一辆小汽车用于管理部门,同类汽车销售价为 30 万元,该汽车成本为 29 万元,适用消费税税率为 5%。请对该公司的业务进行账务处理。

# 任务 4　消费税的纳税申报

## 一、消费税的征收管理

### (一)纳税义务发生时间

消费税纳税义务发生时间分为以下几种情况。

(1)纳税人销售的应税消费品,其纳税义务发生的时间为:①纳税人采取赊销和分期收款结算方式的,其纳税义务的发生时间,为销售合同规定的收款日期的当天;②纳税人采取预收货款结算方式的,其纳税义务的发生时间,为发出应税消费品的当天;③纳税人采取托收承付结算方式销售的应税消费品,其纳税义务的发生时间,为发出应税消费品并办妥托收手续的当天;④纳税人采取其他结算方式的,其纳税义务的发生时间,为收讫销售款或取得索取销售凭据的当天。

(2)纳税人自产自用的应税消费品,其纳税义务的发生时间,为移送使用的当天。

(3)纳税人委托加工的应税消费品,其纳税义务的发生时间,为纳税人提货的当天。

(4)纳税人进口的应税消费品,其纳税义务的发生时间,为报关进口的当天。

### (二)纳税期限

消费税的纳税期限分别为 1 日、3 日、5 日、10 日、15 日或者 1 个月。纳税人的具体纳税期限,由主管税务机关根据纳税人应纳税额的大小分别核定;不能按照固定期限纳税,可以按次纳税。

纳税人以 1 个月为一期纳税的,自期满之日起 15 日内申报纳税。以 1 日、3 日、5 日、10 日或者 15 日为一期纳税的,自期满之日起 5 日内预缴税款,于次月 1 日起 15 日内申报纳税并结清上月应纳税款。纳税人进口应税消费品,应当自海关填发税款缴款书的次日起15日内缴纳税款。

### (三)纳税地点

(1)纳税人销售的应税消费品及自产自用的应税消费品,除国家另有规定外,应当向纳税人机构所在地或居住地主管税务机关申报纳税。

(2)委托加工的应税消费品,由受托方向所在地主管税务机关报缴代扣代缴的消费税税款。委托个人加工的应税消费品,由委托方向其机构所在地或居住地主管税务机关申报纳税。

(3)进口的应税消费品,由进口人或由其代理人向报关地海关申报纳税。此外,个人携带或者邮寄进境的应税消费品,连同关税由海关一并计征。具体办法由国务院关税税则委员会同有关部门制定。

(4)纳税人到外县(市)销售或委托外县(市)代销自产应税消费品的,并于应税消费品销售后,回纳税人机构所在地或居住地主管税务机关缴纳税款。

(5)纳税人总机构和分支机构不在同一县(市)的,应当分别向各自机构所在地主管税务机关申报纳税。但经财政部、国家税务总局或其授权的财政、税务机关批准,纳税人分支机构应纳消费税,也可由总机构汇总向总机构所在地主管税务机关申报纳税。

## 二、消费税的纳税申报

国家税务总局2008年3月制定了新的消费税的纳税申报表,纳税人无论当期有无销售或是否盈利,均应在次月1日至15日内根据应税消费品分别填写烟类应税消费品消费税纳税申报表、酒及酒精消费税纳税申报表、成品油消费税纳税申报表、小汽车消费税纳税申报表、其他应税消费品消费税纳税申报表,向主管税务机关进行纳税申报。

除了纳税申报表以外,每类申报表都有本期准予扣除计算表、本期代收代缴税额计算表、生产经营情况表、准予扣除消费税凭证明细表等附表,在申报时应一并填写。纳税申报表见后面表3-2、表3-3、表3-4、表3-5、表3-6。

### 【纳税申报工作实例】

ABC股份有限公司主要生产经营酒类和卷烟。2014年6月,该公司发生如下经济业务。

(1)6月4日将自己生产的啤酒20吨销售给家乐超市,货款已收到;另外将10吨让客户与顾客免费品尝。该啤酒出厂价为2 800元/吨,成本为2 000元/吨。

(2)6月10日销售粮食白酒20吨,单价7 000元,价款140 000元。

(3)6月20日用自产粮食白酒10吨抵偿某农场大米款70 000元,不足或多余部分不再结算。该粮食白酒每吨售价在5 500~6 500元之间浮动,平均售价为6 000元/吨。

(4)2014年3月10日将外购的烟叶100 000元发给嘉华加工公司,委托其加工成烟丝。嘉华加工公司代垫辅助材料4 000元(款已付),本月应支付的加工费36 000元、增值税

6 120 元。6 月 5 日 ABC 公司以银行存款付清全部款项和代缴的消费税;6 月 6 日收回已加工的烟丝并全部用于生产卷烟 10 箱;25 日该批卷烟全部用于销售,总售价为 300 000 元,款已收到。

**【解析】**

(1)对外销售的啤酒计税销售数量 = 20 吨;应纳消费税 = 20 × 220 = 4 400(元)

免费品尝的啤酒计税销售数量 = 10 吨;应纳消费税 = 10 × 220 = 2 200(元)

(2)销售粮食白酒计税销售额 = 20 × 7 000 = 140 000(元);计税销售量 = 20 × 2 000 = 40 000(斤);应纳消费税 = 140 000 × 20% + 40 000 × 0.5 = 48 000(元)

(3)计税销售额 = 10 × 6 500 = 65 000(元);计税销售量 = 10 × 2 000 = 20 000(斤);应纳消费税 = 65 000 × 20% + 20 000 × 0.5 = 23 000(元)

(4)烟丝组成计税价格 = (100 000 + 4 000 + 36 000) ÷ (1 − 30%) = 200 000(元)

嘉华公司代收代缴烟丝消费税 = 200 000 × 30% = 60 000(元)

每条卷烟价格 = 300 000 ÷ (10 × 250) = 120(元),按 56% 税率计税

卷烟应纳消费税 = 300 000 × 56% + 10 × 150 − 60 000 = 109 500(元)

**表 3-2　烟类应税消费品消费税纳税申报表**

税款所属期:2014 年 6 月 1 日至 2014 年 6 月 30 日

纳税人名称(公章):

纳税人识别号:

填表日期:2014 年 7 月 10 日　　　　金额单位:元(列至角分)

| 应税消费品名称＼项目 | | 适用税率 定额税率($M$) | 适用税率 比例税率($N$) | 销售数量($A$) | 销售额($B$) | 应纳税额 $C=A\times M+B\times N$ |
|---|---|---|---|---|---|---|
| 1 | 甲类卷烟 | 150 元/箱 | 56% | 10 | 300 000 | 169 500 |
| 2 | 乙类卷烟 | 150 元/箱 | 36% | | | |
| 3 | 雪茄烟 | — | 36% | | | |
| 4 | 烟丝 | — | 30% | | | |
| 5 | 合计 | — | — | — | — | 169 500 |

| | | | |
|---|---|---|---|
| 6 | 本期减(免)税额: | | 声明<br>此纳税申报表是根据国家税收法律的规定填报的,我确定它是真实的、可靠的、完整的。<br>经办人(签章)　财务负责人(签章)<br>联系电话: |
| 7 | 本期准予扣除数额: | 60 000 | |
| 8 | 期初未缴税额: | | |
| 9 | 本期缴纳前期应纳税额: | | (如果你已委托代理人申报,请填写)<br>授权声明<br>为代理一切税务事宜,现授权____(地址)____为本纳税人的代理申报人,任何与本申报表有关的往来文件,都可寄与此人。<br>授权人签章: |
| 10 | 本期预缴税额: | | |
| 11 | 本期应补(退)税额 | 109 500 | |
| 12 | 期末未缴税额 | | |

以下由税务机关填写

受理人(签章):　　受理日期:　　年　　月　　日　　受理税务机关(章)

**表 3-3 酒及酒精消费税纳税申报表**

税款所属期:2014 年 6 月 1 日至 2014 年 6 月 30 日

纳税人名称(公章):

纳税人识别号:

填表日期:2014 年 7 月 10 日　　　　金额单位:元(列至角分)

| 应税消费品名称 \ 项目 | | 适用税率 | | 销售数量 (C) | 销售额 (D) | 应纳税额 $E=C\times A+D\times B$ |
|---|---|---|---|---|---|---|
| | | 定额税率 (A) | 比例税率 (B) | | | |
| 1 | 粮食白酒 | 0.5 元/斤 | 20% | 60 000 | 205 000 | 71 000 |
| 2 | 薯类白酒 | 0.5 元/斤 | 20% | | | |
| 3 | 甲类啤酒 | 250 元/吨 | — | | | |
| 4 | 乙类啤酒 | 220 元/吨 | — | 30 | | 6 600 |
| 5 | 黄酒 | 240 元/吨 | — | | | |
| 6 | 其他酒 | — | 10% | | | |
| 7 | 酒精 | — | 5% | | | |
| 8 | 合　计 | — | — | — | — | 77 600 |

| | | |
|---|---|---|
| 9 | 本期减(免)税额: | |
| 10 | 本期准予扣除税额: | |
| 11 | 期初未缴税额: | |
| 12 | 本期缴纳前期应纳税额: | |
| 13 | 本期预缴税额: | |
| 14 | 本期应补(退)税额 | 77 600 |
| 15 | 期末未缴税额 | |

声明

此纳税申报表是根据国家税收法律的规定填报的,我确定它是真实的、可靠的、完整的。

经办人(签章)　财务负责人(签章)

联系电话:

(如果你已委托代理人申报,请填写)

授权声明

为代理一切税务事宜,现授权______(地址)______为本纳税人的代理申报人,任何与本申报表有关的往来文件,都可寄与此人。

授权人签章:

以下由税务机关填写

受理人(签章):　　受理日期:　　年　　月　　日　　受理税务机关(章)

**表 3-4　小汽车消费税纳税申报表**

税款所属期：　年　月　日至　年　月　日

纳税人名称(公章)：

纳税人识别号：

填表日期：　年　月　日　　　　金额单位:元(列至角分)

<table>
<tr><td colspan="2">项目<br>应税消费品名称</td><td>适用税率</td><td>销售数量</td><td>销售额</td><td>应纳税额</td></tr>
<tr><td rowspan="7">乘用车</td><td>气缸容量≤1.0 升</td><td>1%</td><td></td><td></td><td></td></tr>
<tr><td>1.0 升<气缸容量≤1.5 升</td><td>3%</td><td></td><td></td><td></td></tr>
<tr><td>1.5 升<气缸容量≤2.0 升</td><td>5%</td><td></td><td></td><td></td></tr>
<tr><td>2.0 升<气缸容量≤2.5 升</td><td>9%</td><td></td><td></td><td></td></tr>
<tr><td>2.5 升<气缸容量≤3.0 升</td><td>12%</td><td></td><td></td><td></td></tr>
<tr><td>3.0 升<气缸容量≤4.0 升</td><td>25%</td><td></td><td></td><td></td></tr>
<tr><td>气缸容量>4.0 升</td><td>40%</td><td></td><td></td><td></td></tr>
<tr><td colspan="2">中轻型商用客车</td><td>5%</td><td></td><td></td><td></td></tr>
<tr><td colspan="2">合　计</td><td>—</td><td>—</td><td>—</td><td></td></tr>
<tr><td colspan="2">本期准予扣除数额：</td><td></td><td colspan="3" rowspan="5">声明<br>此纳税申报表是根据国家税收法律的规定填报的，我确定它是真实的、可靠的、完整的。<br>经办人(签章)　　财务负责人(签章)<br>联系电话：</td></tr>
<tr><td colspan="2">本期减(免)税额：</td><td></td></tr>
<tr><td colspan="2">期初未缴税额：</td><td></td></tr>
<tr><td colspan="2">本期缴纳前期应纳税额：</td><td></td></tr>
<tr><td colspan="2">本期预缴税额：</td><td></td></tr>
<tr><td colspan="2">本期应补(退)税额：</td><td></td><td colspan="3" rowspan="2">(如果你已委托代理人申报，请填写)<br>为代理一切税务事宜，现授权____(地址)____为本纳税人的代理申报人，任何与本申报表有关的往来文件，都可寄与此人。<br>授权人签章：</td></tr>
<tr><td colspan="2">期末未缴税额：</td><td></td></tr>
<tr><td colspan="6">以下由税务机关填写</td></tr>
<tr><td colspan="6">受理人(签章)：　　受理日期：　年　月　日　　受理税务机关(章)</td></tr>
</table>

**表 3-5　成品油消费税纳税申报表**

税款所属期：　年　月　日至　年　月　日

纳税人名称(公章)：

纳税人识别号：

填表日期：　年　月　日　　　　计量单位:升　金额单位:元(列至角分)

| 项目<br>应税消费品名称 | 适用税率<br>(元/升) | 销售数量 | 应纳税额 |
|---|---|---|---|
| 汽油 | 0.20 | | |
| 柴油 | 0.10 | | |
| 石脑油 | 0.20 | | |
| 溶剂油 | 0.20 | | |

续表

| 项目<br>应税消费品名称 | 适用税率<br>（元/升） | 销售数量 | 应纳税额 |
|---|---|---|---|
| 润滑油 | 0.20 | | |
| 燃料油 | 0.10 | | |
| 航空煤油 | 0.10 | | |
| 合　计 | — | — | |

| | | |
|---|---|---|
| 本期准予扣除数额： | | 声明<br>此纳税申报表，是根据国家税收法律的规定填报的，我确定它是真实的、可靠的、完整的。<br>经办人（签章）　　财务负责人（章）<br>联系电话： |
| 本期减（免）税额： | | |
| 期初未缴税额： | | |
| 本期缴纳前期应纳税额： | | |
| 本期预缴税额： | | 如果你已委托代理人申报，请填写：<br>为代理一切税务事宜，现授权____为本纳税人的代理申报人，任何与本申报表有关的往来文件，都可寄与此人。<br>授权人签章： |
| 本期应补（退）税额： | | |
| 期末未缴税额： | | |
| | | |
| 以下由税务机关填写 | | |
| 受理人（签章）： | 受理日期：　　年　　月　　日 | 受理税务机关（章） |

**表 3-6　其他应税消费品消费税纳税申报表**

税款所属期：　年　月　日至　年　月　日

纳税人名称（公章）：

纳税人识别号：

填表日期：　年　月　日　　　　金额单位：元（列至角分）

| 项目<br>应税消费品名称 | 适用税率<br>（$A$） | 销售数量<br>（$B$） | 销售额<br>（$C$） | 应纳税额<br>$D=C\times A$ |
|---|---|---|---|---|
| | | | | |
| | | | | |
| | | | | |
| | | | | |
| 合　计 | — | — | — | |

| | | |
|---|---|---|
| 本期准予扣除数额： | | 声明<br>此纳税申报表是根据国家税收法律的规定填报的，我确定它是真实的、可靠的、完整的。<br>经办人（签章）　　财务负责人（签章）<br>联系电话： |
| 本期减（免）税额： | | |
| 期初未缴税额： | | |
| 本期缴纳前期应纳税额： | | |
| 本期预缴税额： | | |

续表

<table>
<tr><td colspan="3">本期应补(退)税额:</td><td rowspan="2">(如果你已委托代理人申报,请填写)<br>为代理一切税务事宜,现授权______(地址)______为本纳税人的代理申报人,任何与本申报表有关的往来文件,都可寄与此人。<br>授权人签章:</td></tr>
<tr><td colspan="3">期末未缴税额:</td></tr>
<tr><td colspan="4">以下由税务机关填写</td></tr>
<tr><td>受理人(签章):</td><td>受理日期:</td><td>年　月　日</td><td>受理税务机关(章)</td></tr>
</table>

## 【任务小结】

消费税是对在我国境内从事生产、委托加工和进口应税消费品的单位和个人,就其应税消费品的销售额或销售量征收的一种税。消费税以特定应税消费品的特定行为为征税范围,它是单一环节税、价内税。消费税的税率有比例税率和定额税率,实行从价定率计税、从量定额计税和从价定率与从量定额复合计税三种计税方法。消费税的会计处理有生产销售应税消费品、视同销售应税消费品、委托加工应税消费品会计处理和进口应税消费品消费税的会计处理。消费税的纳税申报包括烟、酒、小汽车、成品油和其他应税消费品的纳税申报。

## 【导入案例解析】

案例中委托加工业务,广东佳美化妆品有限公司是委托方,上海新宁公司是受托方。委托加工的对象是化妆品,所以受托方在向委托方交货时,要代收代缴消费税。

(1)委托方收回委托加工的化妆品时:

上海新宁公司代收代缴的消费税 $=(20\ 000+3\ 500+1\ 000)\div(1-30\%)\times30\%$

$=10\ 500$(元)

(2)因为委托方收回委托加工的化妆品时,受托方已经代扣代缴了消费税,所以计算委托方销售深加工的化妆品应交纳消费税时允许抵扣已缴纳的消费税。

广东佳美化妆品有限公司销售深加工的化妆品时应缴纳的消费税额

$=50\ 000\times30\%-10\ 500=4\ 500$(元)

# 任务训练

### 一、单项选择训练

1. 下列属于征收消费税的范围是(　　)。

A. 销售不动产　　B. 提供加工修理修配劳务

C. 销售粮食白酒　　D. 销售自来水

2. 甲企业通过丙企业介绍,将一批应税消费品委托给乙企业加工,在这项应税行为中,消费税的纳税人应是(  )。

A. 甲企业　B. 乙企业　C. 甲企业和乙企业　D. 丙企业

3. 下列行为中,不需缴纳消费税的是(  )。

A. 珠宝行销售金银首饰

B. 进口应税化妆品

C. 直接销售委托加工收回后的烟丝

D. 将自产的啤酒作为福利发给本企业职工

4. 某纳税人自产一批化妆品用于本企业职工福利,由于没有同类产品价格可以比照,应按组成计税价格计算缴纳消费税。其组成计税价格为(  )。

A. (成本 + 加工费) ÷ (1 - 消费税税率)

B. (成本 + 利润) ÷ (1 - 消费税税率)

C. (成本 + 加工费) ÷ (1 + 消费税税率)

D. (成本 + 利润) ÷ (1 + 消费税税率)

5. 某纳税人将新研制的一批化妆品用于本企业职工福利,该批化妆品的生产成本为10 000 元,国家核定化妆品的全国平均成本利润率为5%,化妆品的消费税税率为30%。其组成计税价格为(  )。

A. 7 350 元　B. 15 000 元　C. 13 605.44 元　D. 6 666.67 元

6. 纳税人进口应税消费品,应当自海关填发税款缴款书的次日起(  )内缴纳消费税。

A. 7 日　B. 15 日　C. 30 日　D. 5 日

7. 下列项目中征收消费税的有(  )。

A. 进口手机　B. 商店销售白酒

C. 委托加工烟丝　D. 商店销售化妆品

8. 金银首饰缴纳消费税的纳税环节是(  )环节。

A. 生产　B. 销售　C. 消费　D. 零售

9. 一位客户向某汽车制造厂(增值税一般纳税人)定购自用汽车一辆,支付货款(含税)250 800 元,另付设计、改装费 30 000 元。该辆汽车计征消费税的销售额为(  )。

A. 214 359 元　B. 240 000 元　C. 250 800 元　D. 280 800 元

10. 下列各项中,符合消费税纳税义务发生时间规定的是(  )。

A. 进口的应税消费品,为取得进口货物的当天

B. 自产自用的应税消费品,为移送使用的当天

C. 委托加工的应税消费品,为支付加工费的当天

D. 采取预收货款结算方式的,为收到预收款的当天

**二、多项选择训练**

1. 下列各项中,应计入消费税的应税销售额的是(  )。

A. 向购买方收取的增值税销项税额

B. 因销售应税消费品向购买方收取的包装费

C. 因销售应税消费品向购买方收取的手续费

D. 因销售应税消费品向购买方收取的优质费

2. 下列应税消费品中,采用复合计税方法计算消费税的有(　　)。

A. 烟丝　B. 卷烟　C. 白酒　D. 酒精

3. 某化妆品公司将一批自产化妆品用作职工福利,其成本为8万元,消费税成本利润率为5%,则其计税销售额(组成计税价格)为(　　)。

A. 消费税组成计税价格为12万元　B. 消费税组成计税价格为5.88万元

C. 增值税组成计税价格为12万元　D. 增值税组成计税价格为5.88万元

4. 下列(　　)已纳消费税准予按照规定从连续生产的应税消费品应纳消费税税额中抵扣。

A. 以委托加工收回的已税烟丝为原料生产的卷烟

B. 以委托加工收回的已税酒精为原料生产的白酒

C. 以委托加工收回的已税化妆品为原料生产的化妆品

D. 以委托加工收回的已税护肤护发品为原料生产的护肤护发品

5. 下列(　　)应税消费品在生产销售环节征收消费税。

A. 金银首饰　B. 钻石及钻石饰品　C. 小轿车　D. 化妆品

6. 纳税人自产的应税消费品用于下列(　　)项目时,应当计征消费税。

A. 用于在建工程　B. 用于连续生产应税消费品

C. 用于职工福利　D. 用于赞助

7. 下列应税消费品实行从量定额计征消费税的有(　　)。

A. 摩托车　B. 汽油　C. 黄酒　D. 汽车轮胎

8. 下列行为中,需缴纳消费税的有(　　)。

A. 珠宝行销售金银首饰

B. 进口应税化妆品

C. 直接销售委托加工收回后的烟丝

D. 将自产的啤酒作为福利发放给本企业职工

9. 根据税法规定,下列说法正确的有(　　)。

A. 凡是征收消费税的消费品都征收增值税

B. 凡是征收增值税的货物都征收消费税

C. 应税消费品征收增值税的,其税基含有消费税

D. 应税消费品征收消费税的,其税基不含有增值税

10. 消费税的计税方法有(　　)计税方法。

A. 从价定率　B. 从量定额　C. 复合　D. 选择

**三、业务训练**

1. 某酒厂2014年5月销售散装白酒1吨,取得不含税收入3.8万元,货款已收到。计算应纳消费税。

2. 某摩托车生产企业为增值税一般纳税人,2014年6月份将生产的某型号摩托车30

辆,以每辆出厂价 12 000 元(不含增值税)给自设非独立核算的门市部;门市部又以每辆 16 380 元(含增值税)售给消费者。摩托车生产企业 6 月份应缴纳消费税税额为多少?

3. 某摩托车厂本月生产销售摩托车 200 辆,开具的增值税专用发票上注明的价款为 40 万元;赞助省运动会奖品 5 辆,每辆成本价为 0.2 万元。计算应缴纳的消费税(摩托车成本利润率为 6%,消费税税率为 10%),并进行相应的会计处理。

4. 某卷烟厂 2014 年 2 月委托某烟丝加工厂加工一批烟丝,卷烟厂提供的烟叶成本为 80 000 元,烟丝加工完,卷烟厂提货时支付加工费为 8 700 元,同时支付增值税和烟丝加工厂代收代缴的消费税款。卷烟厂将这批加工好的烟丝全部用于生产甲类卷烟并予以销售。

卷烟成本为 650 000 元。向购货方开具的增值税专用发票上注明的价税合计款为 1 170 000 元。计算销售卷烟的应纳消费税税额,并进行相关业务的会计处理。(烟丝消费税税率为 30%,甲类卷烟消费税税率为 56%)

# 项目四　营业税核算与申报

| 知识目标 | 能力目标 |
|---|---|
| 1. 了解营业税纳税人、缴纳期限与地点。<br>2. 理解营业税的征税范围、税目及税率。<br>3. 掌握营业税的应纳税额的计算、账务处理及纳税申报。<br>4. 掌握"营改增"纳税人、征税范围和税率，掌握"营改增"应纳税额的计算及账务处理。 | 1. 会计算营业税的应纳税额。<br>2. 会进行营业税的账务处理。<br>3. 会进行营业税的纳税申报。<br>4. 会进行"营改增"纳税人应纳税额的计算及账务处理。 |

## 【任务导入】

2011 年，经国务院批准，财政部、国家税务总局联合下发营业税改征增值税试点方案。从 2012 年 1 月 1 日起，在上海交通运输业和部分现代服务业开展营业税改征增值税试点。至此，货物劳务税收制度的改革拉开序幕。自 2012 年 8 月 1 日起至年底，国务院扩大"营改增"试点至北京、天津、江苏、浙江、安徽、广东等 10 个省市。截至 2013 年 8 月 1 日，"营改增"范围已推广到全国试行。从 2014 年 1 月 1 日起，将铁路运输和邮政服务业纳入营业税改征增值税试点，至此交通运输业已全部纳入"营改增" 范围。2014 年 6 月 1 日起，电信业已纳入"营改增"试点范围。目前仅剩房地产业、建筑业、金融业以及生活服务业等尚未实施"营改增"。那么，对于目前未实施"营改增"的房地产业、建筑业、金融保险业以及生活服务业营业税的法律规定有哪些，如何计算应纳营业税额及进行账务处理，实施"营改增"后的交通运输业、部分现代服务业、邮政业和电信业如何进行增税的纳税核算，通过本项目学习，这些都能一一解决。

## 任务 1　认识营业税

### 一、营业税的概念及特点

#### （一）营业税的概念

营业税是对在我国境内提供应税劳务、转让无形资产或销售不动产所取得的营业额为课税对象而征收的一种税，属于流转税的范畴。

### （二）营业税的特点

1.征税范围广

营业税主要以第三产业为征税对象。除少数项目外，大部分营业税应税项目以纳税人取得的营业收入全额为计税依据，税收收入不受成本、费用变化的影响，具有稳定性。

2.实行行业税率

营业税根据各行业的盈利水平高低与不同经营项目的性质和特点，分行业设计税目、税率，基本上同一行业实行同一税率，以体现公平税负、鼓励平等竞争的政策精神。

3.税负水平较低

为鼓励现代服务业发展，减轻人民群众生活负担，营业税规定了较低的税负水平，大部分税目适用3%或5%的税率。

4.简便易行

营业税的计征手续比较简便，易于管理。

## 二、营业税的纳税人及扣缴义务人

### （一）营业税的纳税人

1.纳税人的一般规定

营业税的纳税人是在中华人民共和国境内提供应税劳务、转让无形资产或者销售不动产的单位和个人。应税劳务现在是指属于建筑业、金融保险业、文化体育业、娱乐业、服务业税目征收范围的劳务。单位或者个体工商户聘用的员工为本单位或者雇主提供规定的劳务，不包括在内。

单位是指企业、行政单位、事业单位、军事单位、社会团体及其他单位；个人指个体工商户和其他有经营行为的个人。

2.纳税人的特殊规定

（1）以承包、承租、挂靠方式经营的单位，以发包人、出租人、被挂靠人名义对外经营并由发包人、出租人、被挂靠人承担相关法律责任的，以发包人、出租人、被挂靠人为纳税人；否则以承包人、承租人、挂靠人为纳税人。

（2）建筑安装业务实行分包或转包的，以分包或转包者为纳税人。

（3）金融保险业纳税人具体包括银行（包括人民银行、商业银行、政策性银行）、信用合作社、证券公司、金融租赁公司、证券基金管理公司、财务公司、信托投资公司、证券投资基金、保险公司以及其他经中国人民银行、中国证监会、中国保监会批准成立且经营保险业务的机构等。

### （二）营业税的扣缴义务人

营业税的扣缴义务人主要有以下几种。

（1）委托金融机构发放贷款，以受托发放贷款的金融机构为扣缴义务人。

（2）建筑安装业务实行分包或者转包的，以总承包人为扣缴义务人。

（3）境外的单位或者个人在境内发生应税劳务的，在境内未设有经营机构的，以其境内代理人为扣缴义务人;在境内没有代理人的,以受让方或者购买方为扣缴义务人。

(4)单位或个人进行演出由他人售票的,其应纳税款以售票者为扣缴义务人。

(5)个人转让技术权、商标权、著作权,其应纳税款以受让者为扣缴义务人。

(6)财政部规定的其他扣缴义务人。

## 三、营业税的征税范围

现行营业税的征税范围是指在我国境内提供应税劳务、转让无形资产和销售不动产的行为。

### (一)征税范围的基本规定

营业税的征税范围包括我国境内的交通运输业、建筑业、金融保险业、文化体育业、娱乐业、服务业、有偿提供的劳务和有偿转让无形资产及销售不动产的业务。

1. 建筑业

建筑业是指建筑安装工程作业等。其征税对象包括建筑、安装、修缮、装饰及其他工程作业。

2. 金融保险业

金融保险业是指经营金融、保险的业务。其征税对象包括金融、保险。

3. 文化体育业

文化体育业是指经营文化、体育活动的业务。其征税对象包括文化业和体育业。

4. 娱乐业

娱乐业是指为娱乐活动提供场所和服务的业务。其征税对象包括经营歌厅、舞厅、卡拉 OK 歌舞厅、音乐茶座、台球室、高尔夫球场、保龄球馆、游艺场、网吧等娱乐场所,以及娱乐场所为顾客进行娱乐活动提供服务的业务。娱乐场所为顾客提供的饮食服务及其他各种服务也按照娱乐业征税。

5. 服务业

服务业是指利用设备、工具、场所、信息或技能为社会提供服务的业务。包括代理业、旅店业、饮食业、旅游业、仓储业、租赁业和其他服务业。

6. 转让无形资产

转让无形资产是指转让无形资产的所有权或使用权的行为。包括转让土地使用权、转让商标权、转让专利权、转让非专利技术、出租电影拷贝、转让著作权和转让商誉。

7. 销售不动产

销售不动产是指有偿转让不动产所有权的行为。包括销售建筑物或构筑物和销售其他土地附着物。在销售不动产时连同不动产所占土地的使用权一并转让的行为,比照销售不动产征收营业税。

### (二)征税范围的特别规定

(1)“在我国境内”是指提供或接受劳务的单位或者个人在境内;所转让的无形资产(不含土地使用权)的接受单位或者个人在境内;所转让或者出租使用权的土地在境内;所

销售或者出租的不动产在境内。

(2)“提供应税劳务、转让无形资产或销售不动产”是指有偿提供应税劳务、有偿转让无形资产或有偿转让不动产所有权的行为。“有偿”包括取得货币、货物或其他经济利益。单位或个人自建建筑物后销售,其自建行为视同提供应税劳务。转让不动产有限产权或永久产权以及单位将不动产无偿赠与他人的,视同销售不动产。单位或个体经营者聘用的员工为本单位或雇主提供的劳务,不属于征税范围。

(3)混合销售行为征税范围的确定。如果单位或个人发生的一项销售行为既涉及应税劳务(应征营业税的劳务),又涉及货物(为增值税征税范围),即为混合销售行为。

①从事货物生产、批发或零售的企业、企业性单位及个体工商户,以及以从事货物的生产、批发或零售为主,并兼营增值税非应税劳务的企业、企业性单位及个体工商户的混合销售行为,应视为销售货物而征收增值税,不征营业税;其他单位或个人的混合销售行为,应视为提供应税劳务而征收营业税,不征增值税。

②对从事建筑业务的单位或个人在提供建筑业劳务的同时销售自产货物的混合销售行为,应当分别核算应税劳务的营业额和货物的销售额,其应税劳务的营业额应缴纳营业税,货物销售额应缴纳增值税;未分别核算的,由主管税务机关核定其应税劳务的营业额。纳税人的混合销售行为由国家税务总局所属征收机关确定。

(4)对兼营应税行为和货物或非应税劳务的有关规定:纳税人兼营应税行为(课营业税的)和货物或非应税劳务(课增值税的),应分别对应税行为的营业额和货物或非应税劳务的销售额进行核算。其应税行为的营业额缴纳营业税,货物或非应税劳务的销售额缴纳增值税;未分别核算的,由主管税务机关分别核算其应税行为的营业额和货物或非应税劳务的销售额。

(5)随汽车销售提供的汽车按揭服务和代办服务业务应征收增值税,单独提供按揭、代办服务业务而并不销售汽车的,应征收营业税。

## 【问题思考】

下列行为是否需要交纳营业税?

(1)美国人杰克将其在北京购置的一套房产出租给美资企业工作人员居住,取得租金收入。

(2)某企业为奖励取得突出贡献的科研人员,无偿赠予获奖的科研人员每人一套160平方米的住房。

(3)某内资企业将其专利权转让给英国的一家生产企业,取得专利权转让收入。

## 四、营业税的税目、税率

营业税按行业设置税目税率。设置七个税目,即建筑业、金融保险业、文化体育业、娱乐业、服务业、转让无形资产、销售不动产。具体见表4-1。

表 4-1　营业税税目税率表

| 税目 | 税率(%) | 征收范围 |
|---|---|---|
| 建筑业 | 3 | 建筑、安装、修缮、装饰、代办电信工程、水利工程、道路修建、疏浚、钻井、拆除建筑物、平整土地、搭脚手架等 |
| 金融保险业 | 5 | 金融：贷款、融资租赁、金融商品转让、金融经纪业务和其他金融业务；<br>保险 |
| 文化体育业 | 3 | 文化：表演、播映、经营游览场所(动植物园)、展览、培训、讲座、图书资料借阅等<br>体育：举办体育比赛和为体育活动提供场所 |
| 娱乐业 | 5～20 | 歌厅、舞厅、卡拉OK歌舞厅、音乐茶座、台球、高尔夫球、保龄球、游艺、网吧 |
| 服务业 | 5 | 代理业、旅店业、饮食业、旅游业、仓储业、租赁业、理发、照相、美术、裱画、誊写、打字、镌刻、计算、测试、化验、录音、录像、复印、设计、制图、测绘、勘探、咨询等 |
| 转让无形资产 | 5 | 转让土地使用权、转让商标权、转让专利权、转让非专利技术、出租电影拷贝、转让著作权、转让商誉 |
| 销售不动产 | 5 | 销售建筑物或构筑物、销售其他土地附着物 |

## 五、营业税的税收优惠

### (一)起征点的优惠

对经营营业税应税项目的个人，营业税规定了起征点。纳税人的营业额未达到起征点的，不纳税；营业额达到起征点的，应按营业额全额计算应纳税额。按期纳税的起征点为月营业额5 000～20 000元；按次纳税的，为每次(日)营业额300～500元。各省、自治区、直辖市财政厅(局)、税务局应当在规定的幅度内，根据实际情况确定本地区适用的起征点，并报财政部、国家税务总局备案。

### (二)减免税优惠

我国税法规定免征营业税项目如下。

(1)托儿所、幼儿园、养老院、残疾人福利机构提供的育养服务，婚姻介绍，殡葬服务，免征营业税。

(2)残疾人员个人为社会提供的劳务，免征营业税。残疾人员个人提供的劳务是指残疾人员本人为社会提供的劳务。

(3)医院、诊所和其他医疗机构提供的医疗服务，免征营业税。

(4)学校及其他教育机构提供的教育劳务、学生勤工俭学提供的劳务服务，免征营业税。学校及其他教育机构是指普通学校以及经地、市级以上人民政府或者同级政府的教育行政部门批准成立，国家承认其学员学历的各类学校。

(5)农业机耕、排灌、病虫害防治、植物保护、农牧保险以及相关技术培训业务，家禽、牲畜、水生动物的配种和疾病防治，免征营业税。

(6)纪念馆、博物馆、文化馆、文物保护单位管理机构、美术馆、展览馆、书画院、图书馆举办文化活动的门票收入，宗教场所举办文化、宗教活动的门票收入，免征营业税。

纪念馆、博物馆、文化馆、文物保护单位管理机构、美术馆、展览馆、书画院、图书馆举办文化活动，是指这些单位在自己的场所举办的属于文化体育业税目征税范围的文化活动。

其门票收入,是指销售第一道门票的收入。宗教场所举办文化、宗教活动的门票收入,是指寺院、宫观、清真寺和教堂举办文化、宗教活动销售门票的收入。

(7)境内保险机构为出口货物提供的保险产品,包括出口货物保险和出口信用保险,免征营业税。

除前款规定外,营业税的免税、减税项目由国务院规定。任何地区、部门均不得规定免税、减税项目。

# 任务2 营业税的计算及账务处理

## 一、营业税的计税依据

### (一)计税依据的一般规定

营业税计税依据又称营业税的计税营业额。营业额为纳税人提供应税劳务、转让无形资产或者销售不动产收取的全部价款和价外费用。其中价外费用包括收取的手续费、补贴、基金、集资费、返还利润、奖励费、违约金、滞纳金、延期付款利息、赔偿金、代收款项、代垫款项、罚息及其他各种性质的价外收费。

同时符合以下条件代为收取的政府性基金或者行政事业性收费不在营业额内:

(1)由国务院或者财政部批准设立的政府性基金,由国务院或者省级人民政府及其财政、价格主管部门批准设立的行政事业性收费;

(2)收取时开具省级以上财政部门印制的财政票据;

(3)所收款项全额上缴财政。

### (二)计税依据的特殊规定

1. 价格明显偏低的计税依据核定方法

对纳税人提供应税劳务、转让无形资产或销售不动产的价格明显偏低而无正当理由的,或者单位和个人自建建筑物后销售,其所发生的自建行为;或者纳税人将不动产(或者土地使用权)无偿赠送其他单位或者个人而没有销售价格的;或者财政部、国家税务总局规定的其他情形,主管税务机关有权依据以下原则和顺序确定营业额。

(1)按纳税人最近时期发生同类应税行为的平均价格核定。

(2)按其他纳税人最近时期发生同类应税行为的平均价格核定。

(3)按下列公式核定:

$$应税营业额=营业成本或者工程成本\times(1+成本利润率)\div(1-营业税税率)$$

公式中的成本利润率,由省、自治区、直辖市税务局确定。

**【例4-1】** 某建筑公司自建的房屋本月竣工结算,工程总成本1 000万元,成本利润率为10%,用于出售,取得出售收入1 500万元。确定该房产的计税营业额。

**【解析】** 自建房屋对外出售,自建行为按建筑业缴纳营业税,销售行为按销售不动产缴纳营业税。

$$建筑业部分营业税的计税营业额=1\,000\times(1+10\%)\div(1-3\%)=1\,134.02(万元)$$

销售不动产部分营业税的计税营业额 = 1 500(万元)

2. 纳税后退款和折扣的相关规定

纳税人发生应税行为,将价款与折扣额在同一张发票上注明的,以折扣后的价款为营业额;将折扣额另开发票的,不论其在财务上如何处理,均不得从营业额中扣除。纳税人的营业额计算缴纳营业税后因发生退款减除营业额的,应当退还已缴纳的营业税税款或者从纳税人以后的应缴纳营业税税额中减除。

3. 各行业营业税计税依据的具体规定

1)建筑业

纳税人提供建筑业劳务(不含装饰劳务)的,其营业额应当包括工程所用原材料、设备及其他物资和动力价款在内,但不包括建设方提供的设备的价款。纳税人将建筑工程分包给其他单位的,以其取得的全部价款和价外费用扣除其支付给其他单位的分包款后的余额为营业额。

纳税人采用清包工形式(包工不包料)提供的装饰劳务,按照其向客户实际收取的人工费和辅助材料费等收入(不含客户自行采购的材料价款和设备价款)确定计税营业额。

自建行为和单位将不动产无偿赠予他人,由主管税务机关按规定程序核定营业额。纳税人自建自用的房屋不纳税,如纳税人将自建房屋对外销售,其自建行为按建筑业缴纳营业税,再按销售不动产征收营业税。

2)金融保险业

金融保险业的计税营业额是指贷款利息、融资租赁收益、金融商品转让收益及从事金融经纪业和其他金融业务的手续费收入。根据取得收入的方式不同,金融业营业额的确定有以下几种情况。

(1)一般贷款业务以贷款的利息收入(包括各种加息和罚息)为营业额。

(2)经中国人民银行、商务部和国家经贸委批准经营融资租赁业务的单位,融资租赁以其向承租者收取的全部价款和价外收费(包括残值)减去出租方承担的出租货物的实际成本后的余额,以直线法折算出本期的营业额。

(3)外汇、有价证券、期货等金融商品买卖业务,以卖出价减去买入价后的余额为营业额,即营业额 = 卖出价 - 买入价。卖出价和买入价不得扣除卖出过程和买入过程支付的各种费用。

(4)金融经纪业务和其他金融业务(中间业务)以手续费(佣金)类的全部收入为营业额。

(5)保险业务营业额包括:办理初保业务以全部保费收入为营业额;保险公司如采取收取储金方式取得经济利益的(以被保险人所交保险资金的利息收入作为保费收入,保险期满后将保险资金本金返还被保险人),其“储金业务”的营业额为纳税人在纳税期内的储金平均余额乘以中国人民银行公布的一年期存款的月利率。储金平均余额为纳税期期初储金余额与期末储金余额之和乘以50%。

**【例4-2】** 某金融企业从事债券买卖业务,2014年8月购入A债券,购入价50万元,B债券购入价80万元,共支付相关费用和税金1.3万元;当月又将债券卖出,A债券售出价55万元,B债券售出价78万元,共支付相关费用和税金1.33万元。该金融企业当月应纳营业税为多少?

**【解析】** 金融企业从事债券买卖业务,营业额 = 卖出价 - 买入价。卖出价和买入价不得扣除卖出过程和买入过程支付的各种费用。

应纳营业税 $= [(55-50)+(78-80)] \times 5\% = 0.15$(万元)

3)文化体育业

单位或个人进行演出,以全部票价收入或者包场收入减去付给提供演出场所的单位、演出公司或经纪人的费用后的余额为计税营业额。

4)娱乐业

娱乐业的计税营业额为纳税人经营娱乐项目向顾客收取的全部价款和价外费用,包括门票收费、台位费、点歌费、烟酒、饮料、茶水、鲜花、小吃等收费及经营娱乐业的其他各项收费。

5)服务业

(1)代理业以纳税人从事代理业务向委托方实际收取的报酬为营业额。

(2)电脑福利彩票投注点代销福利彩票取得的任何形式的手续费收入,应照章征收营业税。

(3)广告代理业的营业额为代理者向委托方收取的全部价款和价外费用减去付给广告发布者的广告发布费后的余额。

(4)拍卖行以向委托方收取的手续费为营业额。

(5)纳税人从事旅游业务的,以其取得的全部价款和价外费用扣除替旅游者支付给其他单位或者个人的住宿费、餐费、交通费、旅游景点门票和支付给其他接团旅游企业的旅游费后的余额为营业额。

(6)对单位和个人在旅游景区经营旅游游船、观光电梯、观光电车、景区环保客运车所取得的收入应按“服务业——旅游业”征收营业税。

(7)对经过国家版权局注册登记,在销售时一并转让著作权、所有权的计算机软件征收营业税。

(8)从事物业管理的单位,以与物业管理有关的全部收入减去代业主支付的水、电、燃气以及代承租者支付的水、电、燃气、房屋租金等价款后的余额为营业额。

6)转让无形资产

纳税人转让无形资产的营业额为纳税人转让无形资产从受让方取得的货币、实物和其他经济利益。

(1)单位和个人转让其受让或抵债的土地使用权,以全部收入减去土地使用权的受让原价或抵债作价后的余额为营业额。

(2)以无形资产投资入股,参与接受投资方的利润分配、共同承担投资风险的行为,不征收营业税,在投资后转让其股权的也不征收营业税。以无形资产投资入股并取得固定收入的,应按“服务业”税目中“租赁业”项目征收营业税。

(3)以地换房行为,按“转让无形资产”中的“转让土地使用权”税目征税;而以房换地行为,按“销售不动产”税目征税。如某企业以地换房,用100万元的土地使用权与投资方100万元的商品房交换,则该企业的行为视为转让无形资产。

7)销售不动产

纳税人销售不动产的营业额为纳税人销售不动产时从购买方取得的全部价款和价外费用。

(1)单位或个人销售或转让其购置的不动产,以全部收入减去不动产的购置或受让原价后的余额为营业额。

(2)单位和个人销售其购置或抵债的不动产,以全部收入减去不动产的购置原价或抵债作价后的余额为营业额。

(3)以不动产投资入股、参加接受投资方利润分配,共担投资风险的行为,不征收营业税。以不动产投资入股,收取固定收入的,应按"服务业"中的"租赁业"征收营业税。

(4)单位或者个人将不动产或者土地使用权无偿赠予其他单位或个人的,视同销售不动产,应当征收营业税。但对个人无偿赠予不动产、土地使用权,符合下列情形之一的,暂免征营业税:离婚财产分割;无偿赠予配偶、父母、子女及其他直系亲属;无偿赠予对其承担直接抚养或者赡养义务的抚养人或者赡养人;房屋产权所有人死亡,依法取得房屋产权的法定继承人、遗嘱继承人。

**【例4-3】** 某生产企业转让10年前建成的旧生产车间,取得收入1 200万元,该车间的原值为1 000万元,已提取折旧400万元。还转让一块土地使用权,取得收入560万元,年初取得该土地使用权时支付金额420万元,转让时发生相关费用6万元。计算该企业应纳营业税的计税依据。

**【解析】** 该企业的计税营业额 = 1 200 + (560 - 420) = 1 340(万元)

## 二、营业税应纳税额的计算

纳税人提供应税劳务、转让无形资产或者销售不动产,按照营业额和规定的适用税率计算应纳税额。其计算公式为

应纳税额 = 营业额 × 适用税率

### (一)按营业收入全额计算

应纳税额 = 营业收入全额 × 适用税率

**【例4-4】** 某歌舞厅2013年8月份门票收入20 000元,点歌收入26 000元,台位(含饮料)收入56 000元,营业税税率为20%。计算该歌舞厅8月份应交的营业税。

**【解析】** 该企业的计税营业额为全额计税。

该企业8月份应交的营业税 = (20 000 + 26 000 + 56 000) × 20% = 20 400(元)

### (二)按营业收入差额计算

应纳税额 = (营业收入全额 - 允许扣除金额) × 适用税率

**【例4-5】** 天马旅行社2013年3月份全部营业收入为3 000 000元,其中代付的交通费、门票等各项费用为950 000元。计算该旅行社3月份应交的营业税。

**【解析】**该企业的计税营业额为余额计税。

该企业3月份应交的营业税 = (3 000 000 - 950 000) × 5% = 102 500(元)

### (三)按组成计税价格计算

应纳税额=组成计税价格×适用税率

组成计税价格=营业成本或工程成本×(1+成本利润率)÷(1-营业税税率)

**【例4-6】** 某建筑安装公司自建一幢商业办公楼,已全部销售,取得销售收入1 600万元,工程成本为1 200万元,假定当地税务机关规定建筑工程成本利润率为15%。要求计算该建筑安装公司当月应纳的营业税。

**【解析】** 该公司发生自建建筑物和销售不动产两项应税行为,应该分别按建筑业和销售不动产计算应纳营业税。

应纳税额=1 200×(1+15%)÷(1-3%)×3%+1 600×5%=122.68(万元)

## 【课堂训练】

(1)某建筑公司自建楼房一栋竣工,建筑安装总成本4 000万元,将其40%售给另一单位,其余自用,总售价7 000万元,本月预收5 000万元。(若建筑业成本利润率为15%)建筑公司本月应交的营业税为多少?

(2)某生产企业转让10年前建成的旧生产车间,取得收入1 200万元,该车间的原值为1 000万元,已提取折旧400万元。还转让一块土地使用权,取得收入560万元,年初取得该土地使用权时支付金额420万元,转让时发生相关费用6万元。

要求:计算该企业应缴纳的营业税。

## 三、营业税的账务处理

营业税的会计核算,需设置"应交税费——应交营业税""营业税金及附加"和"固定资产清理"等账户。

### (一)提供营业税应税劳务的会计核算

应税劳务包括建筑安装业、文化体育业、金融保险业、旅游服务业和娱乐业等所提供的劳务。按规定计算出营业税,应借记"营业税金及附加"账户,贷记"应交税费——应交营业税"账户。

**【例4-7】** 某旅游公司2013年6月份接待一批游客,取得旅游费收入30 000元。进行相关账务处理。

**【解析】** (1)取得营业收入时:

| | | |
|---|---|---|
| 借:银行存款 | 30 000 | |
| 贷:主营业务收入 | | 30 000 |

(2)计算营业税时:

应纳营业税税额=30 000×5%=1 500(元)

| | | |
|---|---|---|
| 借:营业税金及附加 | 1 500 | |
| 贷:应交税费——应交营业税 | | 1 500 |

**【例4-8】** A建筑公司2013年6月份承包一项工程,取得工程承包收入3 000 000元,其中支付给B施工企业分包工程款100 000元。另外,对方(甲方)提供材料200 000元。

计算A建筑公司2013年6月份应缴纳的营业税。

【解析】 (1)确认收入实现时:

借:银行存款 3 000 000

　　贷:主营业务收入 2 900 000

　　　　应付账款——B企业 100 000

(2)计算A建筑公司营业税时:

应纳营业税税额 = (3 000 000 - 100 000 + 200 000) × 3% = 93 000(元)

借:营业税金及附加 93 000

　　贷:应交税费——应交营业税 93 000

(3)支付B企业分包款、代扣营业税时:

B企业应交的营业税 = 100 000 × 3% = 3 000(元)

借:应付账款 100 000

　　贷:应交税费——应交营业税 3 000

　　　　银行存款 97 000

### (二)销售不动产营业税的会计核算

#### 1. 房地产开发企业销售不动产营业税的会计核算

房地产开发企业以开发、销售商品房及其他土地附着物等不动产为主营业务,其销售不动产取得的收入以及预售不动产取得的收入均应计算缴纳营业税。在企业实现收入时,借记"银行存款""应收账款"等账户,贷记"主营业务收入"账户;计提营业税时,借记"营业税金及附加"账户,贷记"应交税费——应交营业税"账户。

【例4-9】 某房地产公司,本期一幢住宅楼竣工,建筑成本共计700万元,本期出售商品房2 200平方米,取得价款100万元,当地税务机关规定的成本利润率为10%。进行相关账务处理。

【解析】 本期应纳建筑业营业税税额 = 7 000 000 × (1 + 10%) ÷ (1 - 3%) × 3%

= 238 144.33(元)

本期应纳销售房产营业税税额 = 1 000 000 × 5% = 50 000(元)

本期应纳营业税合计 = 238 144.33 + 50 000 = 288 144.33(元)

(1)收到销售款项时:

借:银行存款 1 000 000

　　贷:主营业务收入 1 000 000

(2)计提营业税时:

借:营业税金及附加 288 144.33

　　贷:应交税费——应交营业税 288 144.33

#### 2. 非房地产开发企业出售不动产营业税的会计核算

非房地产开发企业出售不动产是指企业出售已作为固定资产入账管理的房屋、建筑物等,这是企业对现有固定资产的处理。其应缴销售不动产的营业税,借记"固定资产清理"账户,贷记"应交税费——应交营业税"账户。

【例4-10】 某企业出售一幢厂房，厂房原价为100万元，已提折旧30万元，售价为80万元，以银行存款支付清理费用2万元。相关税费忽略不计。进行相关账务处理。

【解析】 (1)转入清理时：

借：固定资产清理　　700 000
　　累计折旧　　300 000
　　贷：固定资产　　1 000 000

(2)取得收入时：

借：银行存款　　800 000
　　贷：固定资产清理　　800 000

(3)支付清理费用时：

借：固定资产清理　　20 000
　　贷：银行存款　　20 000

(4)计算应纳营业税时：

应纳营业税税额 $=800\ 000\times5\%=40\ 000$(元)

借：固定资产清理　　40 000
　　贷：应交税费——应交营业税　　40 000

(5)结转固定资产清理净损益时：

借：固定资产清理　　40 000
　　贷：营业外收入　　40 000

(6)缴纳营业税时：

借：应交税费——应交营业税　　40 000
　　贷：银行存款　　40 000

## (三)转让无形资产营业税的会计核算

### 1. 转让无形资产使用权应纳营业税的会计核算

企业转让无形资产的使用权所取得的收入为其他业务收入。在企业实现收入时，借记“银行存款”“应收账款”等账户，贷记“其他业务收入”账户；计提营业税时，应借记“营业税金及附加”账户，贷记“应交税费——应交营业税”账户。

【例4-11】 某企业将其已登记注册的商标权转让给其他单位使用，每月取得转让收入4万元。该企业每月如何进行账务处理。

【解析】 应纳营业税税额 $=40\ 000\times5\%=2\ 000$(元)

(1)收入实现时：

借：银行存款　　40 000
　　贷：其他营业务收入　　40 000

(2)计提营业税时：

借：营业税金及附加　　2 000
　　贷：应交税费——应交营业税　　2 000

### 2. 转让无形资产所有权应纳营业税的会计核算

企业转让无形资产的所有权所取得的收入记入“银行存款”等账户，出售无形资产的净损益借记“营业外支出”或贷记“营业外收入”账户，出售无形资产应缴纳的营业税，应贷记“应交税费——应交营业税”账户。“累计摊销”账户计入借方。

【例4-12】 某企业将原购入的一项专利权出售给其他企业，取得收入60万元，该专利权的账面原价为80万元，已累计摊销40万元，营业税税率为5%。进行相关账务处理。

【解析】 应纳营业税税额 = 600 000 × 5% = 30 000(元)

| | | |
|---|---|---|
| 借：银行存款 | 600 000 | |
| 累计摊销 | 400 000 | |
| 贷：无形资产 | | 800 000 |
| 应交税费——应交营业税 | | 30 000 |
| 营业外收入 | | 170 000 |

## 【课堂训练】

(1)某旅行社2014年3月份全部营业收入为30万元，其中代付的交通费、门票等各项费用为10万元。计算该旅行社3月份应交的营业税并进行相应的账务处理。

(2)销售自购的一项不动产，原值20万元，售价35万元，价款已收讫；销售单位的一项无形资产取得收入9万元。计算该公司当月应纳的营业税并进行相应的账务处理。

# 任务3 营业税的纳税申报

## 一、营业税的征收管理

### (一)纳税义务发生时间

营业税纳税义务发生时间为纳税人收讫营业收入款项或者取得索取营业收入款项凭据的当天。国务院财政、税务主管部门另有规定的，从其规定。对某些项目具体规定如下。

(1)纳税人转让土地使用权或者销售不动产，采取预收款方式的，其纳税义务发生时间为收到预收款的当天。

(2)纳税人提供建筑业或者租赁业劳务，采取预收款方式的，其纳税义务发生时间为收到预收款的当天。

(3)纳税人将不动产或者土地使用权无偿赠送其他单位或者个人的，其纳税义务发生时间为不动产所有权、土地使用权转移的当天。

(4)纳税人发生自建行为的，其纳税义务发生时间为销售自建建筑物的时间。

(5)发生扣缴义务的，其纳税义务发生时间为扣缴义务人代纳税人收讫营业收入款项或取得索取营业收入款项凭证当天。取得索取营业收入款项凭据的当天，为书面合同确定的付款日期的当天；未签订书面合同或者书面合同未确定付款日期的，为应税行为完成的当天。

### (二)纳税期限

营业税的纳税期限分别为5日、10日、15日、1个月或者1个季度。纳税人的具体纳税期限，由主管税务机关根据纳税人应纳税额的大小分别核定；不能按照固定期限纳税的，可以按次纳税。

纳税人以1个月或者1个季度为一个纳税期的，自期满之日起15日内申报纳税；以5日、10日或者15日为一个纳税期的，自期满之日起5日内预缴税款，于次月1日起15日内申报纳税并结清上月应纳税款。扣缴义务人解缴税款期限，比照上述规定执行。

银行、财务公司、信托投资公司、信用社、外国企业常驻代表机构的纳税期限为1个季度。自纳税期满之日起10日内申报纳税。其他纳税人从事金融业务，应按月申报纳税。

### （三）营业税的纳税地点

营业税的纳税地点是根据纳税人的不同情况和便于征收管理的原则确定的。

（1）纳税人提供应税劳务应当向其机构所在地或者居住地的主管税务机关申报纳税。但是，纳税人提供的建筑业劳务以及国务院财政、税务主管部门规定的其他应税劳务，应当向应税劳务发生地的主管税务机关申报纳税。

（2）纳税人转让无形资产应当向其机构所在地或者居住地的主管税务机关申报纳税。但是，纳税人转让、出租土地使用权，应当向土地所在地的主管税务机关申报纳税。

（3）纳税人销售、出租不动产应当向不动产所在地的主管税务机关申报纳税。

（4）扣缴义务人应当向其机构所在地或者居住地的主管税务机关申报缴纳其扣缴的税款。

## 二、营业税的纳税申报

纳税人无论取得的是应税的营业额还是免税的收入，都应在当期按《营业税暂行条例》有关规定及时办理纳税申报手续，并如实填写营业税纳税申报表及附表。

营业税纳税申报表的格式和内容见表4-2。

## 【纳税申报工作实例】

某建筑公司2014年5月份发生下列业务。

（1）承接一项住宅工程，5月份收到工程款2 000万元。

（2）签订一项饭店装修工程，6月份收到工程款400万元。

（3）公司内设的非独立核算的宾馆，取得客房收入5万元，餐饮收入8万元。

（4）公司本月自建的一幢房屋竣工，工程成本900万元，成本利润率为10%，取得出售收入1 200万元。

请对该建筑公司本月的应纳营业税进行计算，并填写纳税申报表格。

**【解析】**

（1）建筑业承包业务应纳营业税 $=2\,000\times3\%=60$（万元）

（2）建筑装饰业务应纳营业税 $=400\times3\%=12$（万元）

（3）客房、餐饮服务业应纳营业税 $=(5+8)\times5\%=0.65$（万元）

（4）自建房屋对外销售按建筑业缴纳营业税。

建筑业应纳营业税 $=900\times(1+10\%)\div(1-3\%)\times3\%=30.618\,6$（万元）

销售不动产应纳营业税 $=1\,200\times5\%=60$（万元）

应纳营业税总额 $=60+12+0.65+30.618\,6+60=163.268\,6$（万元）

## 表 4-2　营业税、城市维护建设税、教育费附加、文化事业建设费申报表

纳税人识别号：
纳税人名称：(公章)
税款所属时间：自 2014 年 5 月 1 日至 2014 年 5 月 31 日
填表日期：2014 年 6 月 10 日　　　　金额单位：元(列至角分)

| 纳税人名称(公章) | | | | | 经营地址 | | | | | |
|---|---|---|---|---|---|---|---|---|---|---|
| 纳税人识别号 | | | 电话 | | 经济性质 | | 开户银行 | | 账号 | |
| 项目 | | | 应税收入 | 本期实际减除金额 | 应税营业额(计征金额) | 适用税(费)率 | 应纳税额 | 减免税额 | 已缴税额 | 应征(退)税额 |
| 营业税 | 税目 | 子目 | 1 | 2 | 3 = 1 - 2 | 4 | 5 = 3 × 4 | 6 | 7 | 8 = 5 - 6 - 7 |
| | 建筑业 | | 34 206 186 | | 34 206 186 | 3% | 1 026 186 | | | 1 026 186 |
| | 服务业 | | 130 000 | | 130 000 | 5% | 6 500 | | | 6 500 |
| | 销售不动产 | | 12 000 000 | | 12 000 000 | 5% | 600 000 | | | 600 000 |
| | | | | | | | | | | |
| | | | | | | | | | | |
| | | | | | | | | | | |
| | 合计 | | 46 336 186 | | 46 336 186 | | 1 632 686 | | | 1 632 686 |
| 城市维护建设税 | 营业税 | | | | | | | | | |
| | 增值税、消费税 | | | | | | | | | |
| | 经批准免抵增值税额(生产企业) | | | | | | | | | |
| | 免、抵、退应退税额(生产企业一般纳税人) | | | | | | | | | |
| | 合计 | | | | | | | | | |
| 教育费附加 | | | | | | | | | | |
| 地方教育费附加 | | | | | | | | | | |
| 文化事业建设费 | | | | | | | | | | |
| 总计 | | | | | | | | | | |

纳税人声明：

此纳税申报表是根据中华人民共和国有关税收法规填报的，我确认它是真实、可靠、完整的。如有不实，我愿承担法律责任。

法人代表(单位负责人)：

(公章)
年　月　日

**填　表　说　明**

1. 本表适用于营业税、城市维护建设税、教育费附加、地方教育费附加、文化事业建设费的纳税申报。经主管税务机关核准实行简易申报方式的纳税人和仅办理一般登记的建筑业项目，不填报本表。
2. 无论本期有无税款，均应填写此报表，否则按未申报处理。
3. 第 1 栏“应税收入”：填报纳税人当期取得的全部价款和价外费用之和。
4. 第 2 栏“本期实际减除金额”：不为 0 时，应填报营业税计税营业额减除项目申报表。
5. 第 3 栏“应税营业额(计征金额)”：应税营业额填写营业税计税依据；计征金额填写城市维护建设税、教育费附加、地方教育费附加、文化事业建设费的计征依据。其中城市维护建设税(经批准免抵增值税额(生产企业))填写国税机关正常审核出具的生产企业出口免抵退税审批通知单上注明的“免抵税额”。
6. 第 6 栏“减免税额”不为 0 时，应填报减免税申报表。
7. 第 7 栏“已缴税额”填报前期多缴税额与本期已缴税额之和。
8. 本表及明细申报表“纳税人名称”填写纳税人单位名称全称，并加盖公章，不得填写简称。“税款所属时间”填写纳税人申报的营业税应纳税额的所属时间，应填写具体的起止年、月、日。“纳税人识别号”栏，填写税务机关为纳税人确定的税务管理码。“填表日期”栏，填写纳税人填写本表的具体日期。
9. 本表一式三份，纳税人按规定的申报期限向主管税务机关申报纳税，主管税务机关受理后，二份税务机关留存，一份纳税人留存。

# 任务4 营业税改征增值税试点

## 一、交通运输业、邮政业和部分现代服务业"营改增"

自从2013年8月1日,全国交通运输业(铁路运输业除外)和部分现代服务业都实施了"营改增"试点。自2014年1月1日起,铁路运输和邮政业也纳入营业税改征增值税试点。

### (一)纳税人

1. 纳税人

在中华人民共和国境内提供交通运输业、邮政业和部分现代服务业服务的单位和个人,为增值税纳税人。纳税人提供应税服务,应当按照本法缴纳增值税,不再缴纳营业税。

2. 扣缴义务人

单位以承包、承租、挂靠方式经营的,承包人、承租人、挂靠人(以下统称承包人)以发包人、出租人、被挂靠人(以下统称发包人)名义对外经营并由发包人承担相关法律责任的,以该发包人为纳税人。否则,以承包人为纳税人。

3. 纳税人分类及认定标准

(1)应税服务年销售额超过500万元的纳税人为一般纳税人。

(2)应税服务年销售额未超过500万元的纳税人为小规模纳税人。

### (二)征税范围

1. 提供应税服务

应税服务是指陆路运输服务、水路运输服务、航空运输服务、管道运输服务、邮政普遍服务、邮政特殊服务、其他邮政服务、研发和技术服务、信息技术服务、文化创意服务、物流辅助服务、有形动产租赁服务、鉴证咨询服务、广播影视服务。

提供应税服务是指有偿提供应税服务,但不包括非营业活动中提供的应税服务。有偿,是指取得货币、货物或者其他经济利益。

2. 非营业活动

(1)非企业性单位按照法律和行政法规的规定,为履行国家行政管理和公共服务职能收取政府性基金或者行政事业性收费的活动。

(2)单位或者个体工商户聘用的员工为本单位或者雇主提供应税服务。

(3)单位或者个体工商户为员工提供应税服务。

(4)财政部和国家税务总局规定的其他情形。

3. 在境内提供应税服务

在境内提供应税服务是指应税服务提供方或者接受方在境内。

下列情形不属于在境内提供应税服务。

(1)境外单位或者个人向境内单位或者个人提供完全在境外消费的应税服务。

(2)境外单位或者个人向境内单位或者个人出租完全在境外使用的有形动产。

(3)财政部和国家税务总局规定的其他情形。

4. 视同提供应税服务

单位和个体工商户的下列情形,视同提供应税服务。

(1)向其他单位或者个人无偿提供交通运输业、邮政业和部分现代服务业服务,但以公益活动为目的或者以社会公众为对象的除外。

(2)财政部和国家税务总局规定的其他情形。

## (三)税目

1. 交通运输业

交通运输业包括陆路运输服务、水路运输服务、航空运输服务和管道运输服务。

2. 邮政业

邮政业包括邮政普遍服务、邮政特殊服务、其他邮政服务。

邮政普遍服务指函件、包裹等邮件寄递,以及邮票发行、报刊发行和邮政汇兑等业务活动。

邮政特殊服务指义务兵平常信函、机要通信、盲人读物和革命烈士遗物的寄递等业务活动。

其他邮政服务指邮册等邮品销售、邮政代理等业务活动。

3. 部分现代服务业

部分现代服务业包括研发和技术服务、信息技术服务、文化创意服务、物流辅助服务、有形动产租赁服务(不包括不动产租赁服务)、签证咨询服务。

1)研发和技术服务

研发和技术服务包括研发服务、技术转让服务、技术咨询服务、合同能源管理服务、工程勘察勘探服务。

2)信息技术服务

信息技术服务包括软件服务、电路设计及测试服务、信息系统服务和业务流程管理服务。

3)文化创意服务

文化创意服务包括设计服务、商标著作权转让服务、知识产权服务、广告服务和会议展览服务。

4)物流辅助服务

物流辅助服务包括航空服务、港口码头服务、货运客运场站服务、打捞救助服务、货物运输代理服务、仓储服务和装卸服务。

5)有形动产租赁服务

有形动产租赁服务包括有形动产融资租赁和有形动产经营性租赁。

6)签证咨询服务

签证咨询服务包括认证服务、签证服务和咨询服务。签证服务包括会计、税务、资产评估、律所、房地产土地评估、工程造价的签证。

### (四)税率

(1)提供有形动产租赁服务:17%。

(2)提供交通运输业、其他邮政业服务:11%。(邮政业提供的快递服务,就其交通运输部分适用11%税率,就其收派服务适用6%税率)。

(3)提供现代服务业服务(有形动产租赁服务除外):6%。

(4)财政部和国家税务总局规定的应税服务,税率为零。

(5)增值税的征收率:3%。

征收率适用于小规模纳税人以及一般纳税人适用简易方法计税的特定项目,如轮客渡、公交客运、轨道交通和出租车。

### (五)计税方法

增值税的计税方法包括一般计税方法和简易计税方法。

(1)一般纳税人提供应税服务适用一般计税方法计税。

一般纳税人提供财政部和国家税务总局规定的特定应税服务,可以选择适用简易计税方法计税,但一经选择,36个月内不得变更。

(2)小规模纳税人提供应税服务适用简易计税方法计税。

(3)境外单位或者个人在境内提供应税服务,在境内未设有经营机构的,扣缴义务人按照下列公式计算应扣缴税额:

应扣缴税额 = 接受方支付的价款 ÷ (1 + 税率) × 税率

一般纳税人提供的公共交通运输服务(包括轮客渡、公交客运、轨道交通和出租车)可以选择适用简易计税方法计税,一经选择,36个月内不得变更。

### (六)应纳税额的计算

1. 一般计税方法

一般计税方法的应纳税额,是指当期销项税额抵扣当期进项税额后的余额。应纳税额计算公式:

应纳税额 = 当期销项税额 - 当期进项税额

当期销项税额小于当期进项税额不足抵扣时,其不足部分可以结转下期继续抵扣。

1)销项税额

销项税额是指纳税人提供应税服务按照销售额和增值税税率计算的增值税额。销项税额计算公式:

销项税额 = 销售额 × 税率

一般计税方法的销售额不包括销项税额,纳税人采用销售额和销项税额合并定价方法的,按照下列公式计算销售额:

销售额 = 含税销售额 ÷ (1 + 税率)

## 【知识链接】4-1

纳税义务发生时间如何确定?

①纳税人提供应税服务并收讫销售款项或者取得索取销售款项凭据的当天；先开具发票的，为开具发票的当天。

注意：收讫销售款项，是指纳税人在提供应税服务过程中或者完成后收到的款项。取得索取销售款凭据的当天，是指书面合同确定的付款日期；未签订书面合同或者书面合同未确定付款日期的，为应税服务完成的当天。

②纳税人提供有形动产租赁服务采取预收款方式的，其纳税义务发生时间为收到预收款的当天。

③纳税人发生视同提供应税服务的，其纳税义务发生时间为应税服务完成的当天。

④增值税扣缴义务发生时间为纳税人增值税纳税义务发生的当天。

2）进项税额

进项税额是指纳税人购进货物或者接受加工修理修配劳务和应税服务，支付或者负担的增值税额。

下列进项税额准予从销项税额中抵扣。

（1）从销售方或者提供方取得的增值税专用发票（含货物运输业增值税专用发票、税控机动车销售统一发票，下同）上注明的增值税额。

（2）从海关取得的海关进口增值税专用缴款书上注明的增值税额。

（3）购进农产品，除取得增值税专用发票或者海关进口增值税专用缴款书外，按照农产品收购发票或者销售发票上注明的农产品买价和13%的扣除率计算的进项税额。计算公式为

进项税额＝买价×扣除率

买价是指纳税人购进农产品在农产品收购发票或者销售发票上注明的价款和按照规定缴纳的烟叶税。

购进农产品，按照《农产品增值税进项税额核定扣除试点实施办法》抵扣进项税额的除外。

（4）接受境外单位或者个人提供的应税服务，从税务机关或者境内代理人取得的解缴税款的中华人民共和国税收缴款凭证（以下称税收缴款凭证）上注明的增值税额。

（5）纳税人取得的增值税扣税凭证不符合法律、行政法规或者国家税务总局有关规定的，其进项税额不得从销项税额中抵扣。

增值税扣税凭证是指增值税专用发票、海关进口增值税专用缴款书、农产品收购发票、农产品销售发票和税收缴款凭证。

纳税人凭税收缴款凭证抵扣进项税额的，应当具备书面合同、付款证明和境外单位的对账单或者发票。资料不全的，其进项税额不得从销项税额中抵扣。

## 【知识链接】4-2

不得从销项税额中抵扣的进项税额有哪些项目？

①用于简易计税方法计税项目、非增值税应税项目、免征增值税项目、集体福利或者个人消费的购进货物、接受加工修理修配劳务或者应税服务。其中涉及的固定资产、专利技

术、非专利技术、商誉、商标、著作权、有形动产租赁,仅指专用于上述项目的固定资产、专利技术、非专利技术、商誉、商标、著作权、有形动产租赁。

②非正常损失的购进货物及相关的加工修理修配劳务或者交通运输业服务。

③非正常损失的在产品、产成品所耗用的购进货物(不包括固定资产)、加工修理修配劳务或者交通运输业服务。

④接受的旅客运输服务。

非增值税应税项目,是指非增值税应税劳务、转让无形资产(专利技术、非专利技术、商誉、商标、著作权除外)、销售不动产以及不动产在建工程。

非正常损失,是指因管理不善造成被盗、丢失、霉烂变质的损失,以及被执法部门依法没收或者强令自行销毁的货物。

适用一般计税方法的纳税人,兼营简易计税方法计税项目、非增值税应税劳务、免征增值税项目而无法划分不得抵扣的进项税额,按照下列公式计算不得抵扣的进项税额。

不得抵扣的进项税额 = 当期无法划分的全部进项税额 ×(当期简易计税方法计税项目销售额 + 非增值税应税劳务营业额 + 免征增值税项目销售额)÷(当期全部销售额 + 当期全部营业额)

主管税务机关可以按照上述公式依据年度数据对不得抵扣的进项税额进行清算。

3)进项税额的其他情形

**【例 4-13】** 某试点地区一般纳税人 2013 年 3 月取得交通运输收入 111 万元(含税),当月外购汽油 10 万元,购入运输车辆 20 万元(不含税金额,取得增值税专用发票),发生的联运支出 50 万元(不含税金额,由试点地区纳税人提供增税专用发票)。计算该纳税人 2013 年 3 月应纳的增值税为多少。

**【解析】** 该纳税人 2013 年 3 月应纳的增值税 $= 111 \div (1 + 11\%) \times 11\% - 10 \times 17\% - 20 \times 17\% - 50 \times 11\% = 11 - 1.7 - 3.4 - 5.5 = 0.4$(万元)

**【例 4-14】** 北京市某广告代理公司已被认定为增值税一般纳税人。2013 年 3 月,该公司取得广告制作费 800 万元(含税),支付给山西某媒体的广告发布费为 400 万元,所取得的发票为合法有效凭证。已知,当期该广告公司可以抵扣的进项税额为 15 万元,该广告公司适用的增值税税率为 6%。则当月该广告公司需缴纳的增值税为(　　)万元。

A. 30.28　　B. 7.64　　C. 9　　D. 43.11

**【解析】** 应选 B。①根据营业税法律制度的规定,从事广告代理业务的,以其全部收入减去支付给其他广告公司或广告发布费后的余额为营业额;②某个税目如果当年缴纳营业税时实行"差额征税",那么,这次"营改增"也实行"差额征税";③该广告公司当月需缴纳的增值税 $= (800 - 400) \div (1 + 6\%) \times 6\% - 15 = 7.64$(万元)。

2. 简易计税方法

简易计税方法的应纳税额,是指按照销售额和增值税征收率计算的增值税额,不得抵扣进项税额。

简易计税方法应纳税额计算公式:

应纳税额 = 销售额 × 征收率

简易计税方法的销售额不包括其应纳税额，纳税人采用销售额和应纳税额合并定价方法的，按照下列公式计算销售额：

销售额＝含税销售额÷(1＋征收率)

纳税人提供的适用简易计税方法计税的应税服务，因服务中止或者折让而退还给接受方的销售额，应当从当期销售额中扣减。扣减当期销售额后仍有余额造成多缴的税款，可以从以后的应纳税额中扣减。

### (七)减免税规定

1. 免征增值税项目

(1)个人转让著作权。

(2)残疾人个人提供应税劳务。

(3)航空公司提供飞机播洒农药服务。

(4)试点纳税人提供技术转让、技术开发和与之相关的技术咨询、技术服务。

(5)符合条件的节能服务公司实施合同能源管理项目中提供的应税服务。

(6)中国邮政集团公司及其所属邮政企业提供的邮政普遍服务和邮政特殊服务。

(7)境内的单位和个人为出口货物提供的邮政业服务和收派服务。

(8)中国邮政集团公司及其所属邮政企业为中国邮政速递物流股份有限公司及其子公司(含各级分支机构)代办速递、物流、国际包裹、快递包裹以及礼仪业务等速递物流类业务取得的代理收入。

(9)为金融机构代办金融保险业务取得的代理收入。

(10)财政部和国家税务总局规定的其他免税项目。

2. 起征点

个人提供应税服务的销售额未达到起征点的，免征增值税；达到起征点的，按全额计算缴纳增值税。该起征点与增值税纳税人相同。

**【例4-15】**　某县邮政局为增值税小规模纳税人。假如2014年1月，按照国家规定的业务范围、服务标准和资费标准，向我国境内用户提供邮政普遍服务，取得邮政服务收入8万元。与此同时，按照国家规定办理机要通信、国家规定报刊的发行，以及义务兵平常信函、盲人读物和革命烈士遗物的免费寄递等特殊服务业务，取得特殊服务收入6万元。另外，该邮政局还取得邮册等邮品销售、邮政代理等其他邮政服务收入20.6万元。假定该单位按规定程序办理了增值税免税手续，那么，该邮政局2014年1月应如何申报缴纳增值税?

**【解析】**　根据财税〔2013〕106号文件，中国邮政集团公司及其所属邮政企业提供的邮政普遍服务和邮政特殊服务，免征增值税；提供其他邮政服务，小规模纳税人适用的增值税征收率为3%。这样，该邮政局当月提供的邮政普遍服务和邮政特殊服务不缴纳增值税。因此，该邮政局2014年1月应申报缴纳增值税＝20.6÷1.03×3%＝0.6(万元)，邮政普遍服务和邮政特殊服务14万元(8＋6＝14)，不缴纳增值税。

**【例4-16】**　某市邮政局为增值税一般纳税人。假如2014年1月，按照国家规定提供邮政普遍服务，取得邮政服务收入价税合计290万元；按照国家规定提供特殊服务业务，取得服务收入价税合计300万元。同时,提供其他邮政服务,取得服务收入价税合计111万元;提供收派服务,取得服务收入价税合计106万元。另外,该邮政局为其他企业出口货物,提供邮政业服务和收派服务收入价税合计80万元;给中国邮政速递物流股份有限公司代办业务取得代理收入价税合计60万元;为金融机构代办金融保险业务,取得代理收入价税合计70万元。已知该邮政局当月共取得符合抵扣条件的增值税进项税额30万元,但无法准确划分征免税进项税额。假定该单位按规定程序办理了增值税免税手续,那么,该邮政局2014年1月应如何申报缴纳增值税?

**政策解读:**根据财税〔2013〕106号文件,邮政业在境内提供的其他邮政服务,适用11%的增值税税率;邮政业在境内提供的收派服务,属于物流辅助服务,就其收派服务适用6%的增值税税率。

而收派服务,指接受寄件人委托,在承诺的时限内完成函件和包裹的收件、分拣、派送服务的业务活动。收件服务,指从寄件人收取函件和包裹,并运送到服务提供方同城的集散中心的业务活动;分拣服务,指服务提供方在其集散中心对函件和包裹进行归类、分发的业务活动;派送服务,指服务提供方从其集散中心将函件和包裹送达同城的收件人的业务活动。

与此同时,财税〔2013〕106号文件还规定,中国邮政集团公司及其所属邮政企业提供的邮政普遍服务和邮政特殊服务,免征增值税;境内的单位和个人为出口货物提供的邮政业服务和收派服务,免征增值税;另外,财税〔2013〕106号文件还延续了邮政业服务原营业税优惠政策规定,即自2014年1月1日至2015年12月31日,中国邮政集团公司及其所属邮政企业为中国邮政速递物流股份有限公司及其子公司(含各级分支机构)代办速递、物流、国际包裹、快递包裹以及礼仪业务等速递物流类业务取得的代理收入,以及为金融机构代办金融保险业务取得的代理收入,免征增值税。

**【解析】** 据此,该市邮政局2014年1月份增值税计算过程如下。

(1)免税收入部分:$290+300+80+60+70=800$(万元)。

(2)应税收入价税合计:$111+106=217$(万元)。

(3)应税收入不含税收入:$111\div1.11+106\div1.06=200$(万元)。

(4)进项税额转出:$30\times[800\div(800+200)]=24$(万元)。

(5)应申报缴纳增值税:$(111\div1.11\times11\%)+(106\div1.06\times6\%)-(30-24)=11$(万元)。

(6)应申报增值税免税收入800万元。

最后,值得注意的是:根据财税〔2013〕106号文件,邮政储蓄业务按照"金融保险业"税目征收营业税,不属于这次营业税改征增值税的范围。

## 二、电信业"营改增"试点

我国从2014年6月1日起,将电信业纳入"营改增"试点范围,实行差异化税率,基础电信服务和增值电信服务分别适用11%和6%的税率,为境外单位提供电信业服务免征增值税。

### （一）纳税人

在中华人民共和国境内（以下称境内）提供电信业服务的单位和个人，为增值税纳税人，应当按照《财政部、国家税务总局关于将电信业纳入营业税改征增值税试点的通知》（财税〔2014〕43 号）和《财政部国家税务总局关于将铁路运输和邮政业纳入营业税改征增值税试点的通知》（财税〔2013〕106 号）的规定缴纳增值税，不再缴纳营业税。

### （二）应税服务范围

电信业，是指利用有线、无线的电磁系统或者光电系统等各种通信网络资源，提供语音通话服务，传送、发射、接收或者应用图像、短信等电子数据和信息的业务活动。包括基础电信服务和增值电信服务。

基础电信服务，是指利用固网、移动网、卫星、互联网，提供语音通话服务的业务活动，以及出租或者出售带宽、波长等网络元素的业务活动。

增值电信服务，是指利用固网、移动网、卫星、互联网、有线电视网络，提供短信和彩信服务、电子数据和信息的传输及应用服务、互联网接入服务等业务活动。卫星电视信号落地转接服务，按照增值电信服务计算缴纳增值税。

### （三）税率

提供基础电信服务，税率为 11%。提供增值电信服务，税率为 6%。

### （四）计税依据

（1）纳税人提供电信业服务时，附带赠送用户识别卡、电信终端等货物或者电信业服务的，应将其取得的全部价款和价外费用进行分别核算，按各自适用的税率计算缴纳增值税。

（2）中国移动通信集团公司、中国联通网络通信集团有限公司、中国电信集团公司及其成员单位通过手机短信公益特服号为公益性机构接受捐款服务，以其取得的全部价款和价外费用，扣除支付给公益性机构捐款后的余额为销售额。

### （五）免税规定

（1）境内单位和个人向中华人民共和国境外单位提供电信业服务，免征增值税。

（2）以积分兑换形式赠送的电信业服务，不征收增值税。

### （六）其他规定

在 2015 年 12 月 31 日以前，境内单位中的一般纳税人通过卫星提供的语音通话服务、电子数据和信息的传输服务，可以选择按照简易计税方法计算缴纳增值税。

## 【任务小结】

营业税是对在我国境内提供应税劳务、转让无形资产或销售不动产所取得的营业额为课税对象而征收的一种税，税法规定了营业税的纳税人和扣缴义务人。

现行营业税包括七个税目，分别是建筑业、金融保险业、文化体育业、娱乐业、服务业、转让无形资产和销售不动产。营业税按行业设置有差别的比例税率，分别为 3%、5%、20% 三档。

营业税的计算有按营业收入全额计算、按营业收入差额计算和按组成价格计算三种方法。营业税的账务处理包括提供营业税应税劳务的账务处理、销售不动产账务处理和转让无形资产账务处理。营业税纳税人应在规定的期限内,填写最新的营业税纳税申报表,进行纳税申报。

我国目前的“营改增”涉及交通运输业、现代服务业、邮政业和电信业行业的企业。“营改增”的税率有17%、11%、6%和0%,征收率为3%。“营改增”的一般纳税人采用一般计税方法计算应纳税额。“营改增”的小规模纳税人采用简易计税方法计算应纳税额。

## 任务训练

**一、单项选择训练**

1. 营业税的纳税人是指在中华人民共和国境内(  )的单位和个人。

A. 提供应税劳务及转让无形资产

B. 销售商品、提供应税劳务及销售不动产

C. 销售商品及不动产

D. 提供应税劳务、转让无形资产及销售不动产

2. 下列各项中,可以作为营业税计税依据的是(  )。

A. 广告代理企业向委托方收取的全部价款　B. 融资租赁业务中的租赁费

C. 无形资产投资入股时的评估价值　D. 保险业的全部保费收入

3. 转让无形资产所有权或使用权的行为,应征收(  )。

A. 增值税　B. 消费税　C. 营业税　D. 证券交易税

4. 营业税按(  )划分设置税目。

A. 纳税人　B. 计税依据　C. 应税产品　D. 行业

5. 对宾馆、饭店营业收入计征营业税时,按(  )的税率征收。

A. 3%　B. 5%　C. 8%　D. 10%

6. 某建筑公司将自建的一座办公楼销售,销售价格为5 000万元,生产成本为4 500万元,则该建筑公司应该如何纳税?(  )

A. 自建行为按建筑业纳营业税、销售行为按销售不动产纳营业税

B. 自建行为不纳营业税、销售行为按销售不动产纳营业税

C. 自建行为按建筑业纳营业税、销售行为不纳营业税

D. 自建行为与销售行为都不纳营业税

7. 下列行为中,不征收营业税的是(  )。

A. 销售房地产　B. 金融机构从事外汇买卖

C. 提供一项修理业务　D. 包工包料提供装潢业务

8. 某旅游公司将下属的独立核算的宾馆承包给个体户黄某经营,则该宾馆的营业税纳税人为(  )。

A. 旅游公司　B. 宾馆　C. 黄某　D. 旅游公司与黄某

9. 银行的再贴现、转贴现业务取得的收入(　　)。

A. 以取得收入的金额计征营业税　　B. 以取得收入的差额计征营业税

C. 暂不征收营业税　　D. 征收增值税

10. 装卸搬运业务适用的营业税税率为(　　)。

A. 3%　　B. 5%　　C. 6%　　D. 8%

11. 纳税人从事建筑、修缮、装饰工程作业,若采用"包工不包料"方式给付工程劳务价款,其计税依据应为(　　)。

A. 劳务价款总收入额　　B. 工程总造价

C. 工程总造价扣除劳务价款后的余额　　D. 工程总造价扣除所用原材料后的余额

12. 对外汇、有价证券、期货买卖业务以(　　)为计税依据计营业税。

A. 卖出价　　B. 买入价

C. 卖出价减买入价后的余额　　D. 卖出价加有关费用后的总额

13. 纳税人跨省、自治区、直辖市承包工程的,应向(　　)主管税务机关申报纳税。

A. 机构所在地　　B. 劳务发生地　　C. 营业收入结算地　　D. 纳税人居住地

14. 提供有形动产租赁服务的税率为(　　)。

A. 11%　　B. 6%　　C. 13%　　D. 17%

15. 一般纳税人提供财政部和国家税务总局规定的特定应税服务,可以选择适用简易计税方法计税,但一经选择,(　　)个月内不得变更。

A. 6　　B. 12　　C. 24　　D. 36

**二、多项选择训练**

1. 下列项目中,不属于营业税征税范围的项目有(　　)。

A. 转让的无形资产在境外使用　　B. 在境外组织入境旅游

C. 境内保险机构为出口货物提供保险　　D. 境外保险公司为境内货物提供保险

2. 下列确定营业税计税依据的说法中,错误的是(　　)。

A. 广告代理业向委托方收取的全部价款和价外费用

B. 拍卖行受托拍卖物品的成交额

C. 金融商品转让卖出价减买入价的差额

D. 代销货物的手续费

3. 某建筑公司自建一幢两层综合楼,下列处理方法正确的是(　　)。

A. 自用不纳营业税　　B. 自用按建筑业纳营业税

C. 出售按建筑业纳营业税　　D. 出售按销售不动产纳营业税

4. 下列行为哪些视同销售不动产,按销售不动产征收营业税?(　　)

A. 以转让不动产有限产权方式销售建筑物的

B. 以转让不动产永久使用权方式销售建筑物的

C. 单位将不动产无偿赠予他人的

D. 单位将不动产租给他人使用的

5. 下列哪些行为不征营业税?(　　)

A. 以不动产入股,参与接受投资方的利润分配,共同承担投资风险的行为

B. 政府出让土地使用权收取的出让金

C. 金融机构往来业务

D. 单位聘用的员工,为本单位提供应税劳务取得的收入

6. 营业税是对在我国境内(　　)的单位和个人,就其营业收入征收的一种税。

A. 提供应税劳务　B. 转让无形资产　C. 销售不动产　D. 进口货物

7. 下列经营项目免征营业税的是(　　)。

A. 幼儿园的育养服务　B. 医院的病房住宿及伙食业务

C. 农牧业保险　D. 个人转让著作权

8. 下列应税行为,免征增值税的有(　　)。

A. 邮政普通服务　B. 邮政特殊服务

C. 其他邮政服务　D. 为境外单位提供电信业服务

**三、业务训练**

1. 某运输公司 2014 年 3 月运费总收入为 300 000 元,其中付给其他联运企业 50 000 元,本企业下设的一家餐厅本月营业额为 40 000 元,附属的小卖部本月的含增值税的销售收入为 30 000 元,则该公司本月应纳的营业税和增值税是多少?

2. 某歌星 2014 年 2 月举办专场演唱会,租用体育馆作为演唱场所,租金协定为每场 50 000 元,并由体育馆代其售票,该歌星共演唱三场,取得票价收入 80 万元,其经纪人刘某按票价收入的 2% 抽取佣金。

要求:计算该歌星应缴纳的营业税。

3. 某试点地区一般纳税人 2013 年 3 月取得交通运输收入 111 万元(含税),当月外购汽油 10 万元,购入运输车辆 20 万元(不含税金额,取得增值税专用发票),发生的联运支出 40 万元(不含税金额,试点地区纳税人提供,取得专用发票)。计算该纳税人应缴纳的增值税。

4. 某国有运输公司 2014 年 10 月发生下列业务:

(1)为一单位运输货物一次,开具的发票上注明价款 3 万元,款项已通过银行收讫;

(2)与另一运输单位合作提供一次联运货物业务,共收取货物运输等运杂费 30 万元,支付给另一运输企业运杂费 16 万元;

(3)公司所属一独立核算的招待所,当月取得住宿费收入 2 万元,餐饮费收入 0.8 万元;

(4)销售自购的一项不动产,原值 20 万元,售价 35 万元,价款已收讫;

(5)销售单位的一项无形资产,取得收入 9 万元。

计算该公司当月应纳的增值税和营业税并进行相应的账务处理。

# 项目五　关税核算与申报

| 知识目标 | 能力目标 |
| --- | --- |
| 1. 明确关税的纳税人和征税对象。<br>2. 掌握以成交价格为基础确定的关税完税价格。<br>3. 掌握进口货物和出口货物关税应纳税额的计算。<br>4. 掌握自营和委托进出口货物关税应纳税额的税务处理。 | 1. 能够进行进口货物和出口货物关税应纳税额的计算。<br>2. 能够完成自营和委托进出口货物关税应纳税额的税务处理。<br>3. 准确、及时地独立完成关税纳税申报业务，保证进出口货物及时通关。 |

**【任务导入】**

A 市电视台决定从美国进口一台电视转播车。财务部长安排会计小李测算进口转播车的价款，并起草一份申请报告。小李犯难了，电视台这几年没有发生过进出口业务，他也没有这方面的经验积累。头脑灵活的小李，打电话咨询进出口公司的熟人，并委托他们做一份比较详细的预算，以便在委托代理过程中实施。

随后，小李向领导做了书面汇报。内容包括：为什么要委托进出口公司代理进口，进口电视转播车能否享受减免税优惠，进口电视转播车的税率是多少，进口关税是多少，进口环节应缴纳的增值税，以及运费、保险费等的计算过程。一份清清楚楚的预算报告呈现在财务部长桌面上。财务部长看后感到很满意。

那么，什么是关税，什么是关税完税价格，什么是税则列号，如何计算关税，进出口货物的关税优惠政策，以及关税如何进行纳税核算和申报，通过本项目学习，我们将要解决这些问题。

## 任务 1　认识关税

### 一、关税的基本概念

《中华人民共和国进出口关税条例》于 2003 年 10 月 29 日由国务院第二十六次常务会议公布，自 2004 年 1 月 1 日起施行。

#### （一）关税的概念

关税是由海关对我国准许进出关境的货物、物品征收的一种税。

### (二)国境、关境的概念

国境与关境,是两个不同的概念。

国境是一个国家,以边界为限,行使主权的境域,包括一个国家的全部领土、领海和领空。

关境是一个国家关税法令施行的境域,或者说,是海关征收关税的地域。

一般情况下,国境与关境是一致的,国境就是关境,关境也就是国境。但是,由于自由贸易区、自由港和关税同盟的存在,二者之间也有一定区别。比如,在国内设立自由贸易港、自由贸易区、保税区或保税仓库时,关境就小于国境。如果几个国家组成关税同盟,各成员国之间的贸易不缴纳关税,这时,关境便大于国境,比如欧洲联盟。

## 二、关税的纳税人

关税的纳税人包括进口货物的收货人、出口货物的发货人以及进出境物品的所有人。

贸易性商品的关税纳税人是经营进出口货物的收、发货人,也就是依法取得对外贸易经营进出口货物的法人或其他社会团体。

进出境物品的关税纳税人是进出境物品的所有人或推定为所有人的人。

一般情况下,对携带进境的物品,推定携带人为所有人;对分离运输的行李物品,推定相应的进出境旅客为所有人;以邮递方式进境的物品,推定收件人为所有人;以邮递或其他运输方式出境的物品,推定寄件人或托运人为所有人。

## 三、关税的征税对象

关税的征税对象,是国家允许进出口的货物或物品。

“货物”是指贸易性商品。

“物品”指入境旅客随身携带的行李物品、个人邮递物品、各种运输工具上服务人员携带进口的自用物品、馈赠物品,以及以其他方式进入关境的个人物品。

关税的征税范围与征税对象密切相关。可以说,除国家规定享受减(免)税的货物,可以免征或减征关税外,所有进口货物和少数出口货物,均属于关税的征税范围。

## 四、关税的税率

关税的税目和税率由《海关进出口税则》规定。《海关进出口税则》是国家通过立法程序制定并实施的进出口货物和物品税率表。

进出口货物应当适用海关接受该货物申报进口或者出口之日实施的税率。

关税税率为差别比例税率,分为进口关税税率、出口关税税率和特别关税。

### (一)进口关税税率

自 2002 年 1 月 1 日起,我国进口税则设有最惠国税率、协定税率、特惠税率、普通税率、关税配额税率等几种。

不同税率的运用,以进口货物的原产地为标准。

我国对原产地规定，基本上采用了“全部产地生产标准”和“实质性加工标准”两种国际上通用的原产地标准。

“全部产地生产标准”，是指进口货物完全在一个国家内生产或制造，该生产国即为该货物的原产国。

“实质性加工标准”，适用于确定有两个或两个以上国家参与生产的产品原产国标准。即经过几个国家加工、制造的进口货物，以最后一个对货物进行经济上可视为实质性加工的国家，作为货物的原产国。

1. 最惠国税率

适用原产于与我国共同适用最惠国待遇条款的世贸组织成员国的进口货物，原产于与我国签订含有相互给予最惠国待遇条款的双边贸易协定的国家或地区进口货物，以及原产于我国境内的进口货物。

2. 协定税率

适用原产于与我国签订含有关税优惠条款的区域性贸易协定有关缔约方的进口货物。

3. 特惠税率

适用原产于与我国签订有特殊优惠关税协定的国家或地区的进口货物，如曼谷协定税率。

4. 普通税率

适用原产于上述所列国家或地区以外的其他国家或地区的进口货物。

此外，根据经济发展需要，国家对部分进口原材料、零部件、农药原料和中间体、乐器等，实行暂定税率。

### （二）出口关税税率

我国出口税则为一栏税率，即出口税率。国家仅对少数资源性产品及易于竞相杀价、盲目进口、需要规范出口秩序的半制成品征收出口关税。

我国真正征收出口关税的商品只有 20 种，税率也较低。现行税则，仅对鳗鱼苗、对虾、粟、生漆、钨矿砂、山羊板皮、锑以及生丝等少数商品征收出口关税。

### （三）特别关税

特别关税包括报复性关税、反倾销关税和反补贴关税、保障性关税。

1. 报复性关税

报复性关税是对违反与我国签订或者共同参加的贸易协定及相关协定，对我国在贸易方面采取禁止、限制、加征关税或者其他影响正常贸易的国家或地区采取的一种进口附加税。

2. 反倾销和反补贴关税

反倾销和反补贴关税指进口国海关对外国的倾销货物，在征收关税的同时，附加征收的一种特别关税，其目的在于抵消他国的补贴。

3. 保障性关税

保障性关税是指当某类货物进口量剧增，对我国的相关产业带来巨大威胁或损害时，按照WTO的有关规则,采取的提高关税的形式。

## 五、关税的减免税优惠

关税的减免税分为法定减免税、特定减免税和临时减免税三种类型。按照《中华人民共和国海关法》(以下简称《海关法》)规定,除法定减免税以外的其他减免税,均由国务院决定。

### (一)法定减免税

法定减免税是指根据《海关法》和《进出口关税条例》规定的减免税。法定减免税货物出口时,纳税人不需要提出申请,海关可按规定直接予以减免。目前,按照我国《海关法》和《进出口关税条例》规定,享受减免税的货物主要有以下种类。

(1)关税税额在人民币50元以下的一票货物。

(2)无商业价值的广告品和货样。

(3)外国政府、国际组织无偿赠送的物资。

(4)进出境运输工具装载的途中必需的燃料、物料和饮食用品。

(5)经海关核准暂时进境或者暂时出境,并在6个月内复运出境或者复运进境的货样、展览品、施工机械、工程车辆、工程船舶、供安装设备时使用的仪器和工具、电视或电影摄制器械、盛装货物的容器以及剧团服装道具,在货物收、发人向海关缴纳相当于税款的保证金或者提供担保后,可暂予免税。

(6)为境外厂商加工、装配成品,为制造外销产品而进口的原材料、辅料、零件、部件、配套件和包装物料,海关按照实际加工出口的成品数量免征进口关税;或者对进口料件先征进口关税,再按照实际加工出口的成品数量予以退税。

### (二)特定减免税

特定减免税,也称政策性减免税,是指在法定减免以外,由国务院或国务院授权的机关颁布法规或规章,特别规定的减免税。特定减免税的货物,一般有地区、企业和用途的限制,海关需要进行后续管理,并进行减免税统计。

1. 科教用品

为促进我国科研、教育事业的发展,国务院制定了《科学研究和教学用品免征进口税收暂行规定》。

2. 残疾人专用品

为支持残疾人康复工作,国务院制定了《残疾人专用品免征进口税收暂行规定》。

3. 扶贫、慈善性捐赠物资

为促进公益事业发展,经国务院批准,财政部和国家税务总局、海关总署发布了《扶贫、慈善性捐赠物资免征进口税收暂行办法》。

4. 加工贸易产品

(1)加工装配和补偿贸易。进境料件不予征税,准许在境内保税加工为成品后返销出口。

(2)进料加工。对专为加工出口商品而进口的料件,海关按实际加工复出口的数量,免征进口税,加工的成品出口,免征出口税,但内销料件及成品照章征税。

5. 边境贸易进口物资

边境贸易有边民互市贸易和边境小额贸易两种形式。边民通过互市贸易进口的商品,每人每日价值在3 000元以下的,免征进口关税和进口环节增值税。边境小额贸易企业通过指定的边境口岸进口原产于比邻国家的商品,除烟、酒、化妆品以及国家规定必须照章征税的其他商品外,进口关税和进口环节增值税减半征收。

6. 保税区进口货物

进口供保税区使用的机器、设备、基建物资、生产用车辆,为加工出口产品进口的原材料、零部件、元器件、包装物料,供储存的转口货物以及在保税区内加工运输出境的产品免征进口环节关税和增值税;保税区内企业进口专为生产加工出口产品所需的原材料、零部件、元器件、包装物料,以及转口货物予以保税;从保税区运往境外的货物,一般免征出口关税。

7. 出口加工区的进口货物

从境外进入区内的生产性基础设施建设项目所需的机器、设备和建设厂房、仓储设施所需的基建物资,区内企业生产所需的机器、设备、模具及维修用零配件,区内企业和行政管理机构自用合理的办公用品,免征进口关税和进口环节增值税;区内企业为加工出口产品所需的原材料、零部件、包装物料以及消耗性材料,予以保税;对加工区运往区外的货物,海关按照对进口货物的有关规定办理报关手续,并按照制成品征税;对从区外进入加工区的货物视同出口,可按规定办理出口退税。

8. 进口设备

自1998年1月1日起,对国家鼓励发展的国内投资项目和外商投资项目进口设备,在规定范围内免征进口关税和进口环节增值税。

9. 特定行业或用途的减免税政策

为了支持我国海洋和陆上特定地区的石油、天然气开采业,对相关项目进口国内不能生产或性能不能满足要求的直接用于开采作业的设备、仪器、零配件、专用工具,免征进口关税和进口环节增值税。

### (三)临时减免

临时减免是指在法定和特定减免税以外的其他减免税,即由国务院根据《海关法》对某个单位、某类商品、某个项目或某批进出口货物的特殊情况,给予特别照顾,一案一批、专文下达的减免税。

## 【知识链接】5-1

《中英南京条约》与关税。

协定关税,又称协定税率,是关税税则制度的一种。它是一个国家根据与他国缔结的条约或贸易协定,对进出口商品规定的税率。有双边、多边和片面协定关税等多种。前两种一般是平等互利的,是为了促进经济发展。但是,片面协定关税,则是帝国主义强加给殖民地半殖民地国家的,缔约国双方的权利义务是不对等的,最典型的,要数《中英南京条约》。

19世纪中叶开始,中国被强迫与列强订立了片面的协定关税。1842年的《中英南京条约》规定:"英国商民居住通商之广州等五处,应纳进口、出口货税、饷夫,均宜秉公议定则例",这是中国被迫接受协定税则的开始。此后,1843年的《中英五口通商章程海关税则》中又规定,一般货物应纳税额,皆按值百抽五核计,如欲变更,则须与英人共同协议订定。1844年签订的《中美望厦条约》规定:"倘中国日后欲将税则变更,须与合众国领事馆议允。"其他一些资本主义国家,也以"利益均沾"为借口,纷纷效尤。这样,中国的关税自主权,就落入所有与中国通商的资本主义国家手中。

# 任务2　关税的计算及账务处理

## 一、关税的计税依据

关税的计税依据,就是关税的完税价格。换言之,关税完税价格是海关计征关税所依据的价格,即计税价格或应税价格。

我国《海关法》规定,进口货物的完税价格,由海关以该货物的成交价格为基础审查确定,以《海关审定进出口货物完税价格办法》,审定进出口货物的完税价格。成交价格不能确定时,完税价格由海关依法估定。

### (一)进口货物关税完税价格的确定

1.一般贸易方式进口货物关税完税价格的确定

1)以成交价格为基础确定的关税完税价格

我国《进出口税则》规定,进口货物,以到达我国口岸的到岸价格(CIF)作为完税价格。用公式表示为

进口货物的完税价格 = 到岸价格(CIF) = 成交价格 + 运费 + 保险费

进口关税 = 完税价格 × 关税税率

进口货物的关税完税价格,包括货物的货价以及货物运抵我国境内输入地点起卸前的运输费、保险费等相关费用。

进口货物的成交价格,是指买方为购买该货物,由海关按照《海关审定进出口货物完税价格办法》的规定调整后实付或应付价格。"实付或应付价格",是指买方为购买进口货物直接或间接支付的总金额。

2)由海关估定关税完税价格

进口货物的成交价格,不符合有关规定条件,或经审查不能确定的,经海关了解有关情况,并与纳税人进行价格磋商后,依次以下列价格估定该货物的关税完税价格。

(1)相同或类似货物成交价格法。即以该项进口货物从同一出口国或地区购进的相同或类似货物的最低成交价格,作为完税价格。

(2)倒扣价格法。即以被估计的进口货物、相同或类似的进口货物在境内的销售价格为基础估定完税价格。具体确定方法为:进口货物、相同或类似货物在国内市场的正常批发价格,减去进口关税和进口环节消费税,以及进口后的正常运输、储存、营业费用及利润。由于各类货物进口后的费用及利润参差不齐,难以正确计算,通常以 CIF 价格的 20% 进行计算。

2. 特殊贸易方式进口货物关税完税价格的确定

(1)运往境外加工的货物,出境时已向海关报明,并在海关规定的期限内复运进境的,应当以境外加工费和料件费,以及复运进境的运输费、保险费及其他相关费用,审查确定完税价格。

(2)运往境外修理的机械、器具、运输工具或者其他货物,出境时已向海关报明,并在海关规定的期限内复运进境的,应当以境外修理费和料件费,审查确定完税价格。

(3)以租赁方式进口的货物,以海关审查确定的该货物的租金作为完税价格。

(4)国内单位留购进口货样、展览品和广告陈列品,以海关审定的留购价格作为完税价格。

总之,进口货物以到达我国口岸的到岸价格(CIF)作为完税价格。

如果进口货物以国外口岸的离岸价格(FOB,不含运费、保险费)成交的,应另加从发货口岸或国外交货口岸运到我国口岸的运杂费、保险费作为完税价格。

如果进口货物以国外口岸的离岸价格加运费(CFR,不含保险费)成交的,应加上保险费作为完税价格。

## (二)出口货物关税完税价格的确定

1. 以成交价格为基础确定的关税完税价格

我国《进出口税则》规定,出口货物,以离开我国口岸的离岸价格(FOB)减去关税,作为完税价格。

用公式表示为

出口货物的完税价格 = 离岸价格 ÷ (1 + 出口关税税率)

出口关税 = 完税价格 × 关税税率

出口货物的关税完税价格,由海关以该货物的成交价格,以及该货物运至我国境内输出地点装载前的运输及相关费用、保险费为基础审定。

出口货物的成交价格,是指该货物出口时,卖方为出口该货物应当向买方直接收取或间接收取的价款总额。出口关税不计入关税的完税价格。出口货物的销售价格如果包括离境口岸至境外口岸的运输、保险费用,该运费和保险费,应当扣除。出口货物的成交价格中,如果含有支付给境外的佣金,应单独列示,并予扣除。

2. 海关估定的关税完税价格

出口货物的成交价格不能确定时,完税价格由海关依次使用下列方法估定:

(1)同时或大约同时向同一国家或地区出口相同货物的成交价格;

(2)同时或大约同时向同一国家或地区出口类似货物的成交价格;

(3)根据境内生产相同或类似货物的成本、利润和一般费用,以及境内发生的运输及其相关费用、保险费计算的价格;

(4)其他合理方法估定的价格。

总之,出口货物以离岸价格(FOB)成交的,以减去出口关税后的金额,作为完税价格。

如果出口货物以到岸价格(CIF)成交,由于该价格包括离境口岸到达境外口岸的运费、保险费,则应将该运费和保险费扣除。计算公式为

出口货物的完税价格 =(CIF - 运费 - 保险费)÷(1 + 出口关税税率)

如果出口货物以离岸价格加运费价格成交,由于该价格包括离境口岸到达境外口岸的运费,则应将运费扣除。计算公式为

关税完税价格 =(CFR - 运费)÷(1 + 出口关税税率)

## 二、关税应纳税额的计算

### (一)关税的计算方法

进出口货物应缴关税的计算方法,根据计税标准的不同,分为从价税、从量税、复合税、滑准税。

1. 从价税

从价税是指以进、出口货物的关税完税价格作为计税依据计征的关税,计算公式为

应缴关税税额 = 完税价格 × 关税税率

2. 从量税

从量税是指以进、出口货物的数量、重量、容量等计量单位作为计税依据计征的关税,计算公式为

应缴关税税额 = 应税进出口货物数量 × 单位货物税额

3. 复合税

复合税是指对同一进、出口货物,同时采用从价和从量标准计征的关税,计算公式为

应缴关税税额 = 应税进出口货物数量 × 单位货物税额 + 应税进出口货物数量 × 单位完税价格 × 税率

注:我国目前实行的复合税,都是先计征从量税,再计征从价税。

4. 滑准税

滑准税也称滑动税,是指关税税率随进口商品价格变动而反方向变动的一种税率形式,计算公式为

应缴关税税额 = 应税进出口货物数量 × 单位完税价格 × 滑准税税率

### (二)进口货物应缴关税的计算

1. 以到达我国口岸的到岸价格(CIF)成交的

以到达我国口岸的到岸价格(CIF)成交的,该成交价格就是关税的完税价格。

**【例 5-1】** 长安市双鱼公司于 2014 年 7 月 21 日,从美国甲公司进口 A 材料一批。到达我国口岸的到岸价格(CIF)50 万美元。经海关审定,成交价格正常。A 商品的关税税率

为20%，增值税税率为17%。当天美元与人民币的汇率为1∶6.2。要求：计算双鱼公司应缴纳的进口关税。

【解析】　关税完税价格＝到岸价格＝50×6.2＝310（万元）

应缴进口关税＝310×20%＝62（万元）

2. 以离开国外口岸的离岸价格（FOB）成交的

以离岸价格（FOB）成交的，由于成交价格中不含运费、保险费，因此，应加上到达我国口岸的运费和保险费作为完税价格。

【例5-2】　长安市双鱼公司于2014年8月22日，从美国乙公司进口两台设备。每台设备折合人民币200万元，其中包括向境外采购代理人支付买方佣金10万元，进口后安装调试费5万元。这两项费用均单独计价并经海关审定属实。设备运抵我国境内输入地点起卸前的包装费、运费、保险费合计20万元人民币。该设备的关税税率为10%。要求：计算双鱼公司进口设备应缴的进口关税。

【解析】　单位关税完税价格＝200－10－5＋20＝205（万元）

应缴进口关税＝2×205×10%＝41（万元）

3. 以离岸价格加运费（CFR）成交的

以离岸价格加运费（CFR）成交的，由于成交价格中不含保险费，因此，应加上保险费作为关税的完税价格。关税完税价格的计算公式为

关税完税价格＝CFR÷（1－保险费率）

【例5-3】　长安市双鱼公司于2014年8月25日，从美国丙公司进口商品一批。该批货物运抵我国广州港的货价加运费共20万美元，保险费率为3‰，当天美元与人民币的汇率为1∶6.1。该批货物从广州港运到长安市的国内运费为6 000元。该批货物的关税税率为10%。要求：计算双鱼公司进口货物应缴的进口关税。

【解析】　关税完税价格＝200 000÷（1－3‰）×6.1＝1 223 671（元）

应缴关税＝1 223 671×10%＝122 367（元）

### （三）出口货物应缴关税的计算

1. 以离开我国口岸的离岸价格（FOB）成交的

以离开我国口岸的离岸价格（FOB）成交的，其关税完税价格的计算公式为

关税完税价格＝离岸价格（FOB）÷（1＋关税税率）

【例5-4】　长安市五洋进出口公司于2014年8月22日，出口一批货物。该批货物我国口岸的离岸价折合人民币为816 500元，出口关税税率为15%。要求：计算五洋公司出口货物应缴的出口关税。

【解析】　关税完税价格＝816 500÷（1＋15%）＝710 000（元）

应缴出口关税＝710 000×15%＝106 500（元）

2. 以到达国外口岸的到岸价格（CIF）成交的

以到达国外口岸的到岸价格（CIF）成交的，其关税完税价格的计算公式为

关税完税价格＝（CIF－运费－保险费）÷（1＋关税税率）

【例5-5】 长安市五洋进出口公司于2014年8月22日,出口一批货物。该批货物的成交价格(CIF)折合人民币826万元。其中,支付承运方远洋运输公司运费55万元,支付承保方乙保险公司保险费23万元。该批货物出口关税税率10%。要求:计算五洋公司出口货物应缴的出口关税。

【解析】 关税完税价格=(826-55-23)÷(1+10%)=680(万元)

应缴出口关税=680×10%=68(万元)

3. 以到达国外口岸的离岸价格加运费(CFR)成交的

以到达国外口岸的离岸价格加运费(CFR)成交的,关税完税价格计算公式为

关税完税价格=(CFR-运费)÷(1+关税税率)

【例5-6】 长安市五洋进出口公司于2014年8月28日,出口一批货物。该批货物的成交价格(CFR)折合人民币580万元。其中,支付承运方远洋运输公司运费30万元。该批货物出口关税税率10%。要求:计算五洋公司出口货物应缴的出口关税。

【解析】 关税完税价格=(580-30)÷(1+10%)=500(万元)

应缴出口关税=500×10%=50(万元)

## 三、关税的账务处理

核算应缴纳的关税,应在"应交税费"一级账户下,设置"应交关税"二级明细账户,根据进出口业务的实际情况,在"应交关税"明细账户下,再设置"进口关税"和"出口关税"两个三级明细科目。

"应交关税"账户的贷方,登记应缴纳的关税,借方登记已缴纳的关税。期末贷方余额,表示应缴未缴的关税。

进口、出口业务,区分为自营进出口和代理进出口两种情况。

### (一)自营进出口业务

1. 自营进口应缴关税的会计处理

进口货物应缴纳的关税,计入货物的采购成本。借记"材料采购""在建工程""固定资产"等账户,贷记"应交税费——应交关税"账户。

【例5-7】 (到岸价格示例)海晏公司20××年7月22日报关进口一批货物,到岸价格(CIF)为550 000美元。该货物适用的关税税率为20%,增值税税率为17%。进口当日外汇牌价为1:6.6元人民币。所有款项,均以银行存款付讫。

要求:计算进口货物的完税价格、关税、采购成本、增值税,并作会计处理。

【解析】 第一,相关计算。

(1)进口货物完税价格(计税依据)=550 000×6.6=3 630 000(元)

(2)应缴进口关税=3 630 000×关税税率20%=726 000(元)

(3)采购成本=完税价格3 630 000+关税726 000=4 356 000(关税,价内税)

(4)进口货物应缴增值税=采购成本4 356 000×17%=740 520(元)

第二,会计处理。

(1)进口A商品时:

借:材料采购——A商品　4 356 000

　应交税费——应交增值税(进项税额)　740 520

　贷:银行存款　4 370 520

　　应交税费——应交进口关税　726 000

(2)缴纳进口关税时:

借:应交税费——应交进口关税　726 000

　贷:银行存款　726 000

## 【知识链接】5-2

自营进口计算四步棋。

一算,完税价格 = \$到岸价格×即期汇率。

二算,进口关税 = 完税价格×关税税率。

三算,采购成本 = 完税价格 + 进口关税(关税属价内税)。

四算,增值税进项税额 = 采购成本×增值税税率。

2. 自营出口应缴关税的会计处理

出口货物应缴纳的出口关税,是在销售环节征收的一种流转税,因此,不管是生产企业,还是贸易企业,应通过"营业税金及附加"科目核算。企业计算出应缴纳的出口关税时,借记"营业税金及附加"科目,贷记"应交税费——应交关税(出口关税)"科目;实际缴税时,借记"应交税费——应交关税(出口关税)"科目,贷记"银行存款"科目。

注意:出口货物在会计核算上,只核算销售收入,不反映增值税。原因是出口环节免缴增值税,并且,根据具体情况,还可能涉及出口退税。

**【例5-8】** (离岸价格示例)海晏公司自营出口商品一批。成交价格为离岸价(FOB)广州USD193 800。离岸价中单列有支付的国外佣金2%。在离岸价格以外,进口方支付货物包装费USD30 000,当日外汇牌价为USD100 = ¥630。关税税率为10%。出口方尚未收到货款。要求:计算海晏公司出口货物应缴关税,并进行会计处理。

**【解析】** 第一,相关计算。

离岸价格中,含支付的国外佣金要减去;离岸价格之外,买方支付的包装费要加入。

(1)不含佣金的离岸价格 = 193 800 ÷ (1 + 2%) = 190 000(美元)

(2)关税完税价格 = (190 000 + 30 000) ÷ (1 + 10%) = 200 000(美元)

(3)应交出口关税 = 200 000 × 6.30 × 10% = 126 000(元)

第二,会计处理。

(1)出口销售实现时:

借:应收账款——甲外商　1 260 000

　贷:主营业务收入　1 260 000

(2)计算出应缴纳的出口关税时:

借:营业税金及附加　126 000

贷:应交税费——应交关税 126 000

(3)实际缴纳出口关税时:

借:应交税费——应交关税 126 000

贷:银行存款 126 000

## (二)代理进出口业务

1. 代理进口应缴关税的会计处理

代理进出口业务,是指有进出口经营权的企业,接受委托单位的委托,使用委托单位资金办理的进出口业务。

在代理进口业务中,代理方只收取一定的代理费,进口关税由代理方向委托方收取。因此,代理方在计算出应缴关税时,借记"应收账款"等科目,贷记"应交税费——应交关税"科目;代理缴纳关税时,借记"应交税费——应交关税"科目,贷记"银行存款"科目;收到委托方支付的税款等款项时,借记"银行存款"科目,贷记"应收账款"等科目。

**【例5-9】** (到岸价格示例)广州五洋进出口公司,受海晏公司委托进口A商品一批。该批商品以到岸价格(CIF)广州100 000美元成交,进口关税税率30%。手续费按到岸价格(CIF)的2%收取。计税日外汇牌价为1∶6.30。海晏公司作为委托方已预付五洋公司900 000元。该批商品已运抵广州。代理方在办理报关及完税手续后,与委托方进行结算。(假定不涉及增值税、消费税等相关税费)要求:计算代理方应收取的手续费以及应代扣代缴的关税,并进行会计处理。

**【解析】** 第一,有关计算。

(1)A商品的人民币进价成本 = 100 000 × 6.30 = 630 000(元)

(2)A商品应缴纳的关税 = 630 000 × 30% = 189 000(元)

(3)代理方应收取的手续费 = 630 000 × 2% = 12 600(元)

第二,会计处理。

(1)收到委托方海晏公司的预付款时:

借:银行存款 900 000

贷:预付账款——海晏公司 900 000

(2)代付进口商品的货款时:

借:预付账款——海晏公司 630 000

贷:银行存款 630 000

(3)代扣应缴关税时:

借:预付账款——海晏公司 189 000

贷:应交税费——应交关税 189 000

(4)实际代缴关税等税费时:

借:应交税费——应交进口关税 189 000

贷:银行存款 189 000

(5)结算代理手续费时:

借：预付账款——海晏公司　12 600

　贷：其他业务收入——代理手续费　12 600

(6)退回海晏公司的多余款时：

借：预付账款——海晏公司

86 400(＝900 000－630 000－189 000－12 600)

　贷：银行存款　86 400

2. 代理出口应缴关税的会计处理

在代理出口业务中，代理方代缴的出口关税，应如数向委托方收取。代理方在计算出应缴纳的出口关税时，借记“应收账款”等科目，贷记“应交税费——应交关税”科目；代理缴纳关税时，借记“应交税费——应交关税”科目，贷记“银行存款”科目；收到委托方支付的税款等款项时，借记“银行存款”科目，贷记“应收账款”等科目。

**【例5-10】**（离岸价格示例）广州五洋进出口公司，受海晏公司委托，代理出口一批商品。代理商品价格为离岸价格(FOB)，折合人民币600 000元，出口关税税率20%，收取手续费20 000元。要求：计算代扣代缴的出口关税，并进行会计处理。

**【解析】** 第一，相关计算。

代扣代缴出口关税＝600 000 ÷(1＋20%)×20%＝100 000(元)

第二，会计处理。

(1)计算出口关税时：

借：应收账款——海晏公司　100 000

　贷：应交税费——应交出口关税　100 000

(2)实际缴纳出口关税时：

借：应交税费——应交出口关税　100 000

　贷：银行存款　100 000

(3)计提手续费时：

借：应收账款——海晏公司　20 000

　贷：其他业务收入(或主营业务收入)　20 000

(4)收到委托方支付的税款和手续费时：

借：银行存款　120 000

　贷：应收账款——海晏公司　120 000

# 任务3　关税的纳税申报

## 一、关税的征收管理

### (一)关税的申报时间

进口货物，自运输工具进境之日起14日内。

出口货物，在运抵海关监管区后装货的24小时以内。

### （二）关税的申报地点

由进出口货物的纳税人，向货物进出境地的海关申报。

海关根据税则分类和完税价格，计算应缴纳的关税和进口环节代征税，并填发税款缴款书。

### （三）关税的纳税期限

关税的纳税人，应在海关填发税款缴款书之日起15日内，向指定银行缴纳税款。纳税人因不可抗力或者在国家税收政策调整的情形下，不能按期缴纳税款的，经海关总署批准，可以延期缴纳，但最长不得超过6个月。

纳税人未按期缴纳关税的，从滞纳税款之日起，每日加收滞纳税款万分之五的滞纳金。

关税滞纳金金额 = 滞纳关税税额 × 滞纳金征收比率（0.5‰）× 滞纳天数

如果纳税人自海关填发缴款书之日起3个月仍未缴纳税款，经海关关长批准，海关可以采取强制扣缴和变价抵缴等强制措施。

（1）强制扣缴——海关从纳税人在开户银行或其他金融机构的存款中直接扣缴税款。

（2）变价抵缴——海关将应税货物依法变卖，以变卖所得抵缴税款。

## 二、关税的纳税申报

### （一）关税纳税申报的具体程序

（1）海关接受纳税人的申报后，对实际进出口货物或物品进行查验。

查验方法有一般查验和重点查验。

一般查验又称外形查验，主要对象是正常往来的进出口货物。

重点查验又称开箱查验，主要是针对海关总署明文规定需要重点查验的敏感货物、有重大走私嫌疑的货物以及资信比较差的货物。

（2）经查验合格，申报的“单、证”相符和“单、货”相符的进出口货物，海关依据税则归类和完税价格，计算应缴纳的关税税额和进口环节代征的增值税、消费税等。

为了方便纳税人，经申请并经海关同意，进出口货物的纳税人，可以在设有海关的指运地（启运地）办理海关申报、纳税手续。

（3）如果纳税人当时可以缴纳税款，海关可以口头方式通知纳税人，纳税人缴纳税款后，海关则填制关税完税凭证，交给纳税人或其代理人。

如果纳税人当时不能缴付税款，海关则以书面形式通知纳税人，向纳税人填发关税缴款书和海关代征增值税或消费税专用缴款书。

关税缴款书一式五联，纳税人在规定的期限内向指定银行办理税款缴付手续后，由银行在各联加盖收讫或转讫章，盖章后的第一联收据，为纳税人的纳税凭证。

### （二）关税申报工作实例

国安食品公司从美国进口一批食品，进口申报的价格为离岸价格（FOB）550 000美元。

运抵我国口岸前发生运输费用50 000美元,保险费15 000美元。款项全部付讫。海关填写关税缴款书当日,美元与人民币的汇率为1∶6.00。该批料件进口关税税率为15%,消费税税率为10%,增值税税率17%。国安公司当天就向海关交纳了相关税费,并取得完税凭证。

**【解析】**

第一,关税完税价格计算表见表5-1。

**表5-1　进口商品完税价格计算表**

发票号:345345

订货单位:西安市国安食品公司　2014年8月22日

| 物资所属项目 | 结算项目 | 外币金额 | 汇率 | 折合人民币 | | | | | | | | | |
|---|---|---|---|---|---|---|---|---|---|---|---|---|---|
| | | | | 千 | 百 | 十 | 万 | 千 | 百 | 十 | 元 | 角 | 分 |
| 商品名称:食品 | FOB | $ 550 000 | 6.00 | | 3 | 3 | 0 | 0 | 0 | 0 | 0 | 0 | 0 |
| 数量:2 000件 | 运输费 | $ 50 000 | 6.00 | | | 3 | 0 | 0 | 0 | 0 | 0 | 0 | 0 |
| 国外定价:FOB价 | 保险费 | $ 15 000 | 6.00 | | | | 9 | 0 | 0 | 0 | 0 | 0 | 0 |
| 进口国别:美国 | | | | | | | | | | | | | |
| 国外合同号:略 | | | | | | | | | | | | | |
| 到达口岸:青岛 | | | | | | | | | | | | | |
| 船名或车号:略 | | | | | | | | | | | | | |
| 提运单号:略 | 合计 | $ 615 000 | | ¥ | 3 | 6 | 9 | 0 | 0 | 0 | 0 | 0 | 0 |
| 大写(人民币): | | | | | | | | | | | | | |
| 备注:货款逾期按银行贷款利率计算利息 | 本公司开户行: | | | | | | | | | | | | |
| | 银行账号: | | | | | | | | | | | | |
| | 附国外单据: | | | | | | | | | | | | |

第二,进口食品应缴关税:

进口食品的关税完税价格=离岸价格(FOB)+运费+保险费=3 690 000(元)

进口食品应缴关税=到岸价格3 690 000×关税税率15%=553 500(元)

第三,进口食品应缴消费税:

进口应税消费品的消费税组成计税价格=(关税完税价格+关税)÷(1-消费税税率)

消费税组成计税价格=(3 690 000+553 500)/(1-10%)=4 715 000(元)

进口应税消费品应缴消费税=4 715 000×消费税税率10%=471 500(元)

第四,进口食品应缴增值税

进口食品应缴增值税=4 715 000×增值税税率17%=801 550(元)

第五,海关进(出)口关税专用缴款书见表5-2。

**表 5-2　海关进(出)口关税专用缴款书**

收入系统:海关系统　填发日期:2014 年 8 月 22 日　№:234234

| | | | | | |
|---|---|---|---|---|---|
| 收款单位 | 收入机关 | 中央金库 | 缴款单位 | 名称 | 国安食品公司 |
| | 科目 | 预算级次 | | 开户行 | 工行长安支行营业部 |
| | 收款国库 | | | 账号 | 6678－3003589 |

| 税号 | 货物名称 | 数量 | 单位 | 完税价格(￥) | 税率 | 税款金额(￥) |
|---|---|---|---|---|---|---|
| 略 | 食品 | 2 000 | 件 | 3 690 000.00 | 15% | 553 500.00 |
| | | | | | | |
| | | | | | | |
| | | | | | | |
| 纳税金额大写(人民币):伍拾伍万叁仟伍佰元整 | | | | | 合计 | 553 500.00 |

| | | | | | |
|---|---|---|---|---|---|
| 申请单位编号 | | 报关单编号 | | 填制单位 | |
| 合同(批文)号 | | 运输工具(号) | | 制单人 | |
| 缴税期限 | | 提/装货单号 | | 复核人 | |
| 备注 | | | | 单证专用章 | |
| | | | | 收款国库(银行)业务专用章 | |

第六,海关代征增值税(消费税)专用缴款书见表 5-3。

**表 5-3　海关代征增值税(消费税)专用缴款书**

收入系统:海关系统　填发日期:2014 年 8 月 22 日　№:115568

| | | | | | |
|---|---|---|---|---|---|
| 收款单位 | 收入机关 | 中央金库 | 缴款单位 | 名称 | 国安食品公司 |
| | 科目 | 预算级次 | | 开户行 | 工行长安支行营业部 |
| | 收款国库 | | | 账号 | 6678－3003589 |

| 税号 | 货物名称 | 数量 | 单位 | 组成计税价格(￥) | 税率 | 税款金额(￥) |
|---|---|---|---|---|---|---|
| 略 | 食品 | 2 000 | 件 | 4 715 000.00 | 10% | 471 500.00 |
| | | | | | 17% | 801 550.00 |
| | | | | | | |
| | | | | | | |
| 纳税金额大写(人民币):壹佰贰拾柒万叁仟零伍拾元整 | | | | | 合计 | 1 273 050.00 |

| | | | | | |
|---|---|---|---|---|---|
| 申请单位编号 | | 报关单编号 | | 填制单位 | |
| 合同(批文)号 | | 运输工具(号) | | 制单人 | |

续表

| 缴税期限 | | 提/装货单号 | | 复核人 | |
|---|---|---|---|---|---|
| 备注 | | | | 单证专用章 | |
| | | | | 收款国库(银行)<br>业务专用章 | |

## 【知识链接】5-3

行李和邮递物品进口税。

1. 什么是行邮税?

行李和邮递物品进口税,简称行邮税,是指海关对入境旅客的行李物品和个人邮递物品征收的进口税。在行邮税的税额中,包括在进口环节征收的增值税、消费税,因此,行邮税是对个人非贸易性入境物品征收的进口关税和进口工商税的总称。

2. 行邮税的课税对象

行邮税的课税对象是入境旅客、运输工具、服务人员携带的应税行李物品、个人邮递物品、馈赠物品,以及以其他方式入境的个人物品等,简称进口物品。

3. 行邮税的纳税人

行邮税的纳税人是携带应税个人自用物品入境的旅客及运输工具的服务人员,进口邮递物品的收件人,以及以其他方式进口应税个人自用物品的收件人。

上述所称的应税个人物品,不包括汽车、摩托车及其配件、附件。对进口应税个人自用的汽车、摩托车及其配件、附件,以及超过海关规定自用合理数量部分的应税物品,应按货物进口程序办理报关验放手续。

4. 行邮税的税目税率

现行的行邮税税率,分为50%、20%和10%三个档次。属于50%税率的物品有:烟、酒。属于20%税率的物品有:纺织品及其制品,摄像机、摄录机、数码相机及其他电器用具,照相机、自行车、手表、钟表、化妆品。属于10%税率的物品有:书报、刊物、教育专用电影片、幻灯片、原版录音带、录像带,金、银及其制品,食品、饮料和其他商品。

5. 行邮税的征管

进口税采用从价计征,完税价格由海关参照该物品的境外正常零售平均价格确定。完税价格乘以进口税率,就是应缴纳的进口关税税额。

海关按照填发税款缴纳书当日有效的税率和完税价格计算征收,纳税人应当在海关放行前缴清税款。

## 【任务小结】

关税,是由海关对我国准许进出关境的货物、物品征收的一种流转税。我国目前对进出境货物征收的关税分为进口关税和出口关税两类。

关税征税对象是国家准许进出口的货物、进境物品,但法律、行政法规另有规定的除外。关税的纳税人,包括进口货物的收货人、出口货物的发货人和进出境物品的所有人。关税税率分为进口关税税率、出口关税税率和特别关税。

关税的计算及账务处理,包括进口关税和出口关税的核算。关税申报后,按期缴纳,不能按期缴纳税款的,经海关总署批准,可以延期缴纳税款,但最长不能超过6个月。

## 任 务 训 练

### 一、单项选择训练

1. 在我国,负责征收关税的部门,是(　　)。

A. 国税局　　B. 地税局　　C. 财政部门　　D. 海关

2. 关税作为财政收入,按财税收入的支配权限,关税属于(　　)。

A. 中央税　　B. 地方税

C. 中央和地方共享税　　D. 固定税

3.《海关法》规定,进出口货物的完税价格,由海关以该货物的(　　)为基础审定。

A. 成交价格　　B. 货价

C. 类似货物的成交价格　　D. 成交价格+运费+保险费

4. 出口货物的完税价格,以海关审定的成交价格为基础的销往境外的离岸价格,扣除出口关税后的金额,作为完税价格。用公式表示为(　　)。

A. 完税价格=离岸价格(FOB)÷(1+出口关税税率)

B. 完税价格=到岸价格(CIF)

C. 完税价格=(CIF价格-运费-保险费)÷(1+出口关税税率)

D. 完税价格=FOB价格+运费+保险费

5. 邮运进口的货物,应当以(　　)作为完税价格。

A. 邮费　　B. 保险费

C. 邮费和保险费　　D. 邮费作为运输及相关费用、保险费

### 二、多项选择训练

1. 关税的计税方法,有(　　)。

A. 从价税　　B. 从量税　　C. 复合法　　D. 滑准税

2. 进出口关税的计税依据,有(　　)。

A. 到岸价格　　B. 离岸价格　　C. 离岸价格加运费　　D. 成交价格

3. 关税的纳税人,包括(　　)。

A. 进口货物的收货人　　B. 出口货物的发货人

C. 进出境物品的所有人　　D. 进口个人邮件的收件人

4. 非贸易性物品,作为关税的征收对象,包括(　　)。

A. 入境旅客随身携带的行李和物品

B. 个人邮递的物品

C. 各种运输工具上服务人员携带进口的自用物品、馈赠物品

D. 以其他方式进入关境的个人物品

5. 企业进口需要安装调试的机器设备类固定资产应缴纳的关税，在登记固定资产明细账时，应借记的账户，有(　　)。

A. 固定资产　　B. 应交税费——应交增值税(进项税额)

C. 在建工程　　D. 营业税金及附加

6. 进口货物的完税价格，应包括以下费用(　　)。

A. 由买方负担的除购货佣金以外的佣金和经纪费

B. 由买方负担的，与该货物视为一体的容器费用

C. 由买方负担的包装材料费用和包装劳务费

D. 由买方直接或间接支付的，与该货物有关的特许权使用费

7.《海关法》和《进出口关税条例》规定的减免税，有(　　)。

A. 无商业价值的广告品和货样

B. 外国政府、国际组织无偿赠送的物资

C. 在海关放行前损失的货物

D. 因品质或规格原因，进出口货物自进出口之日起1年内复运进出境的

**三、业务训练**

1.(自营进口)渭河机床公司自营进口甲材料400吨，以境外口岸的离岸价格(FOB)成交，折合人民币600万元。在成交价格中，包括境外公司支付的正常回扣12万元人民币。该批货物运抵中国关境内输入地点起卸前的包装费、运费、保险费和其他劳务费每吨2 500元人民币。甲材料的关税税率为10%，增值税税率为17%。所有款项，全部付讫。

要求：计算进口材料的关税完税价格、应缴纳的进口关税、增值税以及材料采购成本，并进行会计处理。

2.(自营出口)渭河机床公司自营出口磨床一批，销售合同中约定的成交价格为到岸价格(CIF)，折合人民币826万元。在到岸价格中，含支付承运方海顺运输公司运费60万元，支付承保的保险公司保险费18.5万元。货款尚未收到。运费和保险费尚未支付。该机床的出口关税税率为15%。

要求：计算渭河公司出口货物应缴纳的关税，并进行会计处理。

3.(代理进口：离岸价)广州五洋进出口公司2013年12月16日，为西安正道物流公司全程代理进口3台吊装设备。该批货物以离岸价格成交。每台货价折合人民币300万元。其中包括向境外采购代理人支付的买方佣金每台15万元人民币，进口后每台安装调试费20万元，二者单独计价并经海关审查属实。该批货物运抵我国境内口岸起卸前的包装费、运费、保险费和其他劳务费用每台50万元人民币。吊装设备的关税税率10%，增值税税率17%，手续费按全部款项的0.2%收取。委托方正道公司已向代理方预付货款1 200万元。

要求：计算代理方代缴纳的进口关税、增值税并进行会计处理。

4.(代理出口)五洋进出口公司，代理生产企业秦川机床公司出口一批机床，该商品的离岸价格折合人民币4 400 000元，出口税税率为10%，协商确定代理手续费50 000元。出口销售款，由国外公司直接汇入秦川公司。

要求：对五洋进出口公司的代理业务进行会计处理。

# 项目六　企业所得税核算与申报

| 知识目标 | 能力目标 |
| --- | --- |
| 1. 熟悉企业所得税纳税人、征税对象和税率。<br>2. 掌握企业所得税的计税依据。<br>3. 掌握企业所得税应纳税额的计算。<br>4. 熟悉企业所得税的优惠政策。 | 1. 能够区分居民纳税人和非居民纳税人。<br>2. 能够确定企业所得税的计税依据。<br>3. 能够进行应纳税额的计算及账务处理。<br>4. 能够正确填制企业所得税纳税申报表。 |

**【案例导入】**

我国某企业2013年度取得主营业务收入2 400万元，其他业务收入400万元，本年度在管理费用中共列支业务招待费50万元，销售费用中共列支广告费320万元，业务宣传费40万元，若企业当年共实现利润总额480万元，如果你是这家企业的会计，该如何计算该企业2013年度应交纳的企业所得税？

## 任务1　认识企业所得税

### 一、企业所得税的概念及特点

#### (一)企业所得税的概念

企业所得税是以企业取得的生产经营所得和其他所得为征税对象所征收的一种税。现行的《中华人民共和国企业所得税法》于2007年3月16日在第十届全国人民代表大会第五次会议上通过，自2008年1月1日起施行。

#### (二)企业所得税的特点

(1)企业所得税将企业划分为居民企业和非居民企业。居民企业负全面纳税义务，非居民企业只负有限纳税义务。

(2)计税依据为应纳税所得额。企业所得税的计税依据是纳税人的收入总额扣除各项成本、费用、税金、损失等支出后的净所得额，它不等于企业实际实现的会计利润额。

(3)体现量能负担原则。企业所得税对净所得征税，所得多多征，所得少少征，无所得不征，体现了纳税人的负担能力。

(4)税款征收采用按年计征、分期预缴的办法。

## 二、企业所得税的纳税人

### (一)纳税人的基本规定

在中华人民共和国境内,企业和其他取得收入的组织为企业所得税的纳税人,依照《企业所得税法》的规定缴纳企业所得税。个人独资企业、合伙企业不适用该法。

### (二)居民企业和非居民企业的划分

现行税法不仅实行法人所得税制,而且参照国际惯例,将纳税人分为“居民企业”和“非居民企业”。

1. 居民企业

居民企业是指依法在中国境内成立,或者依照外国(地区)法律成立但实际管理机构在中国境内的企业。即现行税法以注册地或实际管理机构其一在中国境内这一“单一具备”原则作为判断居民企业的标准。

(1)登记注册地标准。依法在中国境内成立的企业,包括依照中国法律、行政法规在中国境内成立的企业、事业单位、社会团体以及其他取得收入的组织,属于居民企业。

(2)实际管理机构标准。实际管理机构是指对企业的生产经营、人员、账务、财产等实施实质性全面管理和控制的机构。

2. 非居民企业

非居民企业是指依照外国(地区)法律成立且实际管理机构不在中国境内,但在中国境内设立机构、场所的,或者在中国境内未设立机构、场所,但有来源于中国境内所得的企业。

机构、场所是指在中国境内从事生产经营活动的机构、场所,包括:

(1)管理机构、营业机构、办事机构;

(2)工厂、农场、开采自然资源的场所;

(3)提供劳务的场所;

(4)从事建筑、安装、装配、修理、勘探等工程作业的场所;

(5)其他从事生产经营活动的机构、场所。

### (三)居民企业和非居民企业的纳税义务

在企业所得税法中划分居民企业与非居民企业的主要目的是确定纳税人的纳税义务。

1. 居民企业承担全面纳税义务

居民企业承担全面纳税义务,即居民企业就其来源于中国境内、境外的所得缴纳企业所得税。

2. 非居民企业承担有限纳税义务

非居民企业承担有限纳税义务,非居民企业仅就其来源于中国境内所得部分纳税。具体规定如下。

(1)非居民企业在中国境内设立机构、场所的,应当就其所设机构、场所取得的来源于中国境内的所得,以及发生在中国境外但与其所设机构、场所有实际联系的所得,缴纳企业所得税。其中“实际联系”是指非居民企业在中国境内设立的机构、场所拥有据以取得所得的股权、债权，以及拥有、管理、控制据以取得所得的财产等。

(2)非居民企业在中国境内未设立机构、场所的，或者虽设立机构、场所但取得的所得与其所设机构、场所没有实际联系的，应当就其来源于中国境内的所得缴纳企业所得税。在这种情况下征收的企业所得税被称为预提所得税。预提所得税不是一个单独的税种，而是一种税款的缴纳方式。

### (四)所得来源地的确定原则

(1)销售货物所得，按照交易活动发生地确定。

(2)提供劳务所得，按照劳务发生地确定。

(3)转让财产所得，不动产转让所得按照不动产所在地确定，动产转让所得按照转让动产的企业或者机构、场所所在地确定，权益性投资资产转让所得按照被投资企业所在地确定。

(4)股息、红利等权益性投资所得，按照分配所得的企业所在地确定。

(5)利息所得、租金所得、特许权使用费所得，按照负担、支付所得的企业或者机构、场所所在地确定，或者按照负担、支付所得的个人的住所地确定。

(6)其他所得，由国务院财政、税务主管部门确定。

## 三、企业所得税的征税对象

企业所得税的征税对象是纳税人取得的生产经营所得和其他所得，包括销售货物所得，提供劳务所得，转让财产所得，股息红利等权益性投资所得，利息所得，租金所得，特许权使用费所得，接受捐赠所得和其他所得。

## 四、企业所得税的税率

1. 基本税率

企业所得税的基本税率为25%。

2. 照顾性税率

为鼓励小型微利企业的发展，对其实行20%的照顾性税率。

## 【知识链接】6-1

《企业所得税法》规定，符合条件的小型微利企业，减按20%的税率征收企业所得税。这里所指小型微利企业，适用于具备建账核算自身应纳税所得额条件的企业，并符合下列条件：

(1)工业企业，年度应纳税所得额不超过30万元，从业人数不超过100人，资产总额不超过3 000万元；

(2)其他企业，年度应纳税所得额不超过30万元，从业人数不超过80人，资产总额不超过1 000万元。

国家为了进一步扶持小微企业，减轻他们的税负压力，自2012年1月1日至2015年12

月31日，对年应纳税所得额低于6万元(含)的小型微利企业，其所得减按50%计入应纳税所得额，按20%的税率征收企业所得税。

## 【问题思考】6-1

某商贸公司从业人数为35人，资产总额为850万元。2012年该企业亏损(经税务机关审核后的亏损数字，而非会计中的亏损) 25万元，2013年该企业弥补亏损前应纳税所得额为45万元。则该企业适用的所得税税率是多少?

[**解析**]　该企业可以先用2013年的45万元应纳税所得额弥补上一年度的25万元亏损，用弥补亏损之后的应纳税所得额20万元确定适用税率。由于该商业企业年应纳税所得额为20万元；从业人数35人，未超过80人；资产总额850万元，未超过1 000万元，符合小型微利企业的条件，所以适用的所得税税率为20%。

3. 高新技术企业的税率

国家需要重点扶持的高新技术企业，减按15%的税率征收企业所得税。

4. 预提所得税税率

预提所得税是指非居民企业在中国境内未设立机构、场所的，或者虽设立机构、场所但取得的所得与其所设机构、场所没有实际联系的，应当就其来源于中国境内的所得缴纳企业所得税。

税法规定预提所得税税率为20%，实际执行时，减按10%税率征收。因此，预提所得税实际适用的税率是10%。

## 五、企业所得税的税收优惠

《企业所得税法》的税收优惠方式包括免税、减税、加计扣除、加速折旧、减计收入、税额抵免等。

### (一)免税收入

(1)国债利息收入，是指企业持有国务院财政部门发行的国债取得的利息收入。

(2)符合条件的居民企业之间的股息、红利等权益性投资收益，是指居民企业直接投资于其他居民企业取得的股息、红利等权益性投资收益。

(3)在中国境内设立机构、场所的非居民企业从居民企业取得与该机构、场所有实际联系的股息、红利等权益性投资收益。不包括连续持有居民企业公开发行并上市流通的股票不足12个月取得的投资收益。

(4)符合条件的非营利组织的收入。

### (二)免征、减征企业所得税

1. 关于扶持农、林、牧、渔业发展的税收优惠

(1)企业从事下列项目的所得，免征企业所得税：①蔬菜、谷物、薯类、油料、豆类、棉花、麻类、糖料、水果、坚果的种植；②农作物新品种的选育；③中药材的种植；④林木的培育和种植；⑤牲畜、家禽的饲养；⑥林产品的采集；⑦灌溉、农产品初加工、兽医、农技推广、农机

作业和维修等农、林、牧、渔服务业项目;⑧远洋捕捞。⑨公司加农户模式从事农、林、牧、渔业项目生产的企业。

(2)企业从事下列项目的所得,减半征收企业所得税:①花卉、茶以及其他饮料作物和香料作物的种植;②海水养殖、内陆养殖。

2. 关于鼓励基础设施建设的税收优惠

从事国家重点扶持的公共基础设施项目投资经营的所得,自项目取得第一笔生产经营收入所属纳税年度起,第1~3年免征企业所得税,第4~6年减半征收企业所得税,即"三免三减半"。企业承包经营、承包建设和内部自建自用以上项目,不得享受企业所得税优惠。

3. 关于支持环境保护、节能节水的税收优惠

从事符合条件的环境保护、节能节水项目的所得,自项目取得第一笔生产经营收入所属纳税年度起,第1~3年免征企业所得税,第4~6年减半征收企业所得税,也即"三免三减半"。符合条件的环境保护、节能节水项目,包括公共污水处理、公共垃圾处理、沼气综合开发利用、节能减排技术改造、海水淡化等。

4. 关于技术转让所得的税收优惠

为了促进技术创新和科技进步,《企业所得税法》规定,在一个纳税年度内,居民企业技术转让所得不超过500万元的部分,免征企业所得税;超过500万元的部分,减半征收企业所得税。

### (三)优惠税率

(1)符合条件的小型微利企业,减按20%的税率征收企业所得税。

(2)国家需要重点扶持的高新技术企业,减按15%的税率征收企业所得税。

高新技术企业是指在《国家重点支持的高新技术领域》内,持续进行研究开发与技术成果转化,形成企业核心自主知识产权,并以此为基础开展经营活动,在中国境内(不包括港、澳、台地区)注册一年以上的居民企业。

## 【知识链接】6-2

高新技术企业认定必须同时满足哪些条件?

(1)在中国境内(不含港、澳、台地区)注册的企业,近3年内通过自主研发、受让、受赠、并购等方式,或通过5年以上的独占许可方式,对其主要产品(服务)的核心技术拥有自主知识产权。

(2)产品(服务)属于《国家重点支持的高新技术领域》规定的范围。

(3)具有大学专科以上学历的科技人员占企业当年职工总数的30%以上,其中研发人员占企业当年职工总数的10%以上。

(4)企业为获得科学技术(不包括人文、社会科学)新知识,创造性运用科学技术新知识,或实质性改进技术、产品(服务)而持续进行了研究开发活动,且近3个会计年度的研究开发费用总额占销售收入总额的比例符合如下要求:最近一年销售收入小于5 000万元的企业,比例不低于6%;最近一年销售收入在5 000万元至20 000万元的企业,比例不低于

4%；最近一年销售收入在20 000万元以上的企业，比例不低于3%。其中，企业在中国境内发生的研究开发费用总额占全部研究开发费用总额的比例不低于60%。企业注册成立时间不足3年的，按实际经营年限计算。

(5)高新技术产品(服务)收入占企业当年总收入的60%以上。

(6)企业研究开发组织管理水平、科技成果转化能力、自主知识产权数量、销售与总资产成长性等指标符合《高新技术企业认定管理工作指引》的要求。

### (四)民族自治区税收优惠

民族自治地方的自治机关对本民族自治地方的企业应缴纳的企业所得税中属于地方分享的部分，可以决定减征或者免征。自治州、自治县决定减征或者免征的，须报省、自治区、直辖市人民政府批准。对民族自治地方内国家限制和禁止行业的企业，不得减征或者免征企业所得税。

### (五)加计扣除政策

1. 开发新技术、新产品、新工艺发生的研究开发费用

企业为开发新技术、新产品、新工艺发生的研究开发费用，未形成无形资产计入当期损益的，在按规定实行100%扣除基础上，按研究开发费用的50%加计扣除；形成无形资产的，按无形资产成本的150%进行摊销。

2. 企业安置残疾人员工资加计扣除

企业安置残疾人员的，在按照支付给残疾职工工资据实扣除的基础上，按照支付给残疾职工工资的100%加计扣除。残疾人员的范围适用《中华人民共和国残疾人保障法》的有关规定。企业安置国家鼓励安置的其他就业人员所支付的工资的加计扣除办法，由国务院另行规定。

### (六)创业投资企业的税收优惠

创业投资企业采取股权投资方式投资于未上市的中小高新技术企业2年以上的，可以按照其投资额的70%在股权持有满2年的当年抵扣该创业投资企业的应纳税所得额；当年不足抵扣的，可以在以后纳税年度结转抵扣。

**【例6-1】**　某创业投资企业采取股权投资方式在2011年10月1日向某未上市的中小高新技术企业投资1 500万元。2011年该创业投资企业应纳税所得额为3 000万元，2012年为4 500万元，2013年为5 000万元。请问该创业投资企业应该如何缴纳企业所得税？

**【解析】**　该创业投资企业可以在股权持有满2年的当年(即2013年)，按其对该中小高新技术企业投资额的70%抵扣其2013年的应纳税所得额。因此，该企业2011年、2012年按应纳税所得额的全额纳税，2013年其应纳税额的计算如下。

应纳税所得额 $=5\,000-1\,500\times70\%=3\,950$ (万元)

### (七)加速折旧的规定

企业的固定资产由于技术进步等原因，确需加速折旧的，可以缩短折旧年限或者采取加速折旧的方法。

可以采取缩短折旧年限或者采取加速折旧的方法的固定资产，包括：①由于技术进步，产品更新换代较快的固定资产；②常年处于强震动、高腐蚀状态的固定资产。

采取缩短折旧年限方法的，最低折旧年限不得低于实施条例所规定折旧年限的60%；采取加速折旧方法的，可以采取双倍余额递减法或者年数总和法。

**（八）关于综合利用资源的税收优惠**

企业以《资源综合利用企业所得税优惠目录》规定的资源作为主要原材料，生产非国家限制和禁止并符合国家和行业相关标准的产品取得的收入，减按90%计入收入总额。

**（九）关于购置环境保护、节能节水、安全生产等专用设备的税收优惠**

企业购置并实际使用《环境保护专用设备企业所得税优惠目录》《节能节水专用设备企业所得税优惠目录》和《安全生产专用设备企业所得税优惠目录》规定的环境保护、节能节水、安全生产等专用设备的，该专用设备的投资额的10%可以从企业当年的应纳税额中抵免；当年不足抵免的，可以在以后5个纳税年度结转抵免。享受企业所得税优惠的环境保护、节能节水、安全生产等专用设备，应当是实际购置并自身实际投入使用的专用设备；企业购置上述专用设备在5年内转让、出租的，应当停止享受企业所得税优惠，并补缴已经抵免的企业所得税税款。

# 任务2 企业所得税的计算

## 一、企业所得税计税依据

企业所得税的计税依据是指企业计算应纳企业所得税的所得额，即应纳税所得额。应纳税所得额可以通过下面的公式计算。

应纳税所得额 = 收入总额 - 不征税收入 - 免税收入 - 各项扣除 - 允许弥补的以前年度亏损

**【知识链接】6-3**

企业所得税计税依据确认的原则。

企业应纳税所得额的计算，以权责发生制为原则，属于当期的收入和费用，不论款项是否收付，均作为当期的收入和费用；不属于当期的收入和费用，即使款项已经在当期收付，均不作为当期的收入和费用。

**（一）收入的确定**

企业的收入总额是指企业以货币形式和非货币形式从各种来源取得的收入。收入包括会计核算中的主营业务收入、其他业务收入、视同销售收入等。

有关收入的规定有以下方面。

1. 一般收入的确定

1）生产、经营收入

生产、经营收入主要是指纳税人从事主营业务活动取得的收入，包括商品（产品）销售收入、劳务服务收入、营运收入、工程价款结算收入以及其他业务收入。

2)财产转让收入

财产转让收入主要是指纳税人有偿转让各种财产取得的收入,包括转让固定资产、有价证券、股权以及其他财产而取得的收入。

3)利息收入

利息收入主要是指纳税人购买各种债券等有价证券的利息、外单位欠款付给的利息以及其他利息收入,但不包括购买国债的利息收入。

4)租赁收入

租赁收入主要是指纳税人出租固定资产、包装物以及其他财产而取得的租金收入。

5)特许权使用费收入

特许权使用费收入主要是指纳税人提供或者转让专利权、非专利技术、商标权、著作权以及其他特许权的使用权而取得的收入。

6)股息收入

股息收入主要是指纳税人对外投资分得的股利、红利收入。

7)其他收入

其他收入主要是指除上述各项收入之外的一切收入。包括固定资产盘盈收入、罚款收入、因债权人缘故确实无法支付的应付款项、物资及现金的溢余收入,教育费附加返还款,包装物押金收入以及其他收入。

2. 视同销售收入的确定

《企业所得税法》规定,企业发生非货币性资产交换,以及将货物、财产、劳务用于捐赠、偿债、赞助、集资、广告、样品、职工福利或者利润分配等用途的,应当视同销售货物、转让财产或者提供劳务,但国务院财政、税务主管部门另有规定的除外。

注意:

(1)资产所有权未发生改变的,不视同销售。如用于在建工程、管理部门、非生产机构都属于企业内部的处置资产行为,资产所有权没有发生改变,新法也不再列入视同销售。

(2)将货物、财产、劳务均列入视同销售,没有外购和自产的限制。

3. 不征税收入和免税收入

“不征税收入”本身即不构成应税收入,具体包括:①财政拨款;②依法收取并纳入财政管理的行政事业性收费;③依法收取并纳入财政管理的政府性基金;④国务院规定的其他不征税收入。

“免税收入”本身已构成应税收入但予以免除,具体包括以下内容。①国债利息收入。②符合条件的居民企业之间的股息、红利等权益性投资收益,即居民企业直接投资于其他居民企业取得的投资收益,不包括连续持有居民企业公开发行并上市流通的股票不足 12 个月取得的投资收益。③在中国境内设立机构、场所的非居民企业从居民企业取得与该机构、场所有实际联系的股息、红利等权益性投资收益,不包括连续持有居民企业公开发行并上市流通的股票不足 12 个月取得的投资收益。④符合条件的非营利组织的收入。

## 【问题思考】6-2

企业收入总额中属于不征税收入的是（　　）。

A. 国债利息收入　　B. 技术转让收入

C. 股息、红利收入　　D. 财政拨款

**【解析】** D。不征税收入不构成应税收入,具体包括财政拨款等。

### （二）扣除项目的一般规定

1. 准予扣除的项目

准予从收入总额中扣除的项目是指与纳税人取得收入有关的成本、费用、税金和损失。包括以下内容。

1）成本

成本即生产、经营成本,是指纳税人为生产、经营商品和提供劳务等所发生的各项直接费用和各项间接费用。

2）费用

费用即纳税人为生产、经营商品和提供劳务等所发生的销售（经营）费用、管理费用和财务费用。

3）税金

税金即纳税人按规定缴纳的消费税、营业税、城市维护建设税、资源税、土地增值税和教育费附加。企业缴纳的房产税、车船税、土地使用税、印花税等已计入管理费用的,属于期间费用,不在本项目计算。企业缴纳的增值税属于价外费用,也不属于本项目。

4）损失

损失即纳税人生产、经营过程中已发生的经营亏损和投资损失,以及其他损失。

需要注意的是:纳税人财务、会计处理与税收规定不一致的,应依照税收规定予以调整,按税收规定允许扣除的金额,准予扣除。

2. 不准予扣除的项目

（1）向投资者支付的股息、红利等权益性投资收益款项。

（2）企业所得税税款。

（3）违法经营的罚款和被没收财物的损失。指纳税人生产经营违反国家法律、法规和规章,被有关部门处以罚款,以及被没收财物的损失。

（4）各项税收的滞纳金、罚款和罚金。指纳税人违反税收法规,被税务机关处以的滞纳金、罚款,以及被司法机关处以的罚金。

（5）自然灾害或意外事故损失有赔偿的部分。指纳税人参加保险之后,因遭受自然灾害或事故而由保险公司给予的赔偿。

（6）超过国家规定允许扣除的公益、救济性捐赠,以及非公益、救济性的捐赠。

（7）各种赞助支出。指各种非广告性质的赞助支出。

（8）与取得收入无关的其他各项支出。指除上述各项支出之外,与本企业取得收入无关的各项支出。

## (三)扣除项目的具体规定

1. 工资薪金支出

工资薪金是指企业每一纳税年度支付给在本企业任职或者受雇的员工的所有现金形式或者非现金形式的劳动报酬,包括基本工资、奖金、津贴、补贴、年终加薪、加班工资以及与员工任职或者受雇有关的其他支出。

现行税法规定企业实际发生的合理的职工工资薪金,准予在税前扣除。

其中"合理的工资薪金"是指企业按照股东大会、董事会、薪酬委员会或相关管理机构制定的工资薪金制度规定实际发放给员工的工资、薪金。

2. 职工福利费、工会经费和职工教育经费支出

(1)企业发生的职工福利费支出,不超过工资薪金总额的14%的部分,准予扣除。

(2)企业拨缴的工会经费支出,不超过工资薪金总额的2%的部分,准予扣除。

(3)企业发生的职工教育经费支出,除国务院财政、税务主管部门另有规定外,不超过工资薪金总额2.5%的部分,准予扣除;超过部分,准予在以后纳税年度结转扣除。

软件生产企业、集成电路设计企业的职工培训费用,可按实际发生额在计算应纳税所得额时扣除。经认定的技术先进型服务企业,其发生的职工教育经费按不超过企业工资总额8%的比例据实在企业所得税税前扣除,超过部分,准予在以后纳税年度结转扣除。

**【例6-2】** 某企业2012年会计利润为100万元,工资薪金支出为10万元,同时列支了1.5万元的职工福利费,2.2万元的工会经费,职工教育经费0.2万元,本企业无其他纳税调整事项,试算该企业当年应纳税所得额。

**【解析】** 企业当年应纳税所得额 $= 100 + 1.5 - 10 \times 14\% + 2.2 - 10 \times 2\%$

$= 102.1$(万元)

3. 利息、罚息支出的规定

(1)纳税人在生产、经营期间,向金融机构借款的利息支出,按照实际发生数额扣除;向非金融企业借款的利息支出,不高于按照金融企业同期同类贷款利率计算的数额部分,准予扣除。

(2)企业为购置、建造和生产固定资产、无形资产和经过12个月以上的建造才能达到预定可销售状态的存货而发生的借款,在有关资产购建期间发生的借款费用,应作为资本性支出计入有关资产的成本,并按税法规定扣除。

(3)罚息列支问题。纳税人逾期归还银行贷款,银行按规定加收的罚息,不属于行政性罚款,允许在税前扣除。

4. 公益性捐赠支出的规定

企业发生的公益性捐赠支出,在年度利润总额12%以内的部分,准予在计算应纳税所得额时扣除。

公益性捐赠是指企业通过公益性社会团体或者县级以上人民政府及其部门,用于《中华人民共和国公益事业捐赠法》规定的公益事业的捐赠。

【例6-3】 某企业2013年度会计利润为40万元，注册税务师核查，当年“营业外支出”账户中列支了通过当地教育部门和民政部门分别向农村义务教育的捐赠5万元、贫困山区的捐赠10万元。无其他纳税调整事项。该企业2013年公益性捐赠调整的应纳税所得额为多少？

【解析】 公益性捐赠扣除限额 $=40\times12\%=4.8$（万元）。

公益性捐赠调整的应纳税所得额 $=5+10-4.8=10.2$（万元）

5. 业务招待费支出

企业发生的与生产经营活动有关的业务招待费支出，按照发生额的60%扣除，但最高不得超过当年销售（营业）收入的5‰。

【例6-4】 某企业2013年产品销售收入1 300万元，服务收入210万元，业务招待费开支60万元，计算企业所得税前准予扣除的业务招待费。

【解析】 准予扣除的业务招待费限额 $=60\times60\%=36$（万元）。

当年销售（营业）收入的5‰ $=(1\ 300+210)\times5‰=7.55$（万元）

所以，企业所得税前准予扣除的业务招待费为7.55万元。

6. 广告费和业务宣传费

企业发生的符合条件的广告费和业务宣传费，除国务院财政、税务主管部门另有规定外，不超过当年销售（营业）收入15%的部分，准予扣除；超过部分，准予在以后纳税年度结转扣除。

对化妆品制造、医药制造和饮料制造（不含酒类制造）企业发生的广告费和业务宣传费支出，不超过当年销售（营业）收入30%的部分，准予扣除；超过部分，准予在以后纳税年度结转扣除。

烟草企业的烟草广告费和业务宣传费支出，一律不得在计算应纳税所得额时扣除。

【例6-5】 某企业2013年度不含税销售收入为1 500万元，实际发生广告支出和业务宣传费支出为120万元。试计算该企业2013年准予税前扣除的广告费和业务宣传费。

【解析】 扣除限额 $=1\ 500\times15\%=225$（万元）

实际发生的广告费和业务宣传费120万元没有超过扣除限额，因此可准予全部税前扣除。

7. 社会保险支出

企业依照国务院有关主管部门或者省级人民政府规定的范围和标准为职工缴纳的基本养老保险费、基本医疗保险费、失业保险费、工伤保险费、生育保险费等基本社会保险费和住房公积金，准予扣除。

企业为在本企业任职或者受雇的全体员工支付的补充养老保险费、补充医疗保险费，分别在不超过职工工资总额5%标准内的部分，在计算应纳税所得额时准予扣除；超过的部分，不予扣除。

8. 劳动保护支出

企业所得税实施条例规定，企业发生的合理的劳动保护支出准予扣除。比如因工作需要为雇员配备的工作服、手套、安全保护用品、防暑降温用品支出，都可据实扣除。

9. 固定资产租赁费

(1)以经营租赁方式租入固定资产而发生的租赁费,可以据实扣除。但纳税人超过一年以上租赁期,一次收取的租赁费,出租方应按合同约定的租赁期分期计算收入,承租方应相应分期摊销租赁费。

(2)融资租赁发生的租赁费不得直接扣除,而应计入资产价值,以折旧的形式分期扣除。

### (四)亏损弥补

企业纳税年度发生的亏损,准予向以后年度结转,用以后年度的所得弥补,但结转年限最长不得超过五年。

**【例6-6】** 某企业2008年度亏损20万元,2009年度亏损10万元,2010年度盈利5万元,2011年度亏损15万元,2012年度盈利8万元,2013年度盈利6万元,2014年度盈利74万元,则2014年度的应纳税所得额为(　　)。

A. 47万元　　B. 48万元　　C. 49万元　　D. 74万元

**【解析】** C。企业纳税年度发生的亏损,准予向以后年度结转,用以后年度的所得弥补,但结转年限最长不得超过五年。2008年度的亏损结转最长年限是2013年,因此在计算2014年度的应纳税所得额时弥补亏损数只考虑2009年的10万元和2011年的15万元,故该年度应纳税所得额为74 - 10 - 15 = 49万元。

## 【知识链接】6-4

不得在税前扣除的其他情形。

(1)企业对外投资期间,投资资产的成本在计算应纳税所得额时不得扣除。

(2)企业发生的资本性支出应当分期扣除或者计入有关资产成本,不得在发生当期直接扣除。

(3)除企业依照国家有关规定为特殊工种职工支付的人身安全保险费和国务院财政、税务主管部门规定可以扣除的其他商业保险费外,企业为投资者或者职工支付的商业保险费,不得扣除。

(4)企业之间支付的管理费、企业内营业机构之间支付的租金和特许权使用费以及非银行企业内营业机构之间支付的利息,不得扣除。

(5)企业依照法律、行政法规有关规定提取的用于环境保护、生态恢复等方面的专项资金,之后改变用途的,不得扣除。

(6)企业的不征税收入用于支出所形成的费用,不得扣除。

(7)企业在汇总计算缴纳企业所得税时,其境外营业机构的亏损不得抵减境内营业机构的盈利。

## 【知识链接】6-5

《企业所得税法》规定,下列固定资产不得计算折旧扣除:

(1)房屋、建筑物以外未投入使用的固定资产;

(2)以经营租赁方式租入的固定资产;

(3)以融资租赁方式租出的固定资产;

(4)已足额提取折旧仍继续使用的固定资产;

(5)与经营活动无关的固定资产;

(6)单独估价作为固定资产入账的土地;

(7)其他不得计算折旧扣除的固定资产。

《企业所得税法》规定,下列无形资产不得计算摊销费用扣除:

(1)自行开发的支出已在计算应纳税所得额时扣除的无形资产;

(2)自创商誉;

(3)与经营活动无关的无形资产;

(4)其他不得计算摊销费用扣除的无形资产。

## 二、企业所得税的计算

### (一)居民企业应纳税额的计算

《企业所得税法》规定,居民企业的应纳税额等于应纳税所得额乘以适用税率,减除减免税额和抵免税额后的余额。其计算公式为

应纳税额 = 应纳税所得额 × 适用税率 - 减免税额 - 抵免税额

公式中的减免税额和抵免税额,是指依照《企业所得税法》和国务院的税收优惠规定减征、免征和抵免的应纳税额。

在实际工作中,应纳税所得额的计算一般有直接计算法和间接计算法。

1. 直接计算法

在直接计算法下,应纳税所得额的计算公式为

应纳税所得额 = 收入总额 - 不征税收入 - 免税收入 - 各项扣除 - 允许弥补的以前年度亏损

2. 间接计算法

在间接计算法下,应纳税所得额的计算公式为

应纳税所得额 = 会计利润总额 + 纳税调增项目金额 - 纳税调减项目金额

由于间接计算法是以现成的会计利润总额为基础,只对税法与财务会计处理不一致的地方进行调整,因此简便易行,被广泛采用。

**【例6-7】** 某企业2013年度利润总额116万元。该企业平均职工人数100人,发放工资120万元,并按实发工资的2%、14%、2.5%分别计提职工工会经费、职工福利费和职工教育经费,共22.2万元。本年销售收入总额为1 860万元,计入管理费用的业务招待费9.38万元,计算该企业应纳所得税税额。

**【解析】** (1)允许列支的业务招待费 = 实际发生的业务招待费 ×60%

且≤销售(营业)收入净额 ×5‰

业务招待费上限 $=1\ 860\times5‰=9.3$（万元）

允许列支的业务招待费 $=9.38\times60\%=5.628$（万元）$<9.3$ 万元

业务招待费应调增的应纳税所得额 $=9.38-5.628=3.752$（万元）

(2)应纳税所得额 $=116+3.752=119.752$（万元）

(3)应纳税额 $=119.752\times25\%=29.938$（万元）

## (二)境外所得抵扣税额的计算

企业取得的下列所得已在境外缴纳的所得税税额，不超过抵免限额部分，可以从当期应纳税额中抵免；超过抵免限额的部分，可以在以后5个年度内，用每年度抵免限额抵免当年应抵税额后的余额进行抵补。

(1)居民企业来源于中国境外的应税所得。

(2)非居民企业在中国境内设立机构、场所，取得发生在中国境外但与该机构、场所有实际联系的应税所得。

已在境外缴纳的所得税税额，是指企业来源于中国境外的所得依照中国境外税收法律以及相关规定应当缴纳并已经实际缴纳的企业所得税性质税款。企业依照《企业所得税法》的规定抵免企业所得税税额时，应当提供中国境外税务机关出具的税款所属年度的有关纳税凭证。

抵免限额是指企业来源于中国境外的所得，依照《企业所得税法》及其实施条例规定计算的应纳税额。除国务院财政、税务主管部门另有规定外，该抵免限额应当分国（地区）不分项计算，其计算公式为

抵免限额＝中国境内、境外所得依照企业所得税法和实施条例的规定计算的应纳税总额×来源于某国（地区）的应纳税所得额÷中国境内、境外应纳税所得总额

前述5个年度是指从企业取得的来源于中国境外的所得，已经在中国境外缴纳的企业所得税性质的税额超过抵免限额的当年的次年起连续5个纳税年度。

**【例6-8】** 某企业应纳税所得额为100万元，适用25%的企业所得税税率。另外，该企业分别在A、B两国已设有分支机构（我国与A、B两国签订避免双重征税协定），在A、B国分支机构的所得额分别为50万元和30万元，A、B两国的税率分别为30%和20%。计算该企业当年在中国应纳企业所得税税额。

**【解析】** 境内、境外所得按税法计算的应纳税总额 $=(100+50+30)\times25\%$

$=45$（万元）

A国已纳税款 $=50\times30\%=15$（万元）

A国扣除限额 $=45\times[50\div(100+50+30)]=12.5$（万元）

A国已纳税款15万元大于允许扣除限额12.5万元，因此只能扣除12.5万元的抵免限额，超出的2.5万元不允许当年扣除。

B国已纳税款 $=30\times20\%=6$（万元）

B国扣除限额 $=45\times[30\div(100+50+30)]=7.5$（万元）

B国已纳税款6万元小于允许扣除限额7.5万元，因此应该按境外实际缴纳的税款6万元抵免。

该企业当年在中国应纳企业所得税税额 = 45 − 12.5 − 6 = 26.5(万元)

## (三)非居民企业所得税额的计算

非居民企业在中国境内设立机构、场所的，以其所设机构、场所取得的来源于中国境内的所得，以及发生在中国境外但与其所设机构、场所有实际联系的所得的应纳税所得额，应纳税额的计算比照居民企业的规定处理。

非居民企业在中国境内未设立机构、场所的，或者虽设立机构、场所但取得的所得与其所设机构、场所没有实际联系的所得，按照下列方法计算应纳税所得额。

(1)股息、红利等权益性投资收益和利息、租金、特许权使用费所得，以收入全额为应纳税所得额。

(2)转让财产所得，以收入全额减除财产净值后的余额为应纳税所得额。

(3)其他所得，参照前两项规定的方法计算应纳税所得额。

收入全额是指非居民企业向支付方收取的全部价款和价外费用。其应纳税额的计算公式为

应纳税额 = 应纳税所得额 × 适用税率(10%)

**【例6-9】** 某非居民企业在中国境内未设立机构、场所，但在上海拥有一房产，2013年获得房屋租金收入12万元。请问该非居民企业应该缴纳的预提所得税是多少？

**【解析】** 应纳预提所得税 = 12 × 10% = 1.2(万元)

**【例6-10】** 某工业企业2013年度生产经营情况如下。

(1)销售收入4 500万元，销售成本2 000万元，增值税700万元，销售税金及附加80万元。

(2)其他业务收入300万元。

(3)销售费用1 500万元，其中含广告费800万元、业务宣传费20万元。

(4)管理费用500万元，其中含业务招待费50万元、研究新产品费用40万元。

(5)财务费用80万元，其中含向非金融机构借款1年的利息50万元，年息10%(银行同期同类贷款利率6%)。

(6)营业外支出30万元，其中含向供货商支付违约金5万元，接受工商局罚款1万元，通过政府部门向灾区捐赠20万元。

(7)投资收益18万元，系从直接投资外地居民公司而分回税后利润17万元(该居民公司适用税率15%)和国债利息1万元。

(8)该企业账面会计利润628万元，已预缴企业所得税157万元。

要求计算该企业：

(1)2013年度的应税收入总额；

(2)2013年度的应税成本、税金、费用、营业外支出扣除额(考虑优惠因素)；

(3)2013年度的应纳税所得额；

(4)2013 年度的应纳税额;

(5)2013 年度应退补的所得税额。

(注:非金融企业向非金融企业借款的利息支出,不超过按照金融企业同期同类贷款利率计算的数额的部分据实扣除,超过部分不许扣除。)

**【解析】** 采用方法1,直接计算法计算企业应纳的企业所得税。

(1)计算该企业应纳税收入总额。

2013 年度的应税收入总额 = 4 500 + 300 = 4 800(万元)(居民企业直接投资于其他居民企业属于免税收入)

(2)分析计算可扣除项目金额。

①广告费扣除限额 = 4 800 × 15% = 720(万元) < 820(万元)

销售费用可扣除 = 1 500 − 820 + 720 = 1 400(万元)

②业务招待费扣除限额:50 × 60% = 30(万元),4 800 × 5‰ = 24(万元) 可扣除 24 万元

研发费用可加计扣除 = 40 × 50% = 20(万元)

管理费用可扣除 = 500 − 50 + 24 + 20 = 494(万元)

③借款利息费用可扣除限额 = 50 ÷ 10% × 6% = 30(万元)

财务费用可扣除 = 80 − 50 + 30 = 60(万元)

④捐赠支出扣除限额 = 628 × 12% = 75.36(万元) > 20(万元)

营业外支出扣除限额 = 30 − 1 = 29(万元)

因此,2013 年度税前扣除总额 = 2 000 + 80 + 1 400 + 494 + 60 + 29 = 4 063(万元)

(3)2013 年度应纳税所得额 = 4 800 − 4 063 = 737(万元)

(4)2013 年度应纳税额 = 737 × 25% = 184.25(万元)

(5)2013 年度应补缴所得税 = 184.25 − 157 = 27.25(万元)

## 【课堂训练】

某工业企业 2013 年产品销售收入 3 000 万元,销售成本 1 500 万元,销售税金及附加 12 万元,销售费用 200 万元(含广告费 100 万元),管理费用 500 万元(含招待费 20 万元,办公室房租 36 万元,存货跌价准备 2 万元),投资收益 40 万元(含国债利息 6 万元、从深圳联营企业分回税后利润 34 万元),营业外支出 10.5 万元,系违反购销合同被供货方处以的违约罚款。

其他补充资料:①当年 9 月 1 日起租用办公室,支付 2 年房租 36 万元;②企业已预缴税款 190 万元。

要求:(1)计算该企业所得税前可扣除的销售费用;

(2)计算该企业所得税前可扣除的管理费用;

(3)计算该企业计入计税所得的投资收益;

(4)计算该企业应纳税所得额;

(5)计算该企业应纳的所得税税额;

(6)计算该企业 2013 年度应补(退)的所得税税额。

答案:(1)广告费税前扣除限额 =3 000 ×15% =450(万元)>100 万元,销售费用可税前扣除 200 万元。

(2)业务招待费税前扣除限额 =20 ×60% =12(万元),3 000 ×5‰ =15(万元),因此,业务招待费可税前扣除 12 万元。

经营性租入固定资产应按受益时间均匀扣除。36 ÷24 ×4 =6(万元)

存货跌价准备税前不得扣除。

管理费用税前扣除金额为:500 -20 +12 -36 +6 -2 =460(万元)

(3)国债利息收入免征企业所得税。居民企业直接投资于其他居民企业的投资收益免征企业所得税。

(4)应纳税所得额 =3 000 -1 500 -12 -200 -460 -10.5 =817.5(万元)

(5)应纳税额 =817.5 ×25% =204.38(万元)

(6)2013 年度应补缴所得税 =204.38 -190 =14.38(万元)

# 任务 3　企业所得税的账务处理

## 一、资产、负债的计税基础

在确定资产、负债的计税基础时,应严格遵循税收法规中对于资产的税务处理以及可税前扣除的费用等规定。

### (一)资产的计税基础

资产的计税基础是指企业收回资产账面价值过程中,计算应纳税所得额时按照税法规定可以自应税经济利益中抵扣的金额,即该项资产在未来期间计税时按照税法规定可以税前扣除的金额。资产在初始确认时,其计税基础一般为取得成本。在资产持续持有的过程中,其计税基础是指资产的取得成本减去以前期间按照税法规定已经税前扣除的金额后的余额。如固定资产、无形资产等长期资产在某一资产负债表日的计税基础是指该资产的实际成本扣减按照税法规定已在以前期间税前扣除的累计折旧额或累计摊销额后的金额。即通常情况下,资产取得时其入账价值与计税基础是相同的,后续计量因会计准则规定与税法规定不同,可能造成账面价值与计税基础的差异。

资产账面价值与计税基础可能存在差异的主要有:固定资产、无形资产、交易性金融资产、可供出售金融资产、长期股权投资、其他计提减值准备的资产等。

1. 固定资产

固定资产会计与税收处理的差异主要来自折旧方法、折旧年限的不同以及固定资产减值准备的提取。

2. 无形资产

除内部研究开发形成的无形资产以外,其他形式取得的无形资产,初始确认时按照会计准则规定确定的入账价值与按税法规定确定的计税成本之间一般不存在差异。无形资产的差异主要产生于内部研究开发形成的无形资产以及使用寿命不确定的无形资产。

3.除金融资产以外的其他资产

企业会计准则规定与税法规定不同,企业持有的其他资产,可能造成其账面价值与计税基础之间存在差异。如投资性房地产、其他计提了资产减值准备的各项资产。

例如:某公司年末存货账面余额150万元,已提存货跌价准备60万元。按照企业会计准则规定,存货账面价值为90万元,如果按照税法规定,存货在持有期间公允价值变动不计入应纳税所得额。所以,存货的计税基础仍为150万元。

### (二)负债的计税基础

负债的计税基础是指负债的账面价值减去未来期间计算应纳税所得额时按照税法规定可予抵扣的金额。一般而言,短期借款、应付票据、应付账款、其他应交款等负债的确认和偿还,不会对当期损益和应纳税所得额产生影响,其计税基础即为账面价值。

某些情况下,负债的确认可能会涉及损益,进而影响不同期间的应纳税所得额,使得其计税基础与账面价值之间产生差额,如按照会计规定确认的某些预计负债。

## 二、暂时性差异

暂时性差异是指资产、负债的账面价值与其计税基础不同产生的差额。

按照对未来期间应纳税所得额的影响,暂时性差异可分为应纳税暂时性差异和可抵扣暂时性差异。

(1)应纳税暂时性差异是指在确定未来收回资产或清偿负债期间的应纳税所得额时,将导致产生应纳税金额的暂时性差异,即期末如果资产的账面价值比其计税基础高或负债的账面价值比其计税基础差。例如,固定资产折旧。

(2)可抵扣暂时性差异是指在确定未来收回资产或清偿负债期间的应纳税所得额时,将导致产生可抵扣金额的暂时性差异,即期末如果资产的账面价值比其计税基础差或负债的账面价值比其计税基础高,产生可抵扣暂时性差异。

**【例6-11】** 某企业支付120万元取得一项交易性金融资产,当期期末市价为145万元。在会计上,交易性金融资产期末按公允价值计量,公允价值变动计入当期损益;而税法规定只能按成本计量。因此,交易性金融资产账面价值为145万元,而计税基础为120万元,产生了应纳税暂时性差异25万元。

**【例6-12】** A企业自行开发并依法申请取得一项专利权。会计上将专利取得确认前的研发费用18万元直接记入当期损益,仅按申报费等共计0.4万元计入无形资产。但按税法的规定该项专利权要按开发过程中的实际支出计价,将来再逐期摊销,即税务部门允许在未来期间作为抵扣项目的18.4万元,与会计上专利权这项资产的账面金额0.4万元之间的差额18万元形成可抵扣暂时性差异。

## 三、递延所得税资产和递延所得税负债的确认和计量

企业应当将当期和以前期间应交未交的所得税确认为负债,将已支付的所得税超过应

支付的部分确认为资产。

企业应于资产负债表日，分析比较资产、负债的账面价值与其计税基础，两者之间存在应纳税暂时性差异的，根据应纳税暂时性差异与适用所得税税率计算的结果确认递延所得税负债；两者之间存在可抵扣暂时性差异的，根据可抵扣暂时性差异与适用所得税税率计算的结果确认递延所得税资产。然后确认相应的递延所得税费用（或收益）。

应纳税暂时性差异与可抵扣暂时性差异的识别见表6-1。

**表6-1　应纳税暂时性差异与可抵扣暂时性差异的识别表**

| 账面价值与计税基础 | 资　产 | 负　债 |
|---|---|---|
| 账面价值 > 计税基础 | 应纳税暂时性差异（递延所得税负债） | 可抵扣暂时性差异（递延所得税资产） |
| 账面价值 < 计税基础 | 可抵扣暂时性差异（递延所得税资产） | 应纳税暂时性差异（递延所得税负债） |

## 四、所得税费用的确认和计量

企业在计算确定当期应交所得税以及递延所得税费用（或收益）的基础上，应将两者之和（或差）确认为利润表的所得税费用（或收益），但不包括直接计入所有者权益的交易或事项的所得税影响，即

所得税费用（或收益）= 当期应交所得税 + 递延所得税费用（ - 递延所得税收益）

**【例6-13】** 某项环保设备，原价为1 000万元，使用年限为20年，会计规定按照直线法计提折旧，税法允许采用双倍余额递减法计提折旧，净残值为0元。在计提折旧2年后的资产负债表日，企业对该项固定资产计提了80万元固定资产减值准备。

**【解析】**

该资产的账面价值 = 1 000 - 1 000 ÷ 20 × 2 - 80 = 1 000 - 100 - 80 = 820（万元）

该资产的计税基础 = 1 000 - 1 000 × 2 ÷ 20 - (1 000 - 100) × 2 ÷ 20

= 1 000 - 100 - 90 = 810（万元）

由于账面价值 > 计税基础，产生应纳税暂时性差异10万元，确认递延所得税负债。

递延所得税负债 = 10 × 25% = 2.5（万元）

## 五、会计科目设置

### （一）“所得税费用”科目

“所得税费用”科目属于损益类科目，核算企业从本期损益中扣除的所得税费用。本账户可设置“当期所得税费用”和“递延所得税费用”两个明细账户进行核算。

借方登记本期应交的所得税额，贷方登记期末时将本期的所得税额转入“本年利润”科目的数额。经过结转后，该科目无余额。

### （二）“应交税费”科目

企业按照税法规定计算应交的所得税，借记“所得税费用”科目，贷记本科目（应交税

费——应交所得税)。缴纳的所得税,借记本科目,贷记“银行存款”等科目。

### (三)“递延所得税资产”科目

(1)“递延所得税资产”科目核算企业确认的可抵扣暂时性差异产生的递延所得税资产。本科目期末借方余额,反映企业确认的递延所得税资产。本科目应按可抵扣暂时性差异等项目进行明细核算。

(2)递延所得税资产的账务处理。资产负债表日,企业确认的递延所得税资产,借记本科目,贷记“所得税费用——递延所得税费用”科目。资产负债表日递延所得税资产的应有余额大于其账面余额的,就按其差额确认,借记本科目,贷记“所得税费用——递延所得税费用”等科目;资产负债表日递延所得税资产的应有余额小于其账面余额的差额及资产负债表日预计未来期间很可能无法获得足够的应纳税所得额用以抵扣可抵扣暂时性差异,做相反的会计分录。期末借方余额,反映企业确认的递延所得税资产。

### (四)“递延所得税负债”科目

(1)“递延所得税负债”科目核算企业确认的应纳税暂时性差异产生的所得税负债,本科目期末贷方余额,反映企业已确认的递延所得税负债。本科目按应纳税暂时性差异的项目进行明细核算。

(2)递延所得税负债的主要账务处理。资产负债表日,企业确认的递延所得税负债,借记“所得税费用——递延所得税费用”科目,贷记本科目。资产负债表日递延所得税负债应有余额大于其账面余额的,应按其差额确认,借记“所得税费用——递延所得税费用”科目,贷记本科目;资产负债表日递延所得税负债的应有余额小于其账面余额的差额,做相反的会计分录。

## 【知识链接】6-5

企业所得税会计核算的具体程序。

所得税会计核算程序

(1)确定资产、负债的账面价值;

(2)确定资产、负债的计税基础;

(3)确定暂时性差异,并用未来可税前列支金额分别确定资产、负债导致的是可抵扣暂时性差异还是应纳税暂时性差异;

(4)计算递延所得税资产和递延所得税负债的确认额或转回额;

(5)计算当期应交所得税额;

(6)确定当期所得税费用。

**【例 6-14】** 某企业根据其资产负债表有关项目列示的数字和有关账簿记录分析可知:本年度利润总额为 400 万元,无应纳税暂时性差异和可抵扣暂时性差异,适用的所得税税率为 25%。编制有关会计分录(单位:万元)。

**【解析】**

(1)计算应缴所得税时:

借:所得税费用——当期所得税费用　　1 000 000

　贷:应交税费——应交所得税　　100 000

(2)实际缴纳所得税时:

借:应交税费——应交所得税　　1 000 000

　贷:银行存款　　1 000 000

**【例6-15】** 2011年12月30日,某公司以1 000万元购入一台不需安装的机器,预计无残值。会计和税法规定按直线法计提折旧,会计折旧年限为4年,税法规定折旧年限为5年,该企业各年利润总额均为10 000 000元,所得税税率为25%。2012年5月,该公司因生产污染被处以500 000元罚款;2013年6月,该公司获得国债利息收入400 000元。计算2012年及2013年应交所得税额并进行会计处理。

**【解析】**

2012年末,会计折旧(按4年)=2 500 000(元),账面价值=10 000 000-2 500 000=7 500 000(元)。

2012年末,税法折旧(按5年)=2 000 000(元),计税基础=10 000 000-2 000 000=8 000 000(元)。

可抵扣暂时性差异=500 000(元),产生递延所得税资产=500 000×0.25=125 000(元)。

2012年,应纳税所得额=10 000 000+500 000(可抵扣暂时性差异)+500 000(罚款为永久性差异)=11 000 000(元);应纳所得税=11 000 000×0.25=2 750 000(元)。

会计分录为:

借:所得税费用　　2 625 000

　递延所得税资产　　125 000

　贷:应交税费——应交所得税　　2 750 000

2013年末,账面价值=7 500 000-2 500 000=5 000 000(元)。

2013年末,计税基础=8 000 000-2 000 000=6 000 000(元)。

可抵扣暂时性差异=1 000 000(元),递延所得税资产期末余额=1 000 000×0.25=250 000(元),本期应确认递延所得税资产=250 000-125 000=125 000(元)。

2013年,应纳税所得额=10 000 000-400 000(国债收入为永久性差异)+500 000(可抵扣暂时性差异)=10 100 000(元);应纳所得税=10 100 000×0.25=2 525 000(元)。

会计分录为:

借:所得税费用　　2 400 000

　递延所得税资产　　125 000

　贷:应交税费——应交所得税　　2 525 000

另外应注意的是,递延所得税资产意味着企业已支付的所得税超过其应支付的部分,因而可用于抵减未来应纳税所得额。如果企业预计在未来期间很可能无法获得足够的应纳税所得额用于抵扣,那么递延所得税资产和其他资产一样也应减记其账面价值。

# 任务4　企业所得税的纳税申报

## 一、企业所得税的纳税期限和纳税地点

### (一)企业所得税的纳税期限

企业所得税的纳税年度,自公历1月1日起至12月31日止。企业在一个纳税年度的中间开业,或者由于合并、关闭等原因终止经营活动,使该纳税年度的实际经营期不足12个月的,应当以其实际经营期为一个纳税年度。企业清算时,应当以清算期间作为一个纳税年度。

企业应当自月份或者季节终了之日起15日内,向税务机关报送预缴企业所得税的纳税申报表,预缴税款。

企业应当自年度终了之日起5日内,向税务机关报送年度企业所得税纳税申报表,并汇算清缴,结清应缴应退税款。

企业在年度中间终止经营活动的,应当自实际经营终止之日起60日内,向税务机关办理当期企业所得税汇算清缴。

### (二)企业所得税的纳税地点

(1)除税收法律、行政法规另有规定外,居民企业以企业登记注册地为纳税地点;但登记注册地在境外的,以实际管理机构所在地为纳税地点。企业登记注册地是指企业依照国家有关规定登记注册的住所地。

(2)居民企业在中国境内设立不具有法人资格的营业机构的,应当汇总计算并缴纳企业所得税。企业汇总计算并缴纳企业所得税时,应当统一核算应纳税所得额,具体办法由国务院财政、税务主管部门另行制定。

(3)非居民企业在中国境内设立机构、场所的,应当就其所设机构、场所取得的来源于中国境内的所得,以及发生在中国境外但与其所设机构、场所有实际联系的所得,以机构、场所所在地为纳税地点。

(4)非居民企业在中国境内未设立机构、场所的,或者虽设立机构、场所但取得的所得与其所设机构、场所没有实际联系的所得,以扣缴义务人所在地为纳税地点。

(5)除国务院另有规定外,企业之间不得合并缴纳企业所得税。

## 二、企业所得税的征收方法

企业所得税的缴纳实行按年计算,分月或分季预缴的办法。月份或者季度终了后15日内预缴,年度终了后4个月内汇算清缴,多退少补。分月预缴或分季预缴,由税务机关根据纳税人税额的大小具体核定。纳税人预缴所得税时,应当按纳税期限的实际数预缴。如按实际数预缴有困难的,可以按上一年度应纳税所得额的1/12或1/4,或经当地税务机关认可的其他方式预缴所得税。预缴方式一经确定,不得随意改变。

## 三、企业所得税的纳税申报

纳税人在纳税年度内无论盈利或亏损,都应当按照规定的期限,向当地主管税务机关报送预缴企业所得税纳税申报表、年度企业所得税纳税申报表、财务会计报告和税务机关规定应当报送的其他资料。

企业所得税的征收方式包括查账征收和核定征收。下面介绍查账征收企业所得税的企业在年度汇算清缴时如何填写企业所得税纳税申报主表(表6-3)。

### 【纳税申报工作实例】

伟华公司是北京市的一家制造型企业,主要生产电子产品,该公司已经实行新的企业会计准则。该公司2013年利润表如表6-2所示。

**表6-2 伟华公司2013年利润表**

| 项 目 | 金 额 |
|---|---|
| 一、营业收入 | 48 870 000 |
| 减:营业成本 | 31 800 000 |
| 营业税金及附加 | 260 900 |
| 销售费用 | 4 500 000 |
| 管理费用 | 3 500 000 |
| 财务费用 | 1 200 000 |
| 资产减值损失 | 90 000 |
| 加:公允价值变动收益 | 0 |
| 投资收益 | 250 000 |
| 二、营业利润 | 7 769 100 |
| 加:营业外收入 | 154 500 |
| 减:营业外支出 | 1 325 520 |
| 三、利润总额 | 6 598 080 |

经查该公司账务处理符合会计制度的规定,利润总额计算正确。通过审查该公司的账簿,获得如下信息。

(1)该公司2013年发生企业所得税法规定的视同销售行为,应计算的视同销售收入为1 130 000元,视同销售成本为1 000 000元。

(2)职工总数380人,全年实际发放工资总额为5 000 000元,已列支,经审查,属于合理的工资薪金支出。实际支出的职工工会经费、职工教育经费、职工福利费均符合税法规定的扣除比例。该公司2013年雇用了15名残疾职工,向残疾职工发放的工资合计为320 000元。

(3)销售费用中,列支广告费和业务宣传费2 250 000元,以前年度尚未扣除的广告费为1 200 000元。

(4)管理费用中,列支业务招待费600 000元,开发新产品的研发费用300 000元。

(5)财务费用中,有一笔从其他企业借入的资金 1 000 000 元,本年度支付该项借款利息 120 000 元,已列支,同期同类银行贷款年利率为 8%。

(6)在营业外支出中,通过希望工程基金会向贫困山区小学捐款 250 000 元,通过中国减灾委员会向灾区捐赠 300 000 元;因逾期缴纳税款,被处以税收滞纳金和罚款 50 000 元。

(7)该企业的投资收益系从其投资的高科技企业分得的税后利润,该高科技企业适用的企业所得税税率为 15%。

(8)该企业上一年度亏损 2 000 000 元。

该企业已经预缴所得税 1 149 520 元。请根据上述资料,依税法规定分项进行纳税调整,计算该企业应补(退)企业所得税,并填写企业所得税纳税申报表。

**【解析】**

(1)该企业的利润总额为 6 598 080 元。由于该企业是按照新会计准则进行账务处理,且其账务处理符合会计制度的规定,因此其利润表的数字可以直接填入企业所得税年度纳税申报表第 1 ~ 13 行。

(2)进行纳税调整。

①视同销售。视同销售收入 1 130 000 元应该进行纳税调增,视同销售成本 1 000 000 元应该进行纳税调减。

②工资薪金、职工工会经费、职工教育经费、职工福利费。由于工资薪金、职工工会经费、职工教育经费、职工福利费符合税法规定,允许在税前扣除,所以无须进行纳税调整。

企业支付给残疾职工的工资 320 000 元,在据实扣除的基础上,可以加计 100% 扣除,即需要进行纳税调减 320 000 元。

③广告费和业务宣传费。企业计算广告费和业务宣传费、业务招待费税前扣除限额的基数——销售(营业)收入中包括主营业务收入、其他业务收入和视同销售收入。

销售(营业)收入 = 48 870 000 + 1 130 000 = 50 000 000 (元)

广告费和业务宣传费税前扣除限额 = 50 000 000 × 15% = 7 500 000(元)

因此,2013 年发生的 2 250 000 元广告费和业务宣传费可以在税前扣除,以前年度尚未扣除的 1 200 000 元广告费也可以在 2013 年扣除,因此应纳税所得额调减 1 200 000 元。

④业务招待费。业务招待费发生额的 60% 为 360 000 元。

税前扣除限额 = 50 000 000 × 5‰ = 250 000(元)

由于业务招待费发生额的 60% 小于当年销售收入的 5‰,因此在计算应纳税所得额时按照 250 000 元扣除,实际支出的业务招待费 600 000 元和税前扣除的业务招待费 250 000 元之间的差额 350 000 元做纳税调增处理。

⑤研发费用。企业为开发新技术、新产品、新工艺发生的研究开发费用,未形成无形资产计入当期损益的,在按规定实行 100% 扣除基础上,按研究开发费用的 50% 加计扣除,因此该企业可以加计扣除 150 000 元的研发费用。

⑥利息支出。拆借资金利息支出超过标准,应调增应纳税所得额 = 120 000 − 1 000 000 × 8% = 40 000(元)。

⑦捐赠支出。

捐赠支出的扣除限额 = 6 598 080 × 12% = 791 769.6(元)

由于该公司通过希望工程基金会向贫困山区小学的捐款250 000元未超过扣除限额，通过中国减灾委员会向灾区的捐赠300 000元捐赠可以全额在税前扣除，因此无须进行纳税调整。

⑧税收滞纳金和罚款。税收滞纳金和罚款不得在税前扣除，因此应纳税所得额调增50 000元。

⑨投资收益。该企业从其投资的高科技企业分得的投资收益属于免税收入，应纳税所得额调减250 000元。

纳税调整增加额＝1 130 000＋350 000＋40 000＋50 000＝1 570 000(元)

纳税调整减少额＝1 000 000＋320 000＋1 200 000＋ 150 000＋250 000
＝2 920 000(元)

纳税调整后所得＝6 598 080＋1 570 000－2 920 000＝5 248 080(元)

(3)弥补上一年度亏损。

上一年度2 000 000元可以在本年度进行弥补。

应纳税所得额＝5 248 080－2 000 000＝3 248 080(元)

(4)计算应纳税额和应补(退)税额。

应纳税额＝3 248 080×25%＝812 020(元)

由于该企业已经预缴了1 149 520元的税款，因此应退税337 500元。企业所得税纳税申报表的填写如表6-3所示。

**表6-3 中华人民共和国企业所得税年度纳税申报表(A类)**

税款所属期间：2013年1月1日至2013年12月31日

纳税人识别号：□□□□□□□□□□□□□□□□□

纳税人名称： 金额单位：元(列至角分)

| 类别 | 行次 | 项 目 | 金额 |
|---|---|---|---|
| 利润总额计算 | 1 | 一、营业收入(填附表一) | 48 870 000.00 |
| | 2 | 减：营业成本(填附表二) | 31 800 000.00 |
| | 3 | 营业税金及附加 | 260 900.00 |
| | 4 | 销售费用(填附表二) | 4 500 000.00 |
| | 5 | 管理费用(填附表二) | 3 500 000.00 |
| | 6 | 财务费用(填附表二) | 1 200 000.00 |
| | 7 | 资产减值损失 | 90 000.00 |
| | 8 | 加：公允价值变动收益 | 0.00 |
| | 9 | 投资收益 | 250 000.00 |
| | 10 | 二、营业利润 | 7 769 100.00 |
| | 11 | 加：营业外收入(填附表一) | 154 500.00 |
| | 12 | 减：营业外支出(填附表二) | 1 325 520.00 |
| | 13 | 三、利润总额(第10行＋第11行－第12行) | 6 598 080.00 |

续表

| 类别 | 行次 | 项　目 | 金额 |
|---|---|---|---|
| 应纳税所得额计算 | 14 | 加:纳税调整增加额(填附表三) | 1 570 000.00 |
| | 15 | 减:纳税调整减少额(填附表三) | 2 920 000.00 |
| | 16 | 其中:不征税收入 | 0.00 |
| | 17 | 免税收入 | 250 000.00 |
| | 18 | 减计收入 | 0.00 |
| | 19 | 减、免税项目所得 | 0.00 |
| | 20 | 加计扣除 | 470 000.00 |
| | 21 | 抵扣应纳税所得额 | 0.00 |
| | 22 | 加:境外应税所得弥补境内亏损 | 0.00 |
| | 23 | 纳税调整后所得(第13行+第14行-第15行+第22行) | 5 248 080.00 |
| | 24 | 减:弥补以前年度亏损(填附表四) | 2 000 000.00 |
| | 25 | 应纳税所得额(第23行-第24行) | 3 248 080.00 |
| 应纳税额计算 | 26 | 税率(25%) | 25% |
| | 27 | 应纳所得税额(第25行×第26行) | 812 020.00 |
| | 28 | 减:减免所得税额(填附表五) | 0.00 |
| | 29 | 减:抵免所得税额(填附表五) | 0.00 |
| | 30 | 应纳税额(第27行-第28行-第29行) | 812 020.00 |
| | 31 | 加:境外所得应纳所得税额(填附表六) | 0.00 |
| | 32 | 减:境外所得抵免所得税额(填附表六) | 0.00 |
| | 33 | 实际应纳所得税额(第30行+第31行-第32行) | 812 020.00 |
| | 34 | 减:本年累计实际已预缴的所得税额 | 1 149 520.00 |
| | 35 | 其中:汇总纳税的总机构分摊预缴的税额 | 0.00 |
| | 36 | 汇总纳税的总机构财政调库预缴的税额 | 0.00 |
| | 37 | 汇总纳税的总机构所属分支机构分摊的预缴税额 | 0.00 |
| | 38 | 合并纳税(母子体制)成员企业就地预缴比例 | 0.00 |
| | 39 | 合并纳税企业就地预缴的所得税额 | 0.00 |
| | 40 | 本年应补(退)的所得税额(第33行-第34行) | -337 500.00 |
| 附列资料 | 41 | 以前年度多缴的所得税额在本年抵减额 | 0.00 |
| | 42 | 以前年度应缴未缴在本年入库所得税额 | 0.00 |

| 纳税人公章: | 代理申报中介机构公章: | 主管税务机关受理专用章: |
|---|---|---|
| | 经办人及执业证件号码: | 受理人: |
| 经办人: | 经办人执业证件号码: | |
| 申报日期:　年　月　日 | 代理申报日期:　年　月　日 | 受理日期:　年　月　日 |

国家税务总局监制

注:本表适用于实行查账征收企业所得税的居民纳税人填报。

## 【任务小结】

企业所得税是对我国境内的企业和其他取得收入的组织的生产经营所得和其他所得征收的一种税。企业所得税纳税人分为居民企业和非居民企业。

企业所得税的征税对象是指企业的生产经营所得和其他所得,包括销售货物所得,提供劳务所得,转让财产所得,股息红利等权益性投资所得,利息所得、租金所得,特许权使用费所得,接受捐赠所得和其他所得。

企业所得税的税率有基本税率25%、照顾性税率20%(小型微利企业适用)、高新技术企业的税率15%和预提所得税税率10%(部分非居民企业适用。)

企业所得税的计税依据是应纳税所得额,其计算方法有直接计算法和间接计算法。直接计算法的计算公式为:应纳税所得额 = 收入总额 - 不征税收入 - 免税收入 - 各项扣除 - 允许弥补的以前年度亏损。间接计算法的计算公式为:应纳税所得额 = 会计利润总额 + 纳税调增项目金额 - 纳税调减项目金额。

企业所得税会计核算除应设置损益类科目“所得税费用”和负债类科目“应交税费——应交所得税”这两个科目外,还需增加资产类科目“递延所得税资产”和负债类科目“递延所得税负债”,分别核算可抵扣暂时性差异和应纳税暂时性差异。

企业所得税按年计征,分月或者分季度预缴,年终汇算清缴,多退少补。

## 【导入案例解析】

由于该题已知2013年的会计利润,因此采用间接计算法。考虑的关键点是如何调整业务招待费、广告费和业务宣传费。

调整业务招待费:在所得税前列支该费用的60%,但是不能超过主营业务收入的5‰,由于50×0.6=30万,(2 400+400)×5‰=14万,所以所得税前关于业务招待费应该扣除14万,应调增应纳税所得额36万(50-14)。

广告费和业务宣传费:在所得税前列支费用不得超过主营业务收入的15%,(2 400+400)×0.15=420万,大于题目中的320万(广告费)+40万(业务宣传费),所以可以全额在所得税前扣除,所以该部分费用不用调整应纳税所得额。

综上,该企业2013年应纳税所得额为480万元(调整前的利润)+36万元=516万元,应缴纳的企业所得税为516万元×25%=129万元。

# 任务训练

### 一、单项选择训练

1. 某企业的计税工资总额为250万元,其计提的职工工会经费、职工福利费和职工教育经费的总额是(　　)。

A. 25万元　　B. 50万元　　C. 46.25万元　　D. 37.5万元

2. 一般企业用于公益、救济性捐赠在年度应纳税所得额以内准予扣除的比例是年度会计利润的是(　　)。

A. 30%　　B. 12%　　C. 5%　　D. 15%

3. 企业缴纳所得税应在月份或季度终了后的(　　)日内预缴。

A. 30　　B. 45　　C. 15　　D. 60

4. 国务院批准的高新技术产业开发区的高新技术企业，其适用的所得税税率是(　　)。

A. 33%　　B. 30%　　C. 24%　　D. 15%

5. 纳税人计算应纳税所得额时，准予从收入总额中扣除的税金有(　　)。

A. 增值税、消费税、营业税、资源税、城市维护建设税

B. 增值税、消费税、营业税、印花税、城市维护建设税

C. 消费税、营业税、资源税、城市维护建设税、土地增值税

D. 消费税、营业税、资源税、城市维护建设税、印花税

6. 纳税人在计算应纳税所得额时，提取的职工工会经费、职工福利费和职工教育经费可以按照计税工资计算扣除的比例分别是(　　)。

A. 5%、14%、1.5%　　B. 2%、14%、2.5%

C. 2%、10%、3%　　D. 5%、10%、3%

7. 某企业2011年研究开发新产品发生的各项费用为98万元，2012年为105万元，2013年为130万元，则2012年和2013年允许在当年应纳所得税前扣除的研究开发新产品发生的费用分别为(　　)。

A. 105万元、195元　　B. 157.5万元、195万元

C. 105万元、130万元　　D. 157.5万元、130万元

8. 下列项目中，属于不得在税前扣除的是(　　)。

A. 从关联企业取得的借款金额未超过其注册资本50%部分的利息支出

B. 对外投资的借入资金发生的借款费用

C. 从职工福利费中开支的工资

D. 企业向某名牌大学的直接捐赠

9. 根据企业所得税暂行条例的规定，企业的下列各项支出，在计算应纳税所得额时，准予从收入总额中直接扣除的是(　　)。

A. 对外投资的支出

B. 转让固定资产发生的费用

C. 生产经营中因为违反国家法律、法规和规章，被执法机关处以的罚款

D. 以融资租赁方式租入固定资产而发生的租赁费

10. 企业在计算应纳税所得额时，下列项目可以直接扣除的是(　　)。

A. 非广告性质的赞助支出　　B. 销售货物时给予购货方的回扣

C. 对烟草企业的广告宣传费　　D. 逾期归还银行贷款而加收的罚息

**二、多项选择训练**

1. 在计算企业所得税应纳税所得额时，下列项目包括在收入总额中的有(　　)。

A. 产品销售收入　　B. 转让固定资产收入

C. 转让无形资产收入　　D. 保险公司给予的赔款

2. 企业所得税暂行条例中规定的计税工资的范围包括(　　)。

A. 基本工资　　B. 浮动工资　　C. 一般性奖金　　D. 独生子女补贴

3. 计征企业所得税时,下列项目中不允许扣除的有(　　)。

A. 以经营租赁方式租入的固定资产发生的租赁费

B. 纳税人按规定缴纳的残疾人就业保障金

C. 保险公司给予纳税人的保险赔款

D. 企业直接捐赠给小学的计算机设备

4. 按企业所得税法规定,下列固定资产中允许计提折旧的有(　　)。

A. 以经营租赁方式租入的固定资产　　B. 以融资租赁方式租入的固定资产

C. 以经营租赁方式租出的固定资产　　D. 以融资租赁方式租出的固定资产

5. 下列项目中,能够在企业所得税税前扣除的有(　　)。

A. 资源税　　B. 增值税　　C. 土地增值税　　D. 城市维护建设税

6. 根据企业所得税法的规定,下列说法正确的有(　　)。

A. 对在中国境内未设立机构、场所的非居民企业应缴纳的所得税,由纳税人自行申报缴纳

B. 对非居民企业在中国境内取得劳务所得应缴纳的所得税,税务机关可以指定劳务费的支付人为扣缴义务人

C. 扣缴义务人每次代扣的税款,应当自代扣之日起 15 日内缴入国库

D. 应当扣缴的所得税,扣缴义务人未依法扣缴或者无法履行扣缴义务的,由企业在所得发生地缴纳

7. 企业在计算全年应纳税所得额时,应计入应纳税所得额的收入有(　　)。

A. 购买国库券到期兑现的利息收入　　B. 外单位欠款付给的利息

C. 收取的逾期未收回包装物的押金　　D. 无法付出的应付款

8. 下列各项中,不属于企业所得税法的工资、薪金支出范围的有(　　)。

A. 为雇员支付集资分红的支出　　B. 为雇员年终加薪的支出

C. 按规定为雇员缴纳社会保险的支出　　D. 为雇员提供的劳动保护费支出

9.《中华人民共和国企业所得税法》所称来源于中国境内、境外的所得,按照以下原则确定(　　)。

A. 销售货物所得,按照交易活动发生地确定

B. 提供劳务所得,按照劳务发生地确定

C. 不动产转让所得,按照不动产所在地确定

D. 动产转让所得,按照转让动产的企业或者机构、场所所在地确定

10. 企业所得税法的规定,判定居民企业的标准有(　　)。

A. 登记注册地标准　　B. 所得来源地标准

C. 经营行为实际发生地标准　　D. 实际管理机构所在地标准

10. 下列公益、救济性捐赠中，允许全额在税前扣除的有(　　)。

A. 向红十字事业的捐赠　　B. 向老年服务机构的捐赠

C. 向儿童活动中心的捐赠　　D. 向中国人口基金会的捐赠

**三、业务训练**

某公司为居民企业，适用所得税税率25%，递延所得税资产及递延所得税负债不存在期初余额，2011 年度有关经营情况如下。

(1)营业收入7 000 万元，营业成本4 000 万元，营业税金及附加150 万元，增值税1 190 万元。

(2)销售费用1 200 万元，其中广告费1 100 万元；管理费用300 万元，其中业务招待费50 万元，新产品研究开发费用80 万元；财务费用130 万元。

(3)投资收益200 万元，其中国债利息收入40 万元。

(4)营业外支出190 万元，其中公益性捐赠支出180 万元。

(5)合理的工资薪金支出300 万元，职工福利费支出48 万元，拨出的工会经费9 万元，职工教育经费支出11 万元。

要求：计算该公司2011 年应纳所得税额，并编制会计分录。

# 项目七　个人所得税核算与申报

| 知识目标 | 能力目标 |
|---|---|
| 1. 明确居民纳税人和非居民纳税人的征税范围及扣缴义务人的规定。<br>2. 熟悉个人所得税的应税项目及减免税优惠。<br>3. 掌握个人所得税的计税依据的确定。<br>4. 掌握个人所得税应纳税额的计算及会计处理。 | 1. 会计算个人所得税的应纳税额。<br>2. 能够对个人所得税的应纳税额进行会计核算。<br>3. 会确定个人所得税的计税依据。<br>4. 能够对个人所得税进行申报。 |

**【案例导入】**

张教授是A大学的教师，同时也是B公司的高级职员，在两处获取工资。2013年11月，张教授的收入情况如下：(1)在A大学获得工资5 000元；(2)在B公司获得工资6 000元；(3)为C企业进行机械设计，获得报酬5 000元；(4)获得稿酬收入6 000元；(5)抽奖所得5 000元。张教授2013年11月应缴纳的个人所得税是多少？

## 任务1　认识个人所得税

### 一、个人所得税的概念及特点

#### (一)个人所得税的概念

个人所得税是以个人(自然人)取得的各项应税所得为征税对象征收的一种税，是政府利用税收对个人收入进行调节的一种手段。

#### (二)个人所得税的特点

个人所得税具有如下特点。

1. 是一种分类所得税制

世界各国的个人所得税制根据计税方法的不同可分为三种：分类所得税制、综合所得税制和混合所得税制。这三种税制各有所长。目前，我国个人所得税采用分类所得税制，即将个人取得的各项所得划分为11类，分项确定费用减除标准和税率，分项计税。实行分类征收，可以对不同来源的所得实行差别待遇，能够体现国家的政策。

2. 实行不同的费用扣除方式

个人所得的确定与企业所得的确定一样，都需要从取得的收入中扣除相应的成本费用。个人所得税在征收时按分类所得税制的要求，就不同所得类型需要确定不同的费用扣除方式。目前，我国个人所得税的费用扣除方式视情况不同有定额扣除、定率扣除等多种方法。

3. 实行超额累进税率与比例税率两种税率形式

根据各类个人所得的不同性质和特点，我国现行个人所得税采用超额累进税率与比例税率两种税率形式，形成了集多种税率形式和多种税负水平于一体的税率结构。

4. 计算简便

我国个人所得税的费用扣除采取了确定总额进行扣除的方法，免去了对个人实际生活费用支出逐项计算的麻烦。而且各种所得项目实行分项扣除、分项定率、分项计税的方式，其费用扣除项目及方法易于掌握，计算简便，符合个人所得税税制从简的原则。

5. 采取源泉扣缴和自行申报的征收方法

个人所得税的征收方法有支付单位源泉扣缴和纳税人自行申报两种方法。根据税法规定，凡是可以在应税所得的支付环节扣缴个人所得税的，均由扣缴义务人履行代扣代缴义务。对于没有扣缴义务人的以及个人在两处以上取得工资、薪金所得的，由纳税人自行申报纳税。此外，对其他不便于扣缴税款的，亦规定由纳税人自行申报纳税。

## 二、个人所得税的纳税人

个人所得税，以所得人为纳税义务人，以支付所得的单位或者个人为扣缴义务人。依据住所和居住时间两个标准，个人所得税的纳税人可以区分为居民纳税义务人和非居民纳税义务人，两类纳税人分别承担不同的纳税义务。2000 年 1 月 1 日起，个人独资企业和合伙企业投资者也作为个人所得税纳税义务人。

### (一) 居民纳税人

居民纳税义务人是指在中国境内有住所，或者无住所而在境内居住满一年的个人。

所谓在中国境内有住所的个人，是指因户籍、家庭、经济利益关系而在中国境内习惯性居住的个人。习惯性居住是指个人因学习、工作、探亲等原因消除之后，没有理由在其他地方继续居留时要回原地方居住的情形。

“在中国境内居住满一年”是指在一个纳税年度(公历 1 月 1 日起至 12 月 31 日止)内，在中国境内居住满 365 日。在计算居住天数时，对临时离境应视同在华居住，不扣减其在华居住天数。“临时离境”是指在一个纳税年度内，一次不超过 30 日或者多次累计不超过 90 日的离境。

居民纳税人负有无限纳税义务，应就其来源于中国境内和境外的应纳税所得额缴纳个人所得税。

### (二) 非居民纳税人

非居民纳税义务人是指在中国境内无住所又不居住，或者无住所而在境内居住不满一年的个人。在现实生活中，非居民纳税义务人，实际上只能是在一个纳税年度中没有在中国境内居住，或者在中国境内居住不满一年的外籍人员或者香港、澳门、台湾同胞。

非居民纳税义务人负有限的纳税义务，仅就其从中国境内取得的所得，缴纳个人所得税。

### （三）所得来源的确定

下列所得不论支付地点是否在中国境内，均为来源于中国境内的所得。

（1）在中国境内任职、受雇、履约而取得的所得。

（2）将财产出租给承租人在中国境内使用而取得的所得。

（3）转让中国境内的房屋、建筑物、土地使用权等财产或者在中国境内转让其他财产取得的所得。

（4）提供在中国境内许可使用的专利权、非专利技术、商标权、著作权以及其他各种特许权的所得。

（5）因持有中国的各种债券、股票、股权而从中国境内的公司、企业或者其他经济组织以及个人取得的利息、股息、红利所得。

## 三、个人所得税的征收对象

个人所得税以个人取得的各项应税所得为课征对象，具体范围包括下列各项。

### （一）工资、薪金所得

工资、薪金所得是指个人因任职或受雇而从单位取得的工资、薪金、奖金、年终加薪、劳动分红、津贴补助以及其他与任职受雇有关的所得。

### （二）个体工商业户的生产经营所得

个体工商业户的生产经营所得是指以下所得。

（1）个体工商户从事工业、手工业、建筑业、交通运输业、商业、饮食业、服务业、修理业以及其他行业生产经营所得。

（2）个人经政府有关部门批准，取得执照，从事办学、医疗、咨询以及其他有偿服务活动取得的所得。

（3）个人独资企业和合伙企业（非法人企业）不缴纳企业所得税，其投资比照个体工商户的经营所得税目征税。

（4）个体工商户和从事生产、经营的个人，取得与生产、经营活动无关的其他各项应税所得，应分别按照其他应税项目的有关规定，计算征收个人所得税。如对外投资取得的股息所得，应按“利息、股息、红利”项目的规定单独计征个人所得税。

（5）个人独资企业、合伙企业的个人投资者以企业资金为本人家庭和成员及相关人员支付与生产经营无关的消费性支出以及购买汽车、住房等财产性支出的，视为企业对个人投资者的利润分配，计入投资者个人的生产经营所得，依照“个体工商户的生产经营所得”项目计征个人所得税。

### （三）对企事业单位的承包经营、承租经营所得

对企事业单位的承包经营、承租经营所得是指个人承包、承租经营以及转包、转租取得的所得，并包括个人按月或者按次取得的工资、薪金性质的所得。

个人对企事业单位承包、承租经营后，工商登记改变为个体工商户的，按照个体户生产

经营所得交税，不交企业所得税。

个人对企事业单位承包、承租经营后，工商登记仍为企业的，不论其分配方式如何，均应先按照企业所得税的有关规定缴纳企业所得税，再按照下列情况缴纳个人所得税。

(1)承包、承租人对企业经营成果不拥有所有权，仅按合同(协议)规定取得一定所得的，应按工资、薪金所得项目征收个人所得税。

(2)承包、承租人按合同(协议)规定只向发包方、出租人缴纳一定的费用，缴纳承包、承租费后的企业的经营成果归承包、承租人所有的，其取得的所得，按对企事业单位承包、承租经营所得项目征收个人所得税。

### (四)劳务报酬所得

劳务报酬所得是指个人独立从事设计、装潢、安装制图、化验、测试、医疗、法律、会计、咨询、讲学、新闻、广播、翻译、审稿、书画、雕刻、影视、录音、录像、演出、表演、广告、展览、技术服务、介绍服务、经纪服务、代办服务以及其他劳务取得的所得。

如何区分劳务报酬所得和工资薪金所得，主要看是否存在雇佣和被雇佣关系。劳务报酬所得是个人独立从事自由职业或独立提供某种劳务取得的所得，不存在雇佣与被雇佣关系；工资、薪金所得则是个人从事非独立劳动，从所在单位领取报酬，存在雇佣与被雇佣关系。比如，演员从剧团领取的工资应属于工资、薪金范畴，演员自己演出取得的报酬则属于劳务报酬范畴。

### (五)稿酬所得

稿酬所得是指个人因其作品以图书、报刊形式出版、发表而取得的所得。

### (六)特许权使用费所得

特许权使用费所得是指个人提供专利权、著作权、商标权、非专利技术及其他特许使用权取得的所得。

提供著作权的使用权取得的所得，不包括稿酬的所得。对于作者将自己的文字作品手稿原件或复印件公开拍卖取得的所得，应按特许权使用费所得征收个人所得税。

### (七)利息、股息、红利所得

利息、股息、红利所得，是指个人拥有债权、股权而取得的利息、股息、红利所得。个人购买的国库券、金融债券的利息不在其列。

### (八)财产租赁所得

财产租赁所得是指个人出租建筑物、土地使用权、机器设备、车船以及其他自有财产而取得的所得。个人取得财产转租收入，属于“财产租赁所得”的征税范围。

### (九)财产转让所得

财产转让所得是指个人因转让有价证券、股权、土地使用权、建筑物、机器设备、车船以及自有财产而取得的所得(其中，对个人转让股票所得暂不征收)。

### (十)偶然所得

偶然所得是指个人得奖、中奖、中彩以及取得其他带有偶然性质的所得。个人参加企业的有奖销售活动而取得的赠品所得，应按照偶然所得项目征收个人所得税，税款一律由发奖单位或机构代扣代缴。

### （十一）其他所得

除了上述10项个人应税所得外，对于今后可能出现的需要征税的新项目，由国务院财政部门确定征收个人所得税。个人取得的难以界定应税项目的个人所得，由主管税务机关确定。

## 四、个人所得税的税率

我国个人所得税采用分类所得税制，针对不同所得项目分别确定不同的税率形式和适用税率。采用的税率形式有超额累进税率和比例税率，适用的税率具体确定如下。

工资、薪金所得适用3%～45%的七级超额累进税率，如表7-1所示。

表7-1 工资、薪金所得个人所得税税率表

| 级数 | 全月应纳税所得额（元/月） | | 税率（%） | 速算扣除数（元） |
|---|---|---|---|---|
| | 含税级距 | 不含税级距 | | |
| 1 | 不超过1 500元的部分 | 不超过1 455元的部分 | 3 | 0 |
| 2 | 超过1 500元至4 500元的部分 | 超过1 455元至4 155元的部分 | 10 | 105 |
| 3 | 超过4 500元至9 000元的部分 | 超过4 155元至7 755元的部分 | 20 | 555 |
| 4 | 超过9 000元至35 000元的部分 | 超过7 755元至27 255元的部分 | 25 | 1 005 |
| 5 | 超过35 000元至55 000元的部分 | 超过27 255元至41 255元的部分 | 30 | 2 755 |
| 6 | 超过55 000元至80 000元的部分 | 超过41 255元至57 505元的部分 | 35 | 5 505 |
| 7 | 超过80 000元的部分 | 超过57 505元的部分 | 45 | 13 505 |

注：①本表所列含税级距与不含税级距，均为按照税法规定减除有关费用后的所得额，从2011年9月1日起执行。

②含税级距适用于由纳税人负担税款的工资、薪金所得，不含税级距适用于由他人（单位）代付税款的工资、薪金所得。

个体工商户的生产经营所得和对企事业单位的承包经营、承租经营所得适用5%～35%的五级超额累进税率，如表7-2所示。

表7-2 个体工商户的生产经营和对企事业单位的承包经营、承租经营所得的税率表

| 级数 | 全月应纳税所得额（元/月） | | 税率（%） | 速算扣除数（元） |
|---|---|---|---|---|
| | 含税级距 | 不含税级距 | | |
| 1 | 不超过15 000元的部分 | 不超过14 250元的部分 | 5 | 0 |
| 2 | 超过15 000元至30 000元的部分 | 超过14 250元至27 750元的部分 | 10 | 750 |
| 3 | 超过30 000元至60 000元的部分 | 超过27 750元至51 750元的部分 | 20 | 3 750 |
| 4 | 超过60 000元至100 000元的部分 | 超过51 750元至79 750元的部分 | 30 | 9 750 |
| 5 | 超过100 000元的部分 | 超过79 750元的部分 | 35 | 14 750 |

注：①本表所列含税级距与不含税级距，均为按照税法规定纳税人减除有关费用后的所得额，从2011年9月1日起

执行。

②含税级距适用于个体工商户的生产经营和由纳税人负担税款的对企事业单位的承包经营、承租经营所得，不含税级距适用于由他人(单位)代付税款的对企事业单位的承包经营、承租经营所得。

个人独资企业和合伙企业的生产经营所得，也适用5% ~35%的五级超额累进税率。

劳务报酬所得，稿酬所得，特许权使用费所得，利息、股息、红利所得，财产租赁所得，财产转让所得，偶然所得和其他所得，一般适用20%的比例税率。

(1)稿酬所得，一般适用20%的比例税率，并按应纳税额减征30%，故其实际税率为14%。

(2)为了配合国家住房制度改革，支持住房租赁市场的健康发展，对个人出租住房取得的所得减按10%的税率征收个人所得税。

(3)劳务报酬所得适用20%的比例税率。对劳务报酬所得一次收入畸高的，可实行加成征收，其具体办法是：个人一次取得劳务报酬，其应纳税所得额超过20 000元的，为畸高收入；对应纳税所得额超过20 000元至50 000元的部分，依照税法规定计算应纳税额后再按照应纳税额加征五成；超过50 000元的部分加征十成。因此，劳务报酬所得实际适用税率为20%、30%、40%的三级超额累进税率，如表7-3所示。

**表7-3　劳务报酬所得个人所得税税率表**

| 级数 | 每次应纳税所得额(元/次) | 税率(%) | 速算扣除数(元) |
|---|---|---|---|
| 1 | 不超过20 000元的部分 | 20 | 0 |
| 2 | 超过20 000元至50 000元的部分 | 30 | 2 000 |
| 3 | 超过50 000元的部分 | 40 | 7 000 |

## 五、个人所得税的税收优惠

个人所得税的税收优惠分为三大类：免税项目、减税项目、暂免征税项目。

### (一)免税项目

(1)省级人民政府、国务院部委和中国人民解放军军以上单位，以及外国组织、国际组织颁发的科学、教育、技术、文化、卫生、体育、环境保护等方面的奖金。

(2)国债和国家发行的金融债券利息。

(3)按照国家统一规定发给的补贴、津贴。这是指按照国务院规定发给的政府特殊津贴，以及国务院规定免纳个人所得税的其他补贴、津贴。发给中国科学院资深院士和中国工程院资深院士每人每年1万元的资深院士津贴免征个人所得税。

(4)福利费、抚恤金、救济金。福利费是指根据国家有关规定，从企业、事业单位、国家机关、社会团体提留的福利费或者工会经费中支付给职工的生活补助费。救济金是指国家民政部门支付给个人的生活困难补助费。下列收入不属于免税的福利费范围，应当并入工资、薪金收入计征个人所得税：①从超出国家规定的比例或基数计提的福利费、工会经费中支付给个人的各种补贴、补助；②从福利费和工会经费中支付给单位职工的人人有份的补贴、津贴；③单位为个人购买汽车、住房、电子计算机等不属于临时性生活困难补助性质的支出。

(5)保险赔款。

(6)军人的转业费、复员费。

(7)按照国家统一规定发给干部、职工的安家费、退职费、退休工资、离休工资、离休生活补助费。离退休人员按规定领取离退休工资或养老金外，另从原任单位取得的各类补贴、奖金、实物，不属于免税的退休工资、离休工资、离休生活补助费，应按“工资、薪金所得”应税项目的规定缴纳个人所得税。

(8)依照我国有关法律规定应予免税的各国驻华使馆、领事馆的外交代表、领事官员和其他人员的所得。

(9)中国政府参加的国际公约、签订的协议中规定免税的所得。

(10) 按照国家规定，单位为个人缴付和个人缴付的住房公积金、基本医疗保险费、基本养老保险费、失业保险费，从纳税义务人的应纳税所得额中扣除。

(11)经国务院财政部门批准免税的所得。

### (二)减税项目

(1)残疾、孤老人员和烈属的所得。

(2)因严重自然灾害造成重大损失的。

(3)其他经国务院财政部门批准减税的。

### (三)暂免征税项目

(1)外籍个人以非现金形式或实报实销形式取得的住房补贴、伙食补贴、搬迁费、洗衣费。

(2)外籍个人按合理标准取得的境内、境外出差补贴。

(3)外籍个人取得的探亲费、语言训练费、子女教育费等，经当地税务机关审核批准为合理的部分。

(4)外籍个人从外商投资企业取得的股息、红利所得。

(5)符合条件的外籍专家取得的工资、薪金所得。

(6)个人举报、协查各种违法犯罪行为而获得的奖金。

(7)个人办理代扣代缴手续，按规定取得的扣缴手续费。

(8)个人转让自用达5年以上并且是唯一的家庭生活用房取得的所得。

(9)个人购买福利彩票、赈灾彩票、体育彩票，一次中奖收入在1万元以下的(含1万元)暂免征收个人所得税；超过1万元的，全额征收个人所得税。个人取得单张有奖发票奖金所得不超过800元(含800元)的，暂免征收个人所得税；超过800元的，全额按“偶然所得”征收个人所得税。

(10)对个人出租住房取得的所得减按10%的税率征收个人所得税。

(11)其他减免规定。

**【问题思考】**

A受雇于境内的甲公司,每月有工资收入。B是乙国居民,在乙国的丙公司任职,报酬以年薪计,目前也不在我国境内居住,B将其在我国境内的一处房产出租,每年有租金收入。请问A、B各自的收入是否属于我国个人所得税的应税范围?

# 任务2　个人所得税的计算

## 一、工资、薪金所得

### (一)工资、薪金应纳税所得额的确定

(1)自2011年9月1日起,以每月收入额扣除3 500元后的余额,为应纳税所得额。计算公式如下。

应纳税所得额 = 月工资、薪金收入 - 3 500

(2)在中国境内的外商投资企业和外国企业中工作取得工资、薪金所得的外籍人员,应聘在中国境内的企业、事业单位、社会团体、国家机关中工作取得工资薪金所得的外籍专家,在中国境内有住所而在中国境外任职或受雇取得的工资薪金所得的中国人员,以每月收入额扣除费用4 800元后为应纳税所得额。计算公式如下。

应纳税所得额 = 月工资、薪金收入 - 4 800

### (二)工资、薪金所得应纳税额的计算

计算公式如下。

应纳税额 = ∑(各级距应纳税所得额 × 该级距适用税率)

或

应纳税额 = 应纳税所得额 × 适用税率 - 速算扣除数

= (月工资、薪金收入 - 3 500或4 800) × 适用税率 - 速算扣除数

**【例7-1】** 某公司经理2013年8月取得工资所得10 000元,计算该经理当月应纳个人所得税额。

**【解析】** 该经理应纳税所得额的确定适用第1种情形。

应纳税额 = (10 000 - 3 500) × 20% - 555 = 745(元)

**【例7-2】** 2013年7月,德国某专家接受中国某企业的邀请担任该厂技术顾问。根据协议,该厂每月支付其薪水12 000元,计算该专家当月应纳个人所得税额。

**【解析】** 该专家应纳税所得额的确定适用第2种情形。

应纳税额 = (12 000 - 4 800) × 20% - 555 = 885(元)

## 二、个体工商户的生产、经营所得

### (一)账册健全的个体工商户的生产、经营所得应纳税额的计算

1. 账册健全的个体工商户的生产、经营所得应纳税所得额的确定

对于账册健全的个体工商户,实行按年计算,分月或分季预缴、年终汇算清缴、多退少补的方法,以每一纳税年度的收入总额,减除成本、费用以及损失后的余额,为应纳税所得额。按适用税率计算应纳税额。

收入总额是指个体工商户从事生产经营以及与生产经营有关的活动所取得的各项收入,包括主营业务收入、其他业务收入和营业外收入。

成本、费用和损失是指个体工商户从事生产、经营活动所发生的各项直接费用、间接费用和营业外支出。

其计算公式如下。

应纳税所得额 = 全年收入总额 - 成本 - 费用 - 损失

2. 账册健全的个体工商户(含个人独资企业和合伙企业)的生产、经营所得应纳税额的计算

其计算公式如下。

应纳税额 = 应纳税所得额 × 适用税率 - 速算扣除数

### (二)账册不健全的个体工商户应纳税额的计算

对于账册不健全,甚至没有建账的个体工商户(含个人独资企业和合伙企业),可采用定额纳税和定率纳税的办法。定额纳税是指税务机关对经营规模小、经营情况比较稳定的个体户,可根据业户的实际经营情况,核定应纳税额,按月纳税,年终不清算。定率纳税是指税务机关经调查,定期制定行业所得税负担率,在缴纳增值税或营业税的同时,一并按销售收入计算缴纳所得税,年终不清算。

**【例7-3】** 某酒楼是个体饭店,账证健全。12月取得营业额123 500元,购进米、面等原材料50 000元,缴纳水电等各项费用15 000元,缴纳其他费用合计5 000元。该饭店共有4名雇工,当月共支付工资费用6 000元,业主自已月工资6 000元。该饭店1—11月累计应纳税所得额460 000元,已累计预缴个人所得税140 000元。试计算该业主12月份应缴纳个人所得税为多少。

**【解析】** 雇员的合理工资可在税前全额扣除、业主按3 500元/月扣除。

12月份应纳税所得额 = 123 500 - 50 000 - 15 000 - 5 000 - 6 000 - 3 500
= 44 000(元)

全年累计应纳税所得额 = 460 000 + 44 000 = 504 000(元)

全年累计应纳个人所得税金额 = 504 000 × 35% - 14 750 = 161 650(元)

12月份应缴纳个人所得税金额 = 161 650 - 140 000 = 21 650(元)

## 三、对企事业单位的承包经营、承租经营所得

### (一)企事业单位的承包经营、承租经营所得应纳税所得额的确定

对企事业单位的承包经营、承租经营所得实行按年计算,分月或分季预缴、年终汇算清缴、多退少补的方法,以每一纳税年度的收入总额,减除必要费用后的余额为应纳税所得额。其中,收入总额是指纳税人按照承包经营、承租经营合同规定分得的经营利润和工资、薪金性质的所得;减除必要费用是指按月减除3 500元,实际减除的相当于个人的生计及其他费用。其计算公式为

应纳税所得额 = 个人承包、承租经营收入总额 - 3 500元 × 月数

### (二)企事业单位的承包经营、承租经营所得应纳税额的计算

其计算公式为

应纳税额 = 应纳税所得额 × 适用税率 - 速算扣除数

**【例7-4】** 2013年1月1日,张某与某事业单位签订承包合同经营招待所,签约承包期为1年,张某每月工资为1 200元,每年上缴承包费20 000元,2013年该招待所实现利润65 000元,计算张某2013年应纳的个人所得税。

**【解析】** 应纳税所得额 = 65 000 + 1 200 × 12 - 20 000 - 3 500 × 12 = 17 400(元)

应纳税额 = 17 400 × 10% - 750 = 990(元)

## 四、劳务报酬所得

### (一)劳务报酬应纳税所得额的确定

劳务报酬所得实行按次征税,以每次取得的收入减除费用扣除标准后的余额为应纳税所得额。其费用扣除标准为:每次收入不超过4 000元的,减除费用为800元;每次收入4 000元以上的,减除费用为收入的20%。

对于次的规定:①只有一次性收入的,以取得该项收入为一次;②属于同一事项连续取得收入的,以1个月内取得的收入为一次。

### (二)劳务报酬所得应纳税额的计算

计算公式如下。

(1)每次收入不足4 000元的

应纳税额 = (每次收入额 - 800) × 20%

(2)每次收入在4 000元以上,且每次收入应纳税所得额不超过20 000元的

应纳税额 = 每次收入额 × (1 - 20%) × 20%

(3)每次收入的应纳税所得额超过20 000元的

应纳税额 = 每次收入额 × (1 - 20%) × 适用税率 - 速算扣除数

**【例7-5】** 歌星李名2013年4月5日参加电视台演出取得收入40 000元,同时,他与某歌厅签约1年,每周到歌厅演唱一次,每次演出费为900元,计算该歌星4月份应纳个人

所得税额。

【解析】 (1)电视台演出取得收入为一次收入。

应纳税额 =40 000 ×(1 −20%)×30% −2 000 =7 600(元)

(2)与歌厅签约收入,属于同一事项连续取得收入,以一个月内取得的收入合计为一次。

应纳税额 =(900 ×4 −800)×20% =560(元)

该歌星4月份应纳个人所得税额 =7 600 +560 =8 160(元)

## 五、稿酬所得

### (一)稿酬所得应纳税所得额的确定

稿酬所得实行按次征税,以每次取得的收入减除费用扣除标准后的余额为应纳税所得额。其费用扣除标准为:每次收入不超过4 000元的,减除费用为800元;每次收入4 000元以上的,减除费用为收入的20%。

稿酬所得实行按次征税,税法对于次的规定如下。

(1)个人每次以图书、报刊方式出版、发表同一作品,不论出版单位是预付还是分笔支付稿酬,或者加印该作品后再付稿酬,均应合并为一次征税。

(2)在两处或两处以上出版、发表或再版同一作品而取得的稿酬,则可以分别各处取得的所得或再版所得分次征税。

(3)个人的同一作品在报刊上连载,应合并其因连载而取得的所得为一次。连载之后又出书取得稿酬的,或先出书后连载取得稿酬的,应视同再版稿酬分次征税。

(4)作者去世后,对取得其遗作稿酬的个人,按稿酬所得征税。

### (二)稿酬应纳税额的计算

(1)每次收入不足4 000元的:

应纳税额 =(每次收入额 −800)×20% ×(1 −30%)

(2)每次收入在4 000元以上的:

应纳税额 =每次收入额 ×(1 −20%)×20% ×(1 −30%)

【例7-6】 某作家取得一书稿酬30 000元,计算应纳的个人所得税。

【解析】 应纳税额 =30 000 ×(1 −20%)×20% ×(1 −30%)=3 360(元)

## 六、特许权使用费所得

### (一)特许权使用费应纳税所得额的确定

特许权使用费所得按次计税,以某项使用权的一次转让所取得的收入为一次。以每次取得的收入减除费用扣除标准后的余额为应纳税所得额。其费用扣除标准为:每次收入不超过4 000元的,减除费用为800元;每次收入4 000元以上的,减除费用为收入的20%。

### (二)特许权使用费所得应纳税额的计算

(1)每次收入不足4 000元的:

应纳税额 = (每次收入额 - 800) × 20%

(2)每次收入在4 000元以上的:

应纳税额 = 每次收入额 × (1 - 20%) × 20%

**【例7-7】** 某工程师2013年将自己研制的一项非专利技术使用权提供给甲企业,取得技术转让收入为3 000元,又将自己发明的一项专利转让给乙企业,取得收入为45 000元。计算该工程师两次所得应纳的个人所得税。

**【解析】** 应纳税额 = (3 000 - 800) × 20% + 45 000 × (1 - 20%) × 20% = 7 640(元)

## 七、财产租赁所得

### (一)财产租赁所得应纳税所得额的确定

财产租赁所得按次计税,以一个月取得的收入为一次。

税法规定,财产租赁所得以每次取得的收入减除规定费用后的余额为应纳税所得额。此处所指的规定费用指以下三项内容。

(1)财产租赁过程中缴纳的税费,包括营业税、城建税和教育费附加等。该项税费必须提供完税凭证,才能从其财产租赁收入中扣除。

(2)由纳税人负担的出租财产实际开支的修缮费用。该费用必须提供有效、准确的凭证,并且其扣除额以每次800元为限,一次扣除不完的,准予在下一次继续扣除,直到扣完为止。

(3)税法规定的费用扣除标准:每次收入不超过4 000元的,减除费用为800元;4 000元以上的,减除费用为收入的20%。

同时,应注意上述费用应按上述顺序依次扣除。

### (二)财产租赁所得应纳税额的计算

(1)每次(月)收入不超过4 000元的:

应纳税额 = [每次(月)收入额 - 准予扣除项目 - 修缮费用(800元为限) - 800] × 20%

(2)每次(月)收入超过4 000元的:

应纳税额 = [每次(月)收入额 - 准予扣除项目 - 修缮费用(800元为限)] × (1 - 20%) × 20%

**【例7-8】** 张山2013年8月将其自有的两间住房出租给刘海居住,租期1年,张山每月取得租金收入2 500元,全年租金收入30 000元。10月份因下水道堵塞,发生修缮费500元,取得维修部门的正式发票。计算张山8月份、9月份和10月份应纳个人所得税。(不考虑相关税费)

**【解析】** 财产租赁所得,以一个月取得的收入为一次。对于个人按市场价格出租的住房取得的所得减按10%的税率征收个人所得税。

8月份和9月份每月应纳税额 = (2 500 - 800) × 10% = 170(元)

10月份应纳税额 = (2 500 - 500 - 800) × 10% = 120(元)

## 八、财产转让所得

### (一)财产转让所得应纳税所得额的确定

财产转让所得以个人每次转让财产收入额,减除财产原值和合理费用后的余额,为应纳税所得额。

应纳税所得额 = 每次转让财产收入额 - 财产原值 - 合理费用

### (二)财产转让所得应纳税额的计算

应纳税额 = 应纳税所得额 × 适用税率

【例 7-9】 某人建一栋房,造价 72 000 元,相关税费 5 000 元。该人将此房屋转让,售价 100 000 元,在卖房过程中支付交易费等费用 2 500 元,计算该人应缴纳的个人所得税。

【解析】 应纳税所得额 = 100 000 - (72 000 + 5 000) - 2 500 = 20 500(元)

应纳税额 = 20 500 × 20% = 4 100(元)

## 九、利息、股息、红利所得,偶然所得

### (一)利息、股息、红利所得,偶然所得应纳税所得额的确定

税法规定,利息、股息、红利所得,按次纳税,以支付利息、股息、红利时取得的收入为一次;偶然所得,以每次取得该项收入为一次。以每次收入额为应纳税所得额,不做任何扣除。

### (二)利息、股息、红利所得,偶然所得的应纳税额计算

其计算公式为

应纳税额 = 每次收入额 × 20%

【例 7-10】 中国公民张某 2013 年 4 月在购买中国福利彩票活动中,中奖 800 000 元,计算张某应纳个人所得税额。

【解析】 应纳税额 = 800 000 × 20% = 160 000(元)

## 十、应纳税额计算中的几个特殊问题

### (一)个人发生公益、救济性捐赠所得税的处理

税法规定,个人将其所得通过中国境内的社会团体、国家机关向教育和其他社会公益事业以及遭受严重自然灾害地区、贫困地区的捐赠,捐赠额未超过纳税义务人申报的应纳税所得 30% 的,可以从其应纳税所得额中扣除。

【例 7-11】 刘某 2014 年 2 月 1 日购买体育彩票,获特等奖汽车一辆,价值 200 000 元,三等奖人民币 100 000 元,刘某当即将 100 000 元现款捐赠给雪灾灾区,计算刘某应纳个人所得税。

【解析】 捐赠支出扣除限额 = (200 000 + 100 000) × 30% = 90 000(元)

应纳税所得额 = 20 000 + 100 000 - 90 000 = 210 000(元)

应纳税额 $=210\ 000\times20\%=42\ 000$(元)

## (二)境外所得已纳税款的扣除

税法规定,纳税义务人从中国境外取得的所得,准予其在应纳税额中扣除已在境外缴纳的个人所得税税额。但扣除额不得超过该纳税义务人境外所得依照我国个人所得税法规定计算的应纳税额。

【例 7-12】 张某在甲国一家公司任职,2013 年取得工资收入 120 000 元(平均每月 10 000 元),提供一项专利技术使用权,取得特许权使用费收入 40 000 元,两项所得在甲国已缴纳个人所得税 5 200 元,计算张某在我国应缴的个人所得税。按照我国税法规定,分国分项计算应纳税额。

【解析】 (1)工资、薪金收入应纳税额 $=[(10\ 000-4\ 800)\times20\%-375]\times12=7\ 980$(元)

特许权使用费收入应纳税额 $=40\ 000\times(1-20\%)\times20\%=6\ 400$(元)

甲国的扣除限额 $=7\ 980+6\ 400=14\ 380$(元)

张某在甲国已缴纳个人所得税 5 200 元,低于扣除限额 14 380 元,因此可全额扣除。

(2)张某在我国应补缴个人所得税 $=14\ 380-5\ 200=9\ 180$(元)

## (三)个人取得的全年一次性奖金

个人取得的全年一次性奖金按以下规定执行。

(1)纳税人取得全年一次性奖金,单独作为一个月工资、薪金所得计算纳税,并按以下计税办法,由扣缴义务人发放时代扣代缴。

①如果在发放年终一次性奖金的当月,雇员当月工资薪金所得高于(等于)税法规定的费用扣除额,将雇员当月取得的全年一次性奖金,除以 12 个月,按其商数确定适用税率和速算扣除数。全年一次性奖金应纳税额的计算公式如下。

应纳税额 = 雇员当月取得的全年一次性奖金 × 适用税率 − 速算扣除数

②如果在发放年终一次性奖金的当月,雇员当月工资薪金所得低于税法规定的费用扣除额,应将全年一次性奖金减除"雇员当月工资薪金所得与费用扣除额的差额"后的余额,除以 12 个月,按其商数确定适用税率和速算扣除数。全年一次性奖金应纳税额的计算公式如下。

应纳税额 =(雇员当月取得的全年一次性奖金 − 雇员当月工资薪金所得与费用扣除额的差额)× 适用税率 − 速算扣除数

(2)在一个纳税年度内,对每一个纳税人,该计税办法只允许采用一次。

(3)雇员取得的除全年一次性奖金以外的其他各种名目的奖金,如半年奖、季度奖、加班奖、先进奖、考勤奖等,一律与当月工资、薪金收入合并,按税法规定缴纳个人所得税。

【例 7-13】 中国公民王某 2013 年 1 月取得 2012 年全年一次性奖金 36 000 元,王某当月的工资为 8 100 元,缴纳社会统筹的养老保险 220 元,失业保险 100 元,单位代缴水电费 200 元,计算王某当月应缴纳的个人所得税。

【解析】当月工资收入应纳个人所得税 $=(8\ 100-3\ 500-220-100)\times10\%-105=323$

(元)

年终奖金应纳个人所得税计算如下:36 000 ÷ 12 = 3 000(元)适用10%的税率,速算扣除数为105。

年终奖金应纳个人所得税 = 36 000 × 10% − 105 = 3 495(元)

王某1月份应纳个人所得税 = 323 + 3 495 = 3 818(元)

### (四)纳税人从两处以上取得工资、薪金所得应纳税额的计算

纳税人从两处以上取得工资、薪金所得应纳税额的计算,应将所得合并纳税。

### (五)两人以上共同取得同一项目收入的计税方法

两个或两个以上的个人共同取得同一项目收入的,如编著同一本书,参加同一场演出等,应当对每个人取得的收入分别按照税法规定减除费用后计算纳税,即实行"先分、后扣、再税"的办法。

**【例7-14】** 国内某高校5位教师共同编写出版一本50万字的教材,共取得稿酬收入21 000元,其中主编一人得主编费1 000元,其余稿酬5人平分。计算各教师应缴纳的个人所得税。

**【解析】** 扣除主编费后所得 = 21 000 − 1 000 = 20 000(元)

平均每人所得 = 20 000 ÷ 5 = 4 000(元)

主编应纳个人所得税 = [(1 000 + 4 000) × (1 − 20%)] × 20% × (1 − 30%)
= 560(元)

其余4人每人应纳个人所得税 = (4 000 − 800) × 20% × (1 − 30%) = 448(元)

## 【课堂训练】

中国公民王某是一外商投资企业的中方雇员,2014年1月收入情况:

(1)取得由单位支付的工资3 000元;

(2)一次性取得年终奖金收入30 000元;

(3)一次取得稿费收入8 000元,拿出500元通过希望工程基金会捐赠给某希望小学;

(4)一次取得审稿收入3 500元;

(5)取得国债利息收入6 235元;

(6)取得银行的一年期存款利息200元。

请计算该纳税人该月应纳的个人所得税额。

# 任务3 个人所得税的账务处理

## 一、个人所得税会计核算的记账依据

个人所得税会计核算的依据有原始凭证、应税凭证和完税凭证三种。原始凭证有工资支付明细表和计算缴纳个人所得税的原始凭证;应税凭证是《扣缴个人所得税报告表》,它

是计提应纳税款的记账依据；完税凭证是税收缴款书，经国库经收处收款签章的“收款联”作为完成税款缴纳义务的记账凭证。

## 二、个人所得税具体的会计处理

实行查账征收的个体工商户，应设置“应交税费——应交个人所得税”科目，核算其应缴纳的个人所得税；一般企业涉及的代扣代缴个人所得税业务，应设置“应交税费——代扣个人所得税”科目，核算其代扣代缴情况。

### （一）个体工商户生产、经营所得个人所得税的会计核算

实行查账征收的个体工商户，在计算应纳个人所得税时，借记“留存利润”账户，贷记“应交税费——应交个人所得税”账户；实际上缴税款时，借记“应交税费——应交个人所得税”账户，贷记“银行存款”账户。

**【例 7-15】** 某个体工商户 2013 年经营收入 500 000 元，其中生产经营成本、费用总额为 400 000 元，计算其全年应纳的个人所得税。

**【解析】** 全年应纳税所得额 = 500 000 － 400 000 = 100 000（元）

全年应纳税额 = 100 000 × 30% －9 750 = 20 250（元）

会计分录如下。

（1）计算应缴个人所得税时：

借：留存利润　　20 250

　贷：应交税费——应交个人所得税　　20 250

（2）实际缴纳税款时：

借：应交税费——应交个人所得税　　20 250

　贷：银行存款　　20 250

### （二）代扣代缴个人所得税的会计核算

企业在代扣代缴个人所得税时，一般可在“应交税费”总账下设置“代扣个人所得税”明细账进行核算。同时，根据所代扣税款的具体项目不同，将代扣的税额冲减“应付职工薪酬”“应付账款”和“其他应付款”等账户。

1. 支付工资、薪金所得的单位代扣代缴个人所得税核算

企业对支付给职工的工资、薪金代扣个人所得税时，借记“应付职工薪酬”和“应付账款”等账户，贷记“应交税费——代扣个人所得税”账户；实际缴纳个人所得税税款时，借记“应交税费——代扣个人所得税”账户，贷记“银行存款”账户。

**【例 7-16】** 某企业按月发放职工工资时，代扣代缴职工李某个人所得税 230 元。该企业应如何进行账务处理。

**【解析】** 该企业应作如下分录。

借：应付职工薪酬　　230

　贷：应交税费——代扣个人所得税　　230

按规定期限上缴税款时：

借:应交税费——代扣个人所得税 230

　　贷:银行存款 230

2. 支付其他所得的单位代扣代缴个人所得税的核算

企业代扣除工资薪金所得以外的个人所得税时,根据个人所得项目不同,代扣个人所得税时,应分别借记"应付股利""应付账款""其他应付款""管理费用""财务费用""销售费用""无形资产"等账户,贷记"应交税费——代扣个人所得税"账户;实际缴纳个人所得税税款时,借记"应交税费——代扣个人所得税"账户,贷记"银行存款"账户。

【例7-17】 某企业2014年3月份与王某签约购入其一项发明专利,支付专利转让费80 000元。根据个人所得税法规定,该企业应代扣代缴王某专利转让应交的个人所得税。请对该业务进行账务处理。

【解析】 企业应代扣代缴的个人所得税额 $=80\ 000\times(1-20\%)\times20\%=12\ 800$(元)

会计分录如下。

(1)购入专利时:

借:无形资产 80 000

　　贷:其他应付款 80 000

(2)支付转让款,并代扣个人所得税时:

借:其他应付款 80 000

　　贷:应交税费——代扣个人所得税 12 800

　　　　银行存款 67 200

【例7-18】 企业支付刘某一次性工程设计费40 000元,企业应代扣代缴个人所得税7 600元。该企业如何进行账务处理?

【解析】 (1)企业代扣时:

借:管理费用 7 600

　　贷:应交税费——代扣个人所得税 7 600

(2)实际缴纳时:

借:应交税费——代扣个人所得税 7 600

　　贷:银行存款 7 600

# 任务4 个人所得税的纳税申报

## 一、个人所得税的纳税期限

无论是纳税人自行申报纳税,还是由代缴义务人代扣代缴,都应于次月15日内缴入国库,并向税务机关报送纳税申报表。

(1)工资、薪金所得应纳税款,按月计征,由代缴义务人或者纳税义务人于次月15日内缴入国库,并向税务机关报送纳税申报表。

(2)个体工商户的生产经营所得应纳税款,按年计算,按月预缴,由纳税人于次月15

日内预缴,年度终了后3个月内汇算清缴,多退少补。

(3)企业事业单位承包经营、承租经营所得应纳的税款,按年计算,由纳税人在年度终了后30日内缴入国库并向税务机关报送纳税申报表。纳税人在一年内分次取得承包经营、承租经营所得的,应于取得每次所得后15日内预缴,年度终了后3个月内汇算清缴,多退少补。

(4)纳税人来源于中国境外的应税所得,在境外以纳税年度计算缴纳个人所得税的,应在所得来源国的纳税年度终了、结清税款后的30日内,向中国税务机关申报缴纳个人所得税的,应在次年1月1日起30日内向中国税务机关申报缴纳个人所得税;兼有来源于中国境内、境外所得的,应分别申报计算纳税。

(5)纳税人需要出境的,应于出境前向当地税务机关缴清税款,或者提供担保,方可办理出境手续。虽未结清税款,又不提供纳税担保的,税务机关可通知出入境管理机关阻止其出入境。

(6)年所得12万元以上的纳税人,在年度终了后3个月内到主管税务机关办理纳税申报。

## 二、个人所得税的纳税地点

(1)个人所得税自行申报的,其申报地点一般应为收入来源地的主管税务机关。

(2)纳税人从两处或者两处以上取得工资、薪金的,可选择并固定在其中一地税务机关申报纳税。

(3)从境外取得所得的,应向其境内户籍所在地或经营居住地税务机关申报纳税。

(4)扣缴义务人应向其主管税务机关进行纳税申报。

(5)纳税人要求变更申报纳税地点的,须经原主管税务机关批准。

## 三、个人所得税的申报

税法明确规定,个人所得税采取支付单位源泉扣缴和纳税人自行申报缴纳两种征收方法。

### (一)个人所得税的扣缴申报

1. 扣缴义务人

扣缴申报是指按照税法规定负有扣缴税款义务的单位或者个人,在向个人支付应纳税所得时,应计算应纳税额,并从其所得中扣除,同时向税务机关报送扣缴个人所得税报告表。这种做法的目的是控制税源,防止漏税和逃税。

2. 代扣代缴的范围

扣缴义务人向个人支付下列所得时,应代扣代缴个人所得税:工资、薪金所得;对企(事)业单位承包经营、承租经营所得;劳务报酬所得;稿酬所得;特许权使用费所得;利息、股息、红利所得;财产租赁所得;财产转让所得;偶然所得;经国务院财政部门确定征税的其他所得。

3. 扣缴个人所得税的申报缴纳

扣缴义务人每月所扣的税款，应当在次月 15 日内缴入国库，并向主管税务机关报送扣缴个人所得税报告表，代扣代收税款凭证和包括每一纳税人姓名、单位、职务、收入和税款等内容的支付个人收入明细账以及税务机关要求报送的其他有关资料。

## 【纳税申报工作实例】

广东唯美公司 2014 年 8 月份支付人工费用如下。

(1) 支付李丽的工资 7 600 元，年底一次性奖金 20 000 元，缴付的“三费一金”为 1 560 元。

(2) 支付张明的工资 8 200 元，年底一次性奖金 24 000 元，缴付的“三费一金”为 1 680 元。

(3) 支付王华设计劳务费 6 500 元。

(4) 因有奖销售支付给刘丹的奖金 5 000 元。

(5) 因受让孙蒙某项专利权支付专利使用费 20 000 元。

请分析填列扣缴个人所得税报告表。

**【解析】**

(1) 李丽的工资收入 7 600 元，单位应代扣代缴的个人所得税 =(7 600 - 1 560 - 3 500) × 10% - 105 = 149(元)。年底一次性奖金 20 000 元，适用的所得税税率为 10%，速算扣除数为 105，单位应代扣代缴的个人所得税 = 20 000 × 10% - 105 = 1 895(元)。

(2) 张明的工资收入 8 200 元，单位应代扣代缴的个人所得税 =(8 200 - 1 680 - 3 500) × 10% - 105 = 197(元)。年底一次性奖金 24 000 元，适用的所得税税率为 10%，速算扣除数为 105，单位应代扣代缴的个人所得税 = 24 000 × 10% - 105 = 2 295(元)。

(3) 支付给王华的 6 500 元设计劳务费，应按照“劳务报酬所得”应税项目代扣代缴个人所得税，应代扣代缴的个人所得税 = 6 500 × (1 - 20%) × 20% = 1 040(元)。

(4) 因有奖销售支付给刘丹的 5 000 元奖金，应按照“偶然所得”应税项目代扣代缴个人所得税，应代扣代缴的个人所得税 = 5 000 × 20% = 1 000(元)。

(5) 因受让专利权支付给孙蒙的专利使用费 20 000 元，应按照“特许权使用费所得”应税项目代扣代缴个人所得税，应代扣代缴的个人所得税 = 20 000 × (1 - 20%) × 20% = 3 200(元)。

扣缴个人所得税报告表的填写如表 7-4 所示。

**表 7-4　扣缴个人所得税报告表**

扣缴义务人编码：□□□□□□□□□□□□□□□□□□□□

扣缴义务人名称(公章)：　　　　　　　　　　　　　　　　　　金额单位：元(列至角分)

所得年份：2014 年　　　　　　　　　　　　　　　　　　　　　填表日期：2014 年 9 月 5 日

| 序号 | 纳税人姓名 | 身份证照类型 | 身份证照号码 | 国籍 | 所得项目 | 所得期间 | 收入额 | 免税收入额 | 允许扣除税费 | 费用扣除标准 | 准予扣除的捐赠额 | 应纳税所得额 | 税率% | 速算扣除数 | 应扣税额 | 已扣税额 | 备注 |
|---|---|---|---|---|---|---|---|---|---|---|---|---|---|---|---|---|---|
| 1 | 2 | 3 | 4 | 5 | 6 | 7 | 8 | 9 | 10 | 11 | 12 | 13 | 14 | 15 | 16 | 17 | 18 |
| 合计 | | | | | | | | | | — | — | — | — | — | 9 776.00 | 9 776.00 | |
| 1 | 李丽 | 身份证 | × | 中国 | 工资 | 2014－8 | 7 600.00 | 1 560.00 | 0.00 | 3 500.00 | 0.00 | 2 540.00 | 10% | 105.00 | 149.00 | 149.00 | |
| | | | | | 一次性奖金 | 2014－8 | 20 000.00 | 0.00 | 0.00 | 0.00 | 0.00 | 20 000.00 | 10% | 105.00 | 1 895.00 | 1 895.00 | |
| 2 | 张明 | 身份证 | × | 中国 | 工资 | 2014－8 | 8 200.00 | 1680.00 | 0.00 | 3 500.00 | 0.00 | 3 020.00 | 10% | 105.00 | 197.00 | 197.00 | |
| | | | | | 一次性奖金 | 2014－8 | 24 000.00 | 0.00 | 0.00 | 0.00 | 0.00 | 24 000.00 | 10% | 105.00 | 2 295.00 | 2 295.00 | |
| 3. | 王华 | 身份证 | × | 中国 | 劳务报酬 | 2014－8 | 6 500.00 | | | 1 300.00 | | 5 200.00 | | 0.00 | 1 040.00 | 1040.00 | |
| 4. | 刘丹 | 身份证 | × | 中国 | 偶然所得 | 2014－8 | 5 000.00 | | | | | 50 000.00 | 20% | 0.00 | 1 000.00 | 1 000.00 | |
| 5 | 孙蒙 | 身份证 | × | 中国 | 特许权转让所得 | 2014－8 | 20 000.00 | | | 4 000.00 | | 16 000.00 | 20% | 0.00 | 3 200.00 | 3 200.00 | |
| | | | | | | | | | | | | | | | | | |
| | | | | | | | | | | | | | | | | | |
| | | | | | | | | | | | | | | | | | |
| 扣缴义务人声明 | 我声明：此扣缴报告表是根据国家税收法律、法规的规定填报的，我确定它是真实的、可靠的、完整的。声明人签字： | | | | | | | | | | | | | | | | |

会计主管签字：　　　　　　　　负责人签字：　　　　　　　　扣缴单位(或法定代表人)(签章)：

受理人(签章)：　　　　　　　　受理日期：　年　月　日　　　　受理税务机关(章)：

国家税务总局监制

本表一式二份，一份扣缴义务人留存，一份报主管税务机关。

## (二)自行申报个人所得税

自行申报纳税是指由纳税人自行在税法规定的纳税期限内，向税务机关申报取得应税所得项目和数额，如实填写个人所得税纳税申报表，并按照税法规定计算应纳税额，据此缴纳个人所得税的一种方法。

纳税人有下列情形之一的，应当按照规定到主管税务机关办理自行申报纳税。

(1)年所得 12 万元以上的。

(2)在中国境内，在两处或两处以上取得工资、薪金所得的。

(3)从中国境外取得所得的。

(4)取得应纳税所得，没有扣缴义务人的。

(5)国务院规定的其他情形。

自行申报纳税人，在申报纳税时，其在中国境内和境外已扣缴的税额，准予按规定从应纳税额中扣除。纳税人应填写个人所得税纳税申报表，如表 7-5 所示。

## 【纳税申报工作实例】

罗思宇是北京市朝阳区A公司(非上市公司)的技术骨干并拥有公司的股份。2013年,罗思宇的全部收入及税款缴纳情况如下。

(1)每月工资收入23 200元,每月个人缴纳养老、医疗、失业等社会保险及住房公积金共2 120元,每个月公司代扣代缴个人所得税3 390元;年底取得全年一次性奖金收入120 000元,公司已代扣代缴了12 000元个人所得税。

(2)取得公司股权分红20 000元,扣缴个人所得税4 000元。

(3)购买国债,取得利息收入2 000元。

(4)在上交所转让A股股票盈利60 000元。

(5)发明一项专利,让渡给某公司使用,取得收入40 000元,扣缴个人所得税6 400元。

(6)一次购买体育彩票,中奖9 000元。

问题:罗思宇取得的上述收入应如何办理纳税申报?

**【解析】** 2013年度终了,由于罗思宇的年所得超过了12万元,他应该按规定向主管地税机关办理年所得12万元以上的自行纳税申报。分项处理如下。

(1)工资、薪金所得。

$$每个月工资薪金应纳税额=(23\ 200-2\ 120-3\ 500)\times25\%\ \ -1\ 005=3\ 390(元)$$

全年一次性奖金收入120 000元,由于120 000÷12=10 000元,所以全年一次性奖金适用25%的税率和1 005元的速算扣除数。

$$全年一次性奖金应纳个人所得税额=120\ 000\times25\%-1\ 005=28\ 995(元)$$

$$工资薪金所得应纳税总额=3\ 390\times12+28\ 995=69\ 675(元)$$

$$2013年单位代扣代缴的个人所得税=3\ 390\times12+12\ 000=52\ 680(元)$$

$$全年工资薪金所得应补税额=69\ 675-52\ 680=16\ 995(元)$$

(2)利息、股息、红利所得额为20 000元,应纳税所得额为20 000元。

$$应纳税额=20\ 000\times20\%=4\ 000(元)$$

支付所得的单位已经扣缴了4 000元个人所得税,因此无须补税。

(3)利息、股息、红利所得。

根据税法规定,国债利息收入免纳个人所得税。所以购买国债利息应纳税额为0元。

(4)财产转让所得。

罗思宇在上交所转让A股股票盈利60 000元属于财产转让所得,我国规定股票转让所得暂免征收个人所得税,因此转让股票盈利应纳税额为0元。

(5)特许权使用费所得。

$$特许权使用费所得的应纳税所得额=40\ 000\times(1-20\%)\times20\%=6\ 400(元)$$

特许权使用费所得已扣缴税额6 400元,特许权使用费所得应补税额为0元。

(6)偶然所得。

按照政策规定,个人购买体育彩票,一次中奖收入在1万元以下的(含1万元)暂免征收个人所得税。偶然所得应纳税额为0元。

以上信息填入个人所得税纳税申报表(适用于年所得12万元以上的纳税人申报)见表7-5所示。

**表 7-5　个人所得税纳税申报表**

（适用于年所得 12 万元以上的纳税人申报）

所得年份:2013 年　　　　填表日期:2014 年 1 月 5 日

金额单位：人民币元(列至角分)

| 纳税人姓名 | 罗思宇 | 国籍(地区) | 中国 | 身份证照类型 | 身份证 | 身份证照号码 | | |
|---|---|---|---|---|---|---|---|---|
| 任职、受雇单位 | ×× | 任职受雇单位税务代码 | ×× | 任职受雇单位所属行业 | ×× | 职务 | 职业 | |
| 在华天数 | | 境内有效联系地址 | | | | 境内有效联系地址邮编 | 联系电话 | |
| 此行由取得经营所得的纳税人填写 | 经营单位纳税人识别号 | | | | | 经营单位纳税人名称 | | |

| 所得项目 | 年所得额 | | | 应纳税所得额 | 应纳税额 | 已缴(扣)税额 | 抵扣税额 | 减免税额 | 应补税额 | 应退税额 | 备注 |
|---|---|---|---|---|---|---|---|---|---|---|---|
| | 境内 | 境外 | 合计 | | | | | | | | |
| 1. 工资、薪金所得 | 398 400.00 | | 398 400.00 | 330 960.00 | 69 675.00 | 52 680.00 | | | 16 995.00 | | |
| 2. 个体工商户的生产、经营所得 | | | | | | | | | | | |
| 3. 对企事业单位的承包经营、承租经营所得 | | | | | | | | | | | |
| 4. 劳务报酬所得 | | | | | | | | | | | |
| 5. 稿酬所得 | | | | | | | | | | | |
| 6. 特许权使用费所得 | 40 000.00 | | 40 000.00 | 32 000.00 | 6 400.00 | 6 400.00 | | | 0.00 | | |
| 7. 利息、股息、红利所得 | 20 000.00 | | 20 000.00 | 20 000.00 | 4 000.00 | 4 000.00 | | | 0.00 | | |
| 8. 财产租赁所得 | | | | | | | | | | | |
| 9. 财产转让所得 | 60 000.00 | | 60 000.00 | 0.00 | 0.00 | 0.00 | | | 0.00 | | |
| 其中:股票转让所得 | 60 000.00 | | 60 000.00 | — | — | | | | — | | |
| 个人房屋转让所得 | | | | | | | | | | | |
| 10. 偶然所得 | 9 000 | | 9 000 | 0.00 | 0.00 | 0.00 | | | 0.00 | | |
| 11. 其他所得 | 0.00 | | 0.00 | 0.00 | | | | | | | |
| 合　计 | 527 400.00 | | 527 400.00 | 382 960.00 | 80 075.00 | 63 080.00 | | | 16 995.00 | | |

我声明,此纳税申报表是根据《中华人民共和国个人所得税法》及有关法律、法规的规定填报的,我保证它是真实的、可靠的、完整的。

纳税人(签字)

代理人（签章）:　　　　联系电话:

税务机关受理人(签字):　　　　税务机关受理时间:　　年　月　日　　　　受理申报税务机关名称(盖章):

## 【任务小结】

个人所得税是以个人(自然人)取得的各项应税所得为征税对象征收的一种税,是政府利用税收对个人收入进行调节的一种手段。个人所得税纳税人分为居民纳税人和非居民纳税人。

个人所得税的征税对象是指个人取得的各项应税所得,具体包括工资、薪金所得,个体工商户的生产、经营所得,对企事业单位的承包经营、承租经营所得,劳务报酬所得,稿酬所得,特许权使用费所得,利息、股息、红利所得,财产租赁所得,财产转让所得,偶然所得及其他所得等11项。

个人所得税实行分类税率,即对不同的应税所得项目,分别采用超额累进税率和比例税率两种形式。

对于实行超额累进税率的项目,计算公式为:应纳税额 = 应纳税所得额 × 适用税率 - 速算扣除数。对于实行比例税率的项目,计算公式为:应纳税额 = 应纳税所得额 × 适用税率。

个人所得税的会计核算通过"应交税费——应交个人所得税"或"应交税费——代扣个人所得税"账户进行。

个人所得税的纳税方法主要有代扣代缴和自行申报两种。

## 【导入案例解析】

(1)张教授本单位工资所得应纳个人所得税 = (5 000 - 3 500) × 10% - 105 = 45(元)

(2)在B公司工资所得应纳个人所得税 = 6 000 × 20% - 555 = 645(元)

(3)在C企业劳务报酬应纳个人所得税 = 5 000 × (1 - 20%) × 20% = 800(元)

(4)稿酬所得应纳个人所得税 = 6 000 × (1 - 20%) × 20% × (1 - 30%) = 672(元)

(5)抽奖所得应纳个人所得税 = 5 000 × 20% = 1 000(元)

张教授当月应纳个人所得税 = 45 + 645 + 800 + 672 + 1 000 = 3 162(元)

# 任 务 训 练

**一、单项选择训练**

1. 个人所得税法规定,自行申报纳税时在中国境内两处或两处以上取得应纳税所得的,其纳税地点的选择是(　　)。

A. 收入来源地　　B. 税务局指定地点

C. 纳税人户籍所在地　　D. 纳税人选择一地申报纳税

2. 个人所得税法规定,扣缴义务人扣缴的税款,缴入国库的时间是(　　)。

A. 次月5日内　　B. 次月7日内　　C. 次月15日内　　D. 次月30日内

3. 下列所得项目中,属于一次收入畸高而要加成征收个人所得税的是(　　)。

A. 稿酬所得　　B. 利息、股息、红利所得

C. 偶然所得　　D. 劳务报酬所得

4. 在中国境内无住所但是在一个纳税年度中在中国境内累计居住不超过360日的个人,应(　　)。

A. 就其来源于中国境外的所得征收个人所得税

B. 就其来源于中国境内的收入免予征收个人所得税

C. 就其来源于中国境内的所得由境外雇主支付的部分征收个人所得税

D. 就其来源于中国境内的所得由境外雇主支付且不由该雇主在中国境内的机构、场所负担的部分,免予征收个人所得税

5. 下列各项所得中,属于免征个人所得税的是(　　)。

A. 年终加薪　　B. 个人保险所获得的赔款

C. 出售本人绘画取得的收入　　D. 从投资管理公司取得的派息分红

6. 某外国人2000年2月10日来华工作,2001年3月17日离华,2001年4月14日又来华,2001年9月26日离华,2001年10月9日又来华,2002年5月离华回国,则该纳税人(　　)。

A. 2000年度为居民纳税人,2001年度为非居民纳税人

B. 2001年度为居民纳税人,2000年度为非居民纳税人

C. 2000年度、2001年度均为非居民纳税人

D. 2000年度、2001年度均为居民纳税人

7. 下列所得中,以一个月内取得的收入为一次而缴纳个人所得税的是(　　)。

A. 财产转让所得　　B. 稿酬所得　　C. 利息所得　　D. 财产租赁所得

8. 某演员2014年3月一次获得表演收入30 000元,其应纳个人所得税的税额为(　　)。

A. 5 200元　　B. 6 000元　　C. 4 800元　　D. 5 600元

9. 根据税法的规定,个人所得税的纳税义务人不包括(　　)。

A. 个体工商户　　B. 个人独资企业投资者

C. 有限责任公司　　D. 在中国境内有所得的外籍个人

10. 以下所得中,应按"工资、薪金所得"缴纳个人所得税的是(　　)。

A. 个人提供担保取得的收入

B. 个人兼职取得的收入

C. 个人对其任职公司投资取得的股息

D. 出租汽车经营单位对出租车驾驶员采取单车承包或承租方式运营,出租车驾驶员从事客货营运取得的收入

11. 对于县级政府颁发给个人的科学、教育、技术、文化、卫生、体育、环境保护等方面的奖金,应当(　　)。

A. 征收个人所得税　　B. 免征个人所得税

C. 减半征收个人所得税　　D. 适当减征个人所得税

12. 根据现行个人所得税法律制度的规定,在下列利息收入中应缴纳个人所得税的

是(　　)。

A. 国家发行的金融债券利息　　B. 国债利息

C. 储蓄存款利息　　D. 参加企业集资取得的利息

**二、多项选择训练**

1. 下列项目中计征个人所得税时,允许从收入中减除费用800元的有(　　)。

A. 稿费3 800元　　B. 在有奖销售中一次性获奖1 000元

C. 提供咨询服务一次性取得收入2 000元　　D. 转让房屋收入80 000元

2. 下列项目中,免征个人所得税的有(　　)。

A. 省级运动会的奖金　　B. 保险赔款

C. 个人转让自有住房的收入　　D. 单位发放的节日补助费

3. 下列项目中,属于应计征个人所得税的工资、薪金包括(　　)。

A. 年终加薪　　B. 一般性奖金　　C. 职务工资　　D. 交通费补贴

4. 下列个人所得中,适用20%比例税率缴纳个人所得税的有(　　)。

A. 工资、薪金所得　　B. 劳务报酬所得

C. 特许权使用费所得　　D. 企业职工的奖金所得

5. 下列所得为来源于中国境内所得的有(　　)。

A. 某人将房产出租给在美国的中国公民并由该公民使用而取得的所得

B. 中国公民转让其在日本的房产而取得的所得

C. 提供在中国境内使用的专利权而取得的所得

D. 持有中国的各种债券而从中国境内的公司、企业取得的利息

6. 征收个人所得税时,下列项目中属于明确按次计算征税的有(　　)。

A. 利息、股息、红利所得　　B. 稿酬所得

C. 财产转让所得　　D. 偶然所得

7. 个人所得税法规定,下列项目中属于自行申报纳税的纳税人有(　　)。

A. 从两处或两处以上取得工资、薪金的

B. 取得应纳税所得、没有扣缴义务人的

C. 多笔取得属于一次性劳务报酬的

D. 取得应纳税所得,扣缴义务人未按规定扣缴税款的

8. 下列所得中属于免征个人所得税的有(　　)。

A. 独生子女补贴　　B. 教育储蓄存款利息

D. 保险赔款　　D. 军人的转业费、复员费

9. 根据现行税法规定,下列个人所得可以免征个人所得税的有(　　)。

A. 利息

B. 外籍个人从外商投资企业取得的股息、红利所得

C. 个人办理代扣代缴税款手续,按规定取得的扣缴手续费

D. 个人转让自用达2年以上,并且是唯一的家庭生活用房取得的所得

10. 下列纳税人中,应该按照我国个人所得税税法的规定缴纳税款的有(　　)。

A. 在中国境内有住所的中国公民在境外取得的存款利息

B. 某中国境内的公务员派往世贸组织工作而取得的工资薪金所得

C. 某居住在中国境外的外国作家将其作品在中国境内出版取得的收入

D. 某在中国境内工作的外籍个人以非现金形式取得的搬迁费收入

11. 下列的稿酬收入，应该合并为一次所得征收个人所得税的有(　　)。

A. 同一作品在报刊上连载，分月取得的稿酬

B. 同一作品出版后，再版取得的稿酬收入

C. 同一作品在发表时，以预付形式取得的稿酬

D. 同一作品因为添加印数而追加的稿酬

**三、业务训练**

1. 德国某光学仪器专家，2012 年 2 月 1 日至 2013 年 12 月 31 日被其德国的公司派到我国某光学仪器厂担任顾问，指导该厂的一项科研工作。在我国境内工作期间，光学仪器厂每月支付其工资 6 000 元人民币，其在德国的公司每月支付其工资 15 000 元人民币。该专家在我国境内工作期间，曾为某光学研究所讲学，获得报酬 2 000 元人民币，还应邀为其他光学仪器厂进行设计和制图，获得报酬 35 000 元人民币。该两项劳务报酬所得均由支付款项的单位为纳税人代扣代缴个人所得税税款。根据上述资料，计算该专家在我国工作期间应纳个人所得税。

2. 某大学教授张某 2013 年取得如下收入：

(1)每月工资收入 3 800 元；

(2)一次性稿费收入 6 000 元；

(3)为其他公司提供技术咨询，一次性取得报酬 22 000 元；

(4)出租用于居住的住房，租期 1 年，月租金收入为 2 000 元，7 月份和 8 月份各发生修缮费用 700 元；

(5)到期国债利息收入 1 286 元；

(6)在 A 国讲学取得收入 40 000 元，在 B 国取得特许权使用费收入 70 000 元，已经分别按照收入来源国税法规定缴纳了个人所得税 7 000 元和 18 000 元。

已知：稿酬所得、劳务报酬所得和利息所得适用税率均为 20%。

要求：计算张某 2013 年应缴纳的个人所得税。

# 项目八 资源税核算与申报

| 知识目标 | 能力目标 |
|---|---|
| 1. 了解资源税的概念和特点。<br>2. 明确资源税的征税范围和纳税人。<br>3. 掌握资源税应纳税额的计算和账务处理。<br>4. 了解资源税的纳税申报。 | 1. 能够识别资源税的纳税人及征税范围。<br>2. 会正确计算资源税的应纳税额。<br>3. 能够对资源税进行会计处理。<br>4. 能够对资源税进行纳税申报。 |

**【案例导入】**

某市房地产开发公司转让写字楼一幢，取得转让收入 5 000 万元，公司即按税法规定缴纳了有关税费。该公司为取得土地使用权而支付的金额为 500 万元，投入房地产开发成本 1 500 万元，开发费用 400 万元，其中计算分摊给这幢写字楼的利息支出 120 万元（有金融机构证明），比按商业银行同类同期贷款利率计算的利息多 10 万元。公司所在地政府规定的其他开发费用的计算扣除比例为 5%。

该房地产公司在开发并转让此写字楼时应缴纳多少土地增值税?

## 任务 1 资源税核算与申报

### 一、认识资源税

#### （一）资源税的概念与特点

资源税是对在我国领域及管辖海域从事应税矿产品开采及生产盐的单位和个人，就其应税产品销售数量或销售额为计税依据而征收的一种税。2011 年 9 月 30 日国务院对资源税法进行了修订，从 2011 年 11 月 1 日起实施新的资源税法。

我国资源税的特点有：只对特定资源征税，即矿产品和盐；具有受益税的性质，体现了对国有资源的有偿占用；具有级差收入税的特点，对同一资源采用级差税率。

#### （二）资源税的纳税人与扣缴义务人

在我国领域及管辖海域开采应税矿产品或者生产盐的单位和个人，为资源税的纳税人。收购未税矿产品的单位为资源税的扣缴义务人，包括独立矿山、联合企业及其他收购未税矿产品的单位。

#### （三）资源税的征税对象

资源税的征税对象是各类自然资源，我国目前只选择对矿产品和盐两类资源征收资源税。具体征税范围如下。

(1)原油是指开采的天然石油,不包括人造石油。

(2)天然气是指专门开采或者与原油同时开采的天然气。煤矿生产的天然气暂不征资源税。

(3)煤炭是指原煤,不包括洗煤、选煤及其他煤炭制品。

(4)其他非金属矿原矿指原油、天然气、煤炭和井矿盐以外的非金属矿原矿。

(5)黑色金属矿原矿指纳税人开采后自用、销售,用于直接入炉冶炼或作为主产品先入选精矿,制造人工矿,再最终入炉冶炼的黑色金属矿原矿,包括铁矿石、锰矿石和铬矿石。

(6)有色金属矿原矿包括铜矿石、铅锌矿石、铝土矿石、钨矿石、锡矿石、锑矿石、钼矿石、镍矿石和黄金矿石等。

(7)盐包括固体盐和液体盐。固体盐是指海盐原盐、湖盐原盐和井矿盐。液体盐(卤水)是指氯化钠含量达到一定浓度的溶液。

未列举名称且未确定具体适用税率的其他非金属矿原矿和有色金属矿原矿,由省、自治区、直辖市人民政府根据实际情况确定,报财政部和国家税务总局备案。

### (四)资源税的税率

资源税实行幅度的比例税率和定额税率,具体适用税率由财政部会同国务院有关部门,根据纳税人所开采或者生产应税产品的资源品位、开采条件等情况确定。资源税的税目税率见表 8-1 所示。

表 8-1 资源税税目税率表

| 税目 | | 税率 |
|---|---|---|
| 一、原油 | | 销售额的 5% ~10% |
| 二、天然气 | | 销售额的 5% ~10% |
| 三、煤炭 | 焦煤 | 每吨 8 ~ 20 元 |
| | 其他煤炭 | 每吨 0.3 ~ 5 元 |
| 四、其他非金属矿原矿 | 普通非金属矿原矿 | 每吨或者每立方米 0.5 ~ 20 元 |
| | 贵重非金属矿原矿 | 每千克或者每克拉 0.5 ~ 20 元 |
| 五、黑色金属矿原矿 | | 每吨 2 ~ 30 元 |
| 六、有色金属矿原矿 | 稀土矿 | 每吨 0.4 ~ 60 元 |
| | 其他有色金属矿原矿 | 每吨 0.4 ~ 30 元 |
| 七、盐 | 固体盐 | 每吨 10 ~ 60 元 |
| | 液体盐 | 每吨 2 ~ 10 元 |

## 二、资源税优惠政策的运用

(1)开采原油过程中用于加热、修井的原油免税。

(2)纳税人开采或生产应税产品过程中,因意外事故或自然灾害等原因遭受重大损失的,由省、自治区、直辖市人民政府酌情决定减税或免税。

(3)国务院规定的其他减税、免税项目。

## 三、资源税的计算

### (一)计税依据的确定

1. 计税销售额的确定

销售额为纳税人销售应税产品向购买方收取的全部价款和价外费用,但不包括收取的增值税销项税额。

纳税人申报的应税产品销售额明显偏低并且无正当理由的、有视同销售应税产品行为而无销售额的,除财政部、国家税务总局另有规定外,按下列顺序确定销售额:

(1)按纳税人最近时期同类产品的平均销售价格确定;

(2)按其他纳税人最近时期同类产品的平均销售价格确定;

(3)按组成计税价格确定,组成计税价格为

组成计税价格 = 成本 ×(1 + 成本利润率)÷(1 - 比例税率)

公式中的成本是指应税产品的实际生产成本,成本利润率由省、自治区、直辖市税务机关确定。

2. 课税数量的确定

(1)各种应税产品,凡直接对外销售的,以实际销售数量为课税数量。

(2)各种应税产品,凡产品自用的,以移送自用数量为课税数量。

(3)纳税人不能准确提供应税产品销售数量的,以应税产品的产量或者主管税务机关确定的折算比换算成的数量为计征资源税的销售数量。

(4)对于连续加工前无法正确计算原煤移送使用量的煤炭,可按加工产品的综合回收率,将加工产品实际销量和自用量折算成原煤数量作为课税数量。

(5)金属和非金属矿产品原矿,因无法准确掌握纳税人移送原矿数量的,可将其精矿按选矿比折算成同矿数量作为课税数量。

(6)纳税人以自产的液体盐加工固体盐,以加工的固体盐数量为课税数量,按固体盐税额征税。纳税人以外购的液体盐加工成固体盐,其加工固体盐所耗用液体盐的已纳税额准予抵扣。

### (二)应纳税额的计算

资源税按照从价定率或者从量定额的办法征收,分别以应税产品的销售额乘以纳税人具体适用的比例税率或者以应税产品的销售数量乘以纳税人具体适用的定额税率计算。

纳税人开采或者生产应税产品,自用于连续生产应税产品的,不缴纳资源税;自用于其他方面的,视同销售,缴纳资源税。

实行从价计征的,其应纳税额计算公式如下。

应纳税额 = 计税销售额 × 比例税率

实行从量计征的,其应纳税额计算公式如下。

应纳税额 = 课税数量 × 定额税率

【例8-1】　某冶金联合企业附属的矿山2013年3月开采铅锌矿石6 000吨，销售5 000吨，铅锌矿石适用资源税税率为每吨15元。该矿山3月份应纳资源税税额为多少？

【解析】　应纳资源税额 = 5 000 × 15 = 75 000（元）

## 四、资源税的账务处理

企业核算资源税应设置"应交税费——应交资源税"科目。根据资源矿产品用途不同，其会计核算存在差异，具体内容如下。

对外销售应税产品应缴资源税，借记"营业税金及附加"科目，贷记"应交税费——应交资源税"科目；自产自用应税产品应缴资源税，借记"生产成本""制造费用"等科目，贷记"应交税费——应交资源税"科目；企业外购液体盐加工成固体盐，在购入液体盐时，按允许抵扣的资源税，借记"应交税费——应交资源税"科目，按外购价款扣除允许抵扣资源税后的数额，借记"材料采购"等科目，按应支付的全部价款，贷记"银行存款"等科目；企业加工成固体盐销售时，按销售固体盐缴资源税时，借记"营业税金及附加"科目，贷记"应交税费——应交资源税"科目，将销售固体盐应纳资源税扣抵液体盐已纳资源税后的差额上交时，借记"应交税费——应交资源税"科目，贷记"银行存款"科目；纳税人按规定缴纳资源税时，借记"应交税费——应交资源税"科目，贷记"银行存款"科目。

【例8-2】　某煤矿为增值税一般纳税人，2013年2月生产原煤120万吨，全部对外销售；另外该煤矿当月还生产销售天然气3 000万立方米，开具增值税专用发票，不含税价款为7 500万元。已知该煤矿原煤适用的单位税额为2元/吨，煤矿邻近的石油管理局天然气适用税率为6%。计算该矿山应纳资源税税额，并作会计处理。

【解析】　根据税法规定，煤矿生产的天然气暂不征税。

应纳资源税额 = 120 × 2 = 240（万元）

计提资源税时，编制会计分录：

借：营业税金及附加　　2 400 000

　贷：应交税费——应交资源税　　2 400 000

## 五、资源税的征收管理

### （一）纳税期限

资源税的纳税期限为1日、3日、5日、10日、15日或1个月，具体由主管税务机关根据实际情况核定。不能按固定期限计算纳税的，可以按次计算纳税。

纳税人以1个月为一期纳税的，自期满之日起10日内申报纳税；以1日、3日、5日、10日或15日为一期纳税的，自期满之日起5日内预缴税款，于次月1日起10日内申报纳税并结清上月税款。

扣缴义务人解缴税款期限比照上述规定执行。

### （二）纳税义务发生时间

（1）纳税人销售应税产品，其纳税义务发生时间是：①纳税人采取分期收款结算方式的，其纳税义务发生时间为销售合同规定的收款日期当天；②纳税人采取预收货款结算方式的，其纳税义务发生时间为发出应税产品的当天；③纳税人采取其他结算方式的，其纳税义务发生时间为收讫销售款或者取得索取销售款凭据的当天。

(2)纳税人自产自用应税产品的纳税义务发生时间，为移送使用应税产品的当天。

(3)扣缴义务人代扣代缴税款的纳税义务发生时间为支付货款的当天。

### (三)纳税地点

(1)纳税人应纳的资源税应当向应税产品的开采或者生产所在地主管税务机关缴纳。

(2)纳税人在本省、自治区、直辖市范围内开采或者生产应税产品，其纳税地点需要调整的，由省、自治区、直辖市税务机关决定。

(3)纳税人跨省、自治区、直辖市开采或者生产应税产品，其下属生产单位与核算单位不在同一省、自治区、直辖市的，对其开采或者生产的应税产品，一律在开采地或者生产地纳税。实行从量计征的应税产品，其应纳税款一律由独立核算的单位按照每个开采地或者生产地的销售量及适用税率计算划拨；实行从价计征的应税产品，其应纳税款一律由独立核算的单位按照每个开采地或者生产地的销售量、单位销售价格及适用税率计算划拨。

扣缴义务人代扣代缴的资源税，应当向收购地主管税务机关缴纳。

### (四)纳税申报

纳税人填制资源税纳税申报表时，首先应按税法规定对其开采或生产的资源产品区分应税和非应税、免税项目，并确定应税产品的适用税率；其次，根据“库存商品”等账户及有关会计凭证，核实应税产品的销售金额、销售数量、自用数量，或按规定办法折算原矿数量；最后，根据核实后的应税数量和确定的税率计算应缴纳的资源税额，并与“应交税费——应交资源税”账户资料核对相符后，填制资源税纳税申报表(见表8-2)，并办理签章手续。

**表8-2 资源税纳税申报表**

税款所属期限：自　　年　月　日至　　年　月　日

填表日期：　年　月　日　　　　　　　　　　　　　　　　　　　　金额单位：元至角分

纳税人识别号□□□□□□□□□□□□□□□□□□□□

<table>
<tr><td rowspan="4">从量定额征收项目</td><td>征收品目</td><td>征收子目</td><td>计税依据</td><td colspan="2">单位税额</td><td>本期应纳税额</td><td>本期减免税额</td><td>减免性质代码</td><td>本期已缴税额</td><td>本期应补(退)税额</td></tr>
<tr><td></td><td></td><td></td><td colspan="2"></td><td></td><td></td><td></td><td></td><td></td></tr>
<tr><td></td><td></td><td></td><td colspan="2"></td><td></td><td></td><td></td><td></td><td></td></tr>
<tr><td>合计</td><td>—</td><td>—</td><td colspan="2">—</td><td></td><td></td><td></td><td></td><td></td></tr>
<tr><td rowspan="4">从价定率征收项目</td><td>征收品目</td><td>征收子目</td><td>计税依据</td><td>综合减征率</td><td>征收率</td><td>本期应纳税额</td><td>本期减免税额</td><td>减免性质代码</td><td>本期已缴税额</td><td>本期应补(退)税额</td></tr>
<tr><td></td><td></td><td></td><td></td><td></td><td></td><td></td><td></td><td></td><td></td></tr>
<tr><td></td><td></td><td></td><td></td><td></td><td></td><td></td><td></td><td></td><td></td></tr>
<tr><td>合计</td><td>—</td><td>—</td><td>—</td><td>—</td><td></td><td></td><td></td><td></td><td></td></tr>
</table>

续表

| 以下由纳税人填写： | | | | | |
|---|---|---|---|---|---|
| 纳税人声明 | 此纳税申报表是根据《中华人民共和国资源税暂行条例》及其实施细则的规定填报的，是真实的、可靠的、完整的。 | | | | |
| 纳税人签章 | | 代理人签章 | | 代理人身份证号 | |
| 以下由税务机关填写： | | | | | |
| 受理人 | | 受理日期 | 年 月 日 | 受理税务机关签章 | |

本表一式两份，一份纳税人留存，一份税务机关留存。

# 任务2　城镇土地使用税核算与申报

## 一、认识城镇土地使用税

### （一）城镇土地使用税的概念与特点

城镇土地使用税是对城市、县城、建制镇和工矿区范围内使用土地的单位和个人，按实际占用土地面积所征收的一种税。城镇土地使用税是一种资源税性质的税种。

城镇土地使用税的特点有：对占用土地的行为征税，是准财产税；征税对象是土地；征税范围有所限定；实行差别幅度税额。

### （二）城镇土地使用税的纳税人

凡在城市、县城、建制镇、工矿区范围内使用土地的单位和个人，为城镇土地使用税的纳税人。

（1）拥有土地使用权的纳税人不在土地所在地的，由该土地的代管人或实际使用人缴纳。

（2）土地使用权未确定或权属纠纷未解决的，由实际使用人纳税。

（3）土地使用权共有的，由共有各方分别纳税。

### （三）城镇土地使用税的征税对象

城镇土地使用税的征税对象是土地。城镇土地使用税的征税范围为城市、县城、建制镇范围内的国家所有和集体所有的土地，不包括农村集体所有的土地。

自2009年1月1日起，公园、名胜古迹内的索道公司经营用地，应按规定缴纳城镇土地使用税。自2009年12月1日起，单独建造的地下建筑用地，按规定征收城镇土地使用税。

### （四）城镇土地使用税的税率

城镇土地使用税采用定额税率，即采用有幅度的差别税率，按大、中、小城市和县城，建制镇，工矿区分别规定每平方米土地使用税年应纳税额。城镇土地使用税税率见表8-3。

表 8-3 城镇土地使用税税率表

| 级别 | 人 口(人) | 每平方米税额 |
| --- | --- | --- |
| 大城市 | 50 万以上 | 1.5～30 |
| 中等城市 | 20 万～50 万 | 1.2～24 |
| 小城市 | 20 万以下 | 0.9～18 |
| 县城、建制镇、工矿区 | — | 0.6～12 |

各省、自治区、直辖市人民政府可根据市政建设情况和经济繁荣程度在规定幅度内，确定所辖地区的适用税额幅度。经济落后地区，土地使用税的适用税额标准可适当降低，但降低额不得超过上述规定最低税额的 30%，经济发达地区的适用税额标准可以适当提高，但须报财政部批准。

## 二、城镇土地使用税优惠政策的运用

下列土地免征城镇土地使用税。

(1)国家机关、人民团体、军队自用的土地。

(2)由国家财政部门拨付事业经费的单位自用土地。

(3)宗教寺庙、公园、名胜古迹自用的土地。

(4)市政街道、广场、绿化地带等公共用地。

(5)直接用于农、林、牧、渔业的生产用地。

(6)经批准开山填海整治的土地和改造的废弃土地，从使用之月起免交土地使用税 5 年至 10 年。

(7)非营利性医疗机构、疾病控制机构和妇幼保健机构自用的土地，自 2000 年 7 月起免征城镇土地使用税。对营利性医疗机构自用的土地自取得执照之日起免征城镇土地使用税 3 年。

(8)企业办学校、医院、托儿所、幼儿园，其用地能与企业其他用地明确区分的，免征城镇土地使用税。

(9)免税单位无偿使用纳税单位的土地，如公安、海关等单位使用铁路、民航等单位的土地免税；但纳税单位无偿使用免税单位的土地，纳税单位应依法缴纳城镇土地使用税。

(10)部分特殊行业用地暂免征收土地使用税的规定：①高校后勤实体用地；②企业的铁路专用线及公路等用地；③企业厂区以外的公共绿化用地和向社会开放的公园用地；④港口的码头用地；⑤盐场的盐滩和盐矿的矿井用地；⑥水利设施管护用地；⑦机场飞行区。

(11)下列土地由省级地方税务局确定减免土地使用税：个人所有的居住房屋及院落用地；单位职工家属的宿舍用地；集体和个人办的学校、医院、托儿所及幼儿园用地；基建项目在建期间使用的土地以及城镇集贸市场用地等。

## 三、城镇土地使用税的计算

### (一)计税依据的确定

(1)由省、自治区、直辖市人民政府确定的单位组织测定土地面积的,以测定的面积为准。

(2)尚未组织测量,但纳税人持有政府部门核发的土地使用证书的,以证书确认的土地面积为准。

(3)尚未核发土地使用证书的,应由纳税人据实申报土地面积,据以纳税,待核发土地使用证后再作调整。

### (二)应纳税额的计算

城镇土地使用税的应纳税额可以通过纳税人实际占用的土地面积乘以该土地所在地段适用税额求得,其计算公式为

全年应纳税额 = 实际占用应税土地面积(平方米)×适用税额

**【例8-3】** 华美公司地处某中等城市,占用土地20 000平方米,其中企业自办的托幼机构占用土地1 000平方米,当地政府核定的土地使用税税额每平方米4元,计算该企业当年应纳的土地使用税税额。

**【解析】** 全年应纳土地使用税额 = (20 000 - 1 000) ×4 = 76 000(元)

## 四、城镇土地使用税的账务处理

城镇土地使用税的会计核算应设置“应交税费——应交城镇土地使用税”科目。该科目贷方登记本期应缴纳的城镇土地使用税税额;借方登记企业实际缴纳的城镇土地使用税;期末贷方余额表示企业应交而未交的城镇土地使用税税额。

核算时,企业按规定计算应交城镇土地使用税,借记“管理费用”科目,贷记“应交税费——应交城镇土地使用税”科目;上交土地使用税时,借记“应交税费——应交城镇土地使用税”科目,贷记“银行存款”科目。

**【例8-4】** 根据【例8-3】华美公司资料,计算该企业当年应纳的土地使用税税额,并进行会计处理。

**【解析】** 全年应纳土地使用税额 = (20 000 - 1 000) ×4 = 76 000(元)

(1)计提城镇土地使用税时:

借:管理费用——城镇土地使用税 76 000

贷:应交税费——应交城镇土地使用税 76 000

(2)缴纳城镇土地使用税时:

借:应交税费——应交城镇土地使用税 76 000

贷:银行存款 76 000

## 五、城镇土地使用税的征收管理

### (一)纳税义务发生时间

(1)纳税人购置新建商品房,自房屋交付使用之次月起,缴纳土地使用税。

(2)纳税人购置存量房,自办理房屋权属转移、变更登记手续,房地产权属登记机关签发房屋权属证书之次月起,缴纳土地使用税。

(3)纳税人出租出借房产,自交付出租、出借房产之次月起,缴纳土地使用税。

(4)纳税人新征用的耕地,自批准征用之日起满一年时开始缴纳土地使用税。

(5)纳税人新征用的非耕地,自批准征用次月起缴纳土地使用税。

(6)纳税人以出让或转让方式有偿取得土地使用权的,应由受让方从合同约定交付土地时间的次月起缴纳土地使用税;合同未约定交付时间的,由受让方从合同签订次月起缴纳土地使用税。

### (二)纳税期限

城镇土地使用税实行按年计算、分期缴纳的征收方法,具体缴纳期限由省、自治区、直辖市人民政府确定。

### (三)纳税地点

城镇土地使用税的纳税地点为土地所在地,由土地所在地的税务机关负责征收。

纳税人使用的土地不属于同一省、自治区、直辖市管辖的,由纳税人分别向土地所在地的税务机关申报缴纳。在同一省、自治区、直辖市管辖范围内,纳税人跨地区使用的土地,由各省、自治区、直辖市税务局确定纳税地点。

### (四)纳税申报

纳税人新征用的土地必须于批准新征用之日起30日内申报登记。

城镇土地使用税的纳税人应按照条例的有关规定及时办理纳税申报,如实填写城镇土地使用税纳税申报表。

# 任务3　土地增值税核算与申报

## 一、认识土地增值税

### (一)土地增值税的概念与特点

土地增值税是以纳税人有偿转让国有土地使用权、地上的建筑物及其附着物(以下简称房地产)并取得收入的单位和个人,就其转让房地产所取得的增值额征收的一种税。这是我国开征的第一个对土地增值额或土地收益额征收的税种。

土地增值税的特点有以下方面。

(1)征税面比较广。凡在我国境内转让房地产并取得增值收入的单位和个人,除税法规定免税的外，均应按照税法规定缴纳土地增值税。

(2)以转让房地产取得的增值额为征税对象。

(3)采用扣除法和评估法计算增值额。一般来说，以纳税人转让房地产取得的收入，减除法定扣除项目金额后的余额作为计税依据。对旧房及建筑物的转让，以及对纳税人转让房地产申报不实、成交价格偏低的，采用评估价格法确定增值额。

(4)实行超率累进税率。

(5)实行按次征收，每转让一次就征收一次土地增值税。

### (二)土地增值税的纳税人

转让国有土地使用权、地上的建筑物及其附着物并取得收入的单位和个人，为土地增值税的纳税人。包括各类企业单位、事业单位、国家机关、社会团体、个体工商业户以及其他单位和个人，此外，还包括外商投资企业、外国企业、外国驻华机构及海外华侨、港澳台同胞和外国公民。

### (三)土地增值税的征税范围

1. 土地增值税征税范围的一般规定

(1)土地增值税只对转让国有土地使用权的行为征税，转让非国有土地使用权和出让国有土地使用权的行为均不征税。

国有土地使用权是指土地使用人根据国家法律、合同等规定，对国家所有的土地享有的使用权利。按现行规定，集体所有的土地须先由国家征用后才能转让其使用权。未经国家征用的集体土地不得转让使用权。自行转让集体土地使用权是一种违法行为，应由有关部门依照相关法律来处理，而不应纳入土地增值税的征税范围。

国有土地使用权出让是指国家以土地所有者的身份将土地使用权在一定年限内让与土地使用者，并由土地使用者向国家支付土地出让金的行为。由于土地使用权的出让方是国家，出让收入在性质上属于政府凭借所有权在土地一级市场上收取的租金，所以，政府出让土地的行为及取得的收入也不在土地增值税的征税之列。国有土地使用权的出让不同于国有土地使用权的转让。

(2)土地增值税既对转让土地使用权征税，也对转让地上建筑物和其他附着物的产权征税。

所谓地上建筑物，是指建于土地上的一切建筑物，包括地上地下的各种附属设施，如住宅、地下室、围墙、烟囱、电梯、中央空调、管道等。所谓附着物是指附着于土地上，不能移动，一经移动即遭损坏的物品。

(3)土地增值税只对有偿转让的房地产征税，对以继承、赠予等方式无偿转让的房地产，不予征税。

不征土地增值税的房地产赠予行为包括两种情况。房产所有人、土地使用权所有人将房屋产权、土地使用权赠予直系亲属或承担直接赡养义务人的行为；房产所有人、土地使用权所有人通过中国境内非营利的社会团体、国家机关将房屋产权、土地使用权赠予教育、民政和其他社会福利、公益事业的行为。

2. 土地增值税征税范围的特殊规定

(1)以房地产进行投资、联营。对于以房地产进行投资、联营的,投资、联营的一方以土地(房地产)作价入股进行投资或作为联营条件,将房地产转让到所投资、联营的企业中,暂免征收土地增值税;对投资、联营企业将上述房地产再转让的,应征收土地增值税。

(2)合作建房。对于一方出地、一方出资金,双方合作建房,建成后按比例分房自用的,暂免征收土地增值税;建成后转让的,应征收土地增值税。

(3)企业兼并转让房地产。在企业兼并中,对被兼并企业将房地产转让到兼并企业中的,暂免征收土地增值税。

(4)房地产的交换。房地产的交换属于土地增值税的征税范围。但对个人之间互换自有居住用房的,经当地税务机关核实,可以免征土地增值税。

(5)房地产抵押的,抵押期间不征土地增值税;抵押期满以房产抵债而发生房地产权属转让的,应征土地增值税。

(6)代建行为,即房地产开发公司代客户进行房地产的开发,开发完成后向客户收取代建收入,由于没有发生房地产权属的转移,其收入属于劳务收入性质,不属于土地增值税的征税范围。

(7)国有企业在清产核资时对房地产进行重新评估而产生的评估增值,既没有发生房地产权属的转移,也未取得收入,不属于土地增值税的征税范围。

### (四)土地增值税的税率

土地增值税实行四级超率累进税率,是我国唯一采用超率累进税率的税种,具体如表8-4。

**表8-4 土地增值税税率表**

| 级数 | 增值额占扣除项目金额比例(增值率) | 税率(%) | 速算扣除系数(%) |
|---|---|---|---|
| 1 | 50%(含)以下 | 30 | 0 |
| 2 | 50% ~100%(含) | 40 | 5 |
| 3 | 100% ~200%(含) | 50 | 15 |
| 4 | 200%以上 | 60 | 35 |

## 二、土地增值税优惠政策的运用

(1)纳税人建造普通标准住宅,增值额未超过扣除项目金额20%的,给予免税。增值额超过扣除项目金额之和20%的,应就其全部增值额按规定计税。

(2)因国家建设需要,依法征用、回收的房地产,免税。

(3)个人因工作调动或改善居住条件而转让原自用住房,经向税务机关申报核准,凡居住满5年或5年以上的,免予征收土地增值税;居住满3年未满5年的,减半征收土地增值税;居住未满3年的,按规定计征土地增值税。

## 三、土地增值税的计算

### (一)计税依据的确定

土地增值税的计税依据是纳税人转让房地产所取得的增值额。转让房地产的增值额是纳税人转让房地产所取得的收入减除税法规定的扣除项目金额后的余额。因此,要准确地界定增值额,必须确定应税的收入额和扣除项目金额。

1. 应税收入的确定

应税收入主要包括转让房地产的全部价款及有关的经济收益,体现为货币收入、实物收入和其他收入。

(1)货币收入是指纳税人转让房地产而取得的现金、银行存款和国库券、金融债券、企业债券、股票等有价证券。

(2)实物收入是指纳税人转让房地产而取得的各种实物形态的收入,如钢材、水泥等建材,房屋、土地等不动产。对于这些实物收入一般要按公允价值确认应税收入。

(3)其他收入是指纳税人转让房地产而取得的无形资产收入或具有财产价值的权利,如专利权、商标权、著作权、专有技术使用权、土地使用权、商誉权等。

2. 扣除项目及其金额的确定

根据税法规定,准予从转让收入中扣除的项目包括以下六个方面。

(1)取得土地使用权所支付的金额,包括纳税人为取得土地使用权所支付的地价款和在取得土地使用权时按国家统一规定缴纳的有关费用。其中,以出让方式取得的,以支付的土地出让金为地价款;以行政划拨方式取得的,以补交的土地出让金为地价款;以转让方式取得的,以向原土地使用人实际支付的金额为地价款。

(2)房地产开发成本,是指房地产开发项目实际发生的成本,包括土地征用及拆迁补偿费、前期工程费、建筑安装工程费、基础设施费、公共配套设施费、开发间接费用等。

(3)房地产开发费用,是指与房地产开发项目有关的销售费用、管理费用和财务费用。从转让收入中扣除的房地产开发费用,不按实际发生额扣除,而是按税法规定的标准计算扣除。具体计算方法视财务费用中的利息支出的不同分别处理。

①财务费用中的利息支出凡能够按转让房地产项目计算分摊并提供金融机构证明的,允许据实扣除,但最高不能超过按商业银行同类、同期贷款利率计算的金额;其他房地产开发费用,按取得土地使用权所支付的金额和房地产开发成本金额之和的5%以内计算扣除。计算公式如下。

房地产开发费用 = 利息 +(取得土地使用权所支付的金额 + 房地产开发成本)×5%

②财务费用中的利息支出凡不能按转让房地产项目计算分摊,或不能提供金融机构证明的,房地产开发费用按取得土地使用权支付金额和房地产开发成本之和的10%以内计算扣除。计算公式如下:

房地产开发费用 =(取得土地使用权所支付的金额 + 房地产开发成本)×10%

(4)与转让房地产有关的税金,包括在转让房地产时缴纳的营业税、城建税、印花税、教育费附加。房地产开发企业发生转让行为时缴纳的印花税已列入管理费用,不再在此单独扣除,其他纳税人缴纳的印花税允许在此扣除。

(5)其他扣除项目,特指从事房地产开发的纳税人可按取得土地使用权所支付的金额和房地产开发成本金额之和的20%加计扣除,除此之外的其他纳税人不适用。计算公式如下。

加计扣除费用=(取得土地使用权所支付的金额+房地产开发成本金额)×20%

(6)旧房及建筑物的评估价格,即在转让已使用房屋及建筑物时,由政府批准设立的房地产评估机构评定的重置成本乘以成新度折扣率后的价格。

### (二)应纳税额的计算

土地增值税应纳税额计算步骤如下。

第一步,计算增值额。增值额=转让收入-扣除项目金额

第二步,计算增值率。增值率=增值额÷扣除项目金额×100%

第三步,确定适用税率和速算扣除系数。

第四步,计算应纳税额。

应纳税额=∑(每级距增值额×适用税率)

或 应纳税额=增值额×适用税率-扣除项目金额×速算扣除系数

**【例8-5】** 某单位转让一幢旧房,取得收入900万元,依法缴纳了有关税费。该房建于20世纪80年代,当时造价为70万元,现经房地产评估机构评定的重置成本价为380万元,有六成新。旧房占地原来是行政划拨的,转让时,补交了土地出让金80万元。计算该单位转让旧房屋应纳的土地增值税税额(印花税忽略不计)。

**【解析】** (1)取得土地使用权所支付的金额=80(万元)

(2)与转让房地产有关的税费=900×5%×(1+7%+3%)=49.5(万元)

(3)旧房及建筑物的评估价格=380×60%=228(万元)

扣除项目=80+49.5+228=357.5(万元)

增值额=900-357.5=542.5(万元)

增值率=542.5÷357.5×100%=151.75%

应纳土地增值税税额=542.5×50%-357.5×15%=217.625(万元)

## 四、土地增值税的账务处理

企业核算土地增值税应设置“应交税费——应交土地增值税”科目。土地增值税的具体会计核算,根据企业从事业务性质的不同而有所区别。

*1.房地产企业土地增值税的核算*

房地产企业销售商品房属于企业的主营业务。因此,转让房地产过程中应缴纳的土地增值税,应借记“营业税金及附加”科目,贷记“应交税费——应交土地增值税”科目。

**【例8-6】** 某房地产开发公司销售居民住宅,取得转让收入1 000万元;按规定缴纳了营业税、城市维护建设税和教育费附加;为取得该住宅用地的土地使用权支付地价款和有

关费用100万元;投入开发成本375万元;支付银行贷款利息费用10.6万元(不能按转让房地产项目计算分摊),实际发生的其他房地产开发费用50万元。该公司所在地人民政府规定房地产开发费用的计算扣除为10%。计算该房地产开发公司应纳土地增值税税额并进行账务处理。

**【解析】** (1)计算应纳土地增值税税额。

转让收入=1 000万元

扣除项目金额=100+375+(100+375)×10%+1 000×5%×(1+7%+3%)+(100+375)×20%=672.5(万元)

增值额=1 000-672.5=327.5(万元)

增值率=327.5÷672.5×100%=48.7%,适用税率为30%、速算扣除数为0。

应交土地增值税税额=327.5×30%=98.25(万元)

(2)按规定计算应缴纳的各项税金及附加时,编制会计分录。

| | | |
|---|---|---|
| 借:营业税金及附加 | 1 532 500 | |
| 贷:应交税费——应交营业税 | | 500 000 |
| ——应交城市维护建设税 | | 35 000 |
| ——应交教育费附加 | | 15 000 |
| ——应交土地增值税 | | 982 500 |

**2. 其他企业销售旧房及建筑物土地增值税的核算**

其他企业转让房地产应缴纳的土地增值税,应借记“固定资产清理”科目,贷记“应交税费——应交土地增值税”科目。

**【例8-7】** 某企业以1 000万元购进某项土地及附着物。4年后转让,取得转让收入1 600万元,按规定支付有关税金88万元。转让时,建筑物已提折旧140万元。计算该企业应纳土地增值税税额,并进行会计处理。

**【解析】** (1)计算应交土地增值税。

转让收入=1 600(万元)

扣除项目金额=1 000+88=1 088(万元)

增值额=1 600-1 088=512(万元)

增值率=512÷1 088=47.06%,适用税率为30%、速算扣除数为0。

应交税费=512×30%=153.6(万元)

(2)会计处理。

①注销固定资产时:

| | | |
|---|---|---|
| 借:固定资产清理 | 8 600 000 | |
| 累计折旧 | | 1 400 000 |
| 贷:固定资产 | | 10 000 000 |

②收到转让收入时:

| | | |
|---|---|---|
| 借:银行存款 | 16 000 000 | |
| 贷:固定资产清理 | | 16 000 000 |

计算应交有关税金时：

借：固定资产清理 2 416 000

贷：应交税费——应交营业税等 880 000

——应交土地增值税 1 536 000

## 五、土地增值税的征收管理

### （一）纳税期限

土地增值税的纳税人应在转让房地产合同签订后的7日内，到房地产所在地主管税务机关办理纳税申报，并向税务机关提交房屋及建筑物产权、土地使用权证书，土地转让、房产买卖合同，房地产评估报告及其他与转让房地产有关的资料。

纳税人因经常发生房地产转让而难以在每次转让后申报的，经税务机关审核同意后，可以定期进行纳税申报，具体期限由税务机关根据情况确定。纳税人预售房地产取得的收入，凡当地税务机关规定预征土地增值税的，纳税人应当到主管税务机关办理纳税申报，并按规定比例预交，待办理决算后，多退少补；凡当地税务机关规定不预征土地增值税的，也应在取得收入时先在税务机关登记或备案。

### （二）纳税地点

土地增值税的纳税人应向房地产所在地主管税务机关办理纳税申报，并在税务机关核定的期限内缴纳土地增值税。这里所说的"房地产所在地"，是指房地产的坐落地。纳税人转让的房地产坐落在两个或两个以上地区的，应按房地产所在地分别申报纳税。

在实际工作中，纳税地点的确定又可分为以下两种情况。

（1）纳税人是法人的。当转让的房地产坐落地与其机构所在地或经营所在地一致时，在办理税务登记的原管辖税务机关申报纳税即可；当转让的房地产坐落地与其机构所在地或经营所在地不一致时，则应在房地产坐落地所管辖的税务机关申报纳税。

（2）纳税人是自然人的。当转让的房地产坐落地与其居住所在地一致时，则在住所所在地税务机关申报纳税；当转让的房地产坐落地与其居住所在地不一致时，在办理过户手续所在地的税务机关申报纳税。

### （三）纳税申报

土地增值税的纳税申报表分为从事房地产开发纳税人和其他纳税人两种类型，具体格式分别见表8-5和表8-6。

**表 8-5　土地增值税纳税申报表**

（从事房地产开发的纳税人适用）

填表日期：　年　月　日　　　　金额单位：人民币元　　　　面积单位：平方米

<table>
<tr><td>地税编码</td><td></td><td colspan="2">纳税人识别号</td><td></td></tr>
<tr><td>纳税人名称</td><td></td><td colspan="2">税款所属时期</td><td></td></tr>
<tr><td colspan="3">项目</td><td>行次</td><td>金额</td></tr>
<tr><td colspan="3">一、转让房地产收入总额 1 = 2 + 3</td><td>1</td><td></td></tr>
<tr><td rowspan="2">其中</td><td colspan="2">货币收入</td><td>2</td><td></td></tr>
<tr><td colspan="2">实物收入及其他收入</td><td>3</td><td></td></tr>
<tr><td colspan="3">二、扣除项目金额合计 4 = 5 + 6 + 13 + 16 + 20</td><td>4</td><td></td></tr>
<tr><td colspan="3">1. 取得土地使用权所支付的金额</td><td>5</td><td></td></tr>
<tr><td colspan="3">2. 房地产开发成本 6 = 7 + 8 + 9 + 10 + 11 + 12</td><td>6</td><td></td></tr>
<tr><td rowspan="6">其中</td><td colspan="2">土地征用及拆迁补偿费</td><td>7</td><td></td></tr>
<tr><td colspan="2">前期工程费</td><td>8</td><td></td></tr>
<tr><td colspan="2">建筑安装工程费</td><td>9</td><td></td></tr>
<tr><td colspan="2">基础设施费</td><td>10</td><td></td></tr>
<tr><td colspan="2">公共配套设施费</td><td>11</td><td></td></tr>
<tr><td colspan="2">开发间接费用</td><td>12</td><td></td></tr>
<tr><td colspan="3">3. 房地产开发费用 13 = 14 + 15</td><td>13</td><td></td></tr>
<tr><td rowspan="2">其中</td><td colspan="2">利息支出</td><td>14</td><td></td></tr>
<tr><td colspan="2">其他房地产开发费用</td><td>15</td><td></td></tr>
<tr><td colspan="3">4. 与转让房地产有关的税金等 16 = 17 + 18 + 19</td><td>16</td><td></td></tr>
<tr><td rowspan="3">其中</td><td colspan="2">营业税</td><td>17</td><td></td></tr>
<tr><td colspan="2">城市维护建设税</td><td>18</td><td></td></tr>
<tr><td colspan="2">教育费附加</td><td>19</td><td></td></tr>
<tr><td colspan="3">5. 财政部规定的其他扣除项目</td><td>20</td><td></td></tr>
<tr><td colspan="3">三、增值额 21 = 1 − 4</td><td>21</td><td></td></tr>
<tr><td colspan="3">四、增值额与扣除项目金额之比（%）22 = 21 ÷ 4</td><td>22</td><td></td></tr>
<tr><td colspan="3">五、适用税率（%）</td><td>23</td><td></td></tr>
<tr><td colspan="3">六、速算扣除系数（%）</td><td>24</td><td></td></tr>
<tr><td colspan="3">七、应缴土地增值税税额 25 = 21 × 23 − 4 × 24</td><td>25</td><td></td></tr>
<tr><td colspan="3">八、已缴土地增值税税额</td><td>26</td><td></td></tr>
<tr><td colspan="3">九、应补（退）土地增值税税额 27 = 25 − 26</td><td>27</td><td></td></tr>
</table>

<table>
<tr><td colspan="7"></td></tr>
<tr><td colspan="3" rowspan="2">如纳税人填报，由纳税人填写以下各栏</td><td colspan="3">如委托代理人填报，由代理人填写以下各栏</td><td>备注</td></tr>
<tr><td>代理人名称</td><td></td><td rowspan="2">代理人（签章）</td><td rowspan="3"></td></tr>
<tr><td rowspan="2">会计主管<br>（签章）</td><td rowspan="2">经办人<br>（签章）</td><td rowspan="2">纳税人<br>（签章）</td><td>代理人地址</td><td></td></tr>
<tr><td>经办人</td><td></td><td>电话</td></tr>
<tr><td colspan="7">以下由税务机关填写</td></tr>
<tr><td>收到申报表日期</td><td colspan="2"></td><td>接收人</td><td colspan="3"></td></tr>
</table>

**表 8-6 土地增值税纳税申报表**

（非从事房地产开发的纳税人适用）

填表日期： 年 月 日 金额单位：人民币元 面积单位：平方米

<table>
<tr><td>地税编码</td><td colspan="3"></td><td colspan="2">纳税人识别号</td><td colspan="2"></td></tr>
<tr><td>纳税人名称</td><td colspan="3"></td><td colspan="2">税款所属时期</td><td colspan="2"></td></tr>
<tr><td colspan="5">项目</td><td>行次</td><td colspan="2">金额</td></tr>
<tr><td colspan="5">一、转让房地产收入总额 1 = 2 + 3</td><td>1</td><td colspan="2"></td></tr>
<tr><td rowspan="2">其中</td><td colspan="4">货币收入</td><td>2</td><td colspan="2"></td></tr>
<tr><td colspan="4">实物收入及其他收入</td><td>3</td><td colspan="2"></td></tr>
<tr><td colspan="5">二、扣除项目金额合计 4 = 5 + 6 + 9</td><td>4</td><td colspan="2"></td></tr>
<tr><td colspan="5">1. 取得土地使用权所支付的金额</td><td>5</td><td colspan="2"></td></tr>
<tr><td colspan="5">2. 旧房及建筑物的评估价格 6 = 7 × 8</td><td>6</td><td colspan="2"></td></tr>
<tr><td rowspan="2">其中</td><td colspan="4">旧房及建筑物的重置成本价</td><td>7</td><td colspan="2"></td></tr>
<tr><td colspan="4">成新度折扣率</td><td>8</td><td colspan="2"></td></tr>
<tr><td colspan="5">3. 与转让房地产有关的税金等 9 = 10 + 11 + 12 + 13</td><td>9</td><td colspan="2"></td></tr>
<tr><td rowspan="4">其中</td><td colspan="4">营业税</td><td>10</td><td colspan="2"></td></tr>
<tr><td colspan="4">城市维护建设税</td><td>11</td><td colspan="2"></td></tr>
<tr><td colspan="4">印花税</td><td>12</td><td colspan="2"></td></tr>
<tr><td colspan="4">教育费附加</td><td>13</td><td colspan="2"></td></tr>
<tr><td colspan="5">三、增值额 14 = 1 − 4</td><td>14</td><td colspan="2"></td></tr>
<tr><td colspan="5">四、增值额与扣除项目金额之比（%）15 = 14 ÷ 4</td><td>15</td><td colspan="2"></td></tr>
<tr><td colspan="5">五、适用税率（%）</td><td>16</td><td colspan="2"></td></tr>
<tr><td colspan="5">六、速算扣除系数（%）</td><td>17</td><td colspan="2"></td></tr>
<tr><td colspan="5">七、应缴土地增值税税额 18 = 14 × 16 − 4 × 17</td><td>18</td><td colspan="2"></td></tr>
<tr><td colspan="8"></td></tr>
<tr><td colspan="3" rowspan="2">如纳税人填报，由纳税人填写以下各栏</td><td colspan="4">如纳税人填报，由纳税人填写以下各栏</td><td>备注</td></tr>
<tr><td>代理人名称</td><td></td><td colspan="2" rowspan="2">代理人（签章）</td><td rowspan="2"></td></tr>
<tr><td rowspan="2">会计主管<br>（签章）</td><td rowspan="2">经办人<br>（签章）</td><td rowspan="2">纳税人<br>（签章）</td><td>代理人地址</td><td></td></tr>
<tr><td>经办人</td><td></td><td colspan="2">电话</td><td></td></tr>
<tr><td colspan="8">以下由税务机关填写</td></tr>
<tr><td>收到申报表日期</td><td colspan="2"></td><td>接收人</td><td colspan="4"></td></tr>
</table>

## 【任务小结】

资源税主要包括资源税、城镇土地使用税、土地增值税。本项目主要内容包括资源税的纳税人、征税对象、税收优惠；资源税的计税依据和应纳税额的计算，会计核算；资源税的纳税义务发生时间、纳税期限、纳税地点和纳税申报。

资源税应纳税额的计算公式如下。

实行从价计征 应纳税额 = 计税销售额 × 比例税率

实行从量计征 应纳税额 = 课税数量 × 定额税率

城镇土地使用税的计算公式如下。

全年应纳税额 = 实际占用应税土地面积(平方米) × 适用税额

土地增值税的计算公式如下:

应纳税额 = 增值额 × 适用税率 - 扣除项目金额 × 速算扣除系数

## 【导入案例解析】

该房地产开发公司在开发并转让此写字楼时,应缴纳的土地增值税计算如下。

①取得土地使用权所支付的金额 = 500 (万元)

②房地产开发成本 = 1 500 (万元)

③房地产开发费用 = (120 - 10) + (500 + 1 500) × 5% = 210(万元)

④与转让房地产有关的税费 = 5 000 × 5% × (1 + 7% + 3%) = 275(万元)

⑤20% 加计扣除 = (500 + 1 500) × 20% = 400 (万元)

扣除项目 = 500 + 1 500 + 210 + 275 + 400 = 2 885 (万元)

增值额 = 5 000 - 2 885 = 2 115 (万元)

增值率 = 2 115 ÷ 2 885 × 100% = 73.3%

应纳土地增值税税额 = 2 115 × 40% - 2 885 × 5% = 701.75 (万元)

## 任务训练

### 一、单项选择训练

1. 土地增值税实行(　　)税率。

A. 比例税率　　B. 全额累进税率　　C. 超额累进税率　　D. 超率累进税率

2. 纳税人建造普通标准住宅出售,增值额未超过扣除项目金额(　　)的免征土地增值税。

A. 10%　　B. 20%　　C. 30%　　D. 40%

3. 在资源税中,煤炭的征税范围包括(　　)。

A. 洗煤　　B. 选煤　　C. 原煤　　D. 煤炭制品

4. 资源税纳税人开采或者生产应税产品销售的,课税数量为(　　)。

A. 销售数量　　B. 开采数量　　C. 生产数量　　D. 实际产量

5. 耕地占用税的征收机构是(　　)。

A. 税务机关　　B. 财政机关

C. 土地管理部门　　D. 国有资产管理部门

6. 现行资源税的征税范围为(　　)。

A. 原油、天然气、煤炭　　B. 原油、天然气、煤炭、盐

C. 矿产品和盐　　D. 原油、有色金属矿原矿

7. 按土地增值税法规规定,凡不能按转让房地产项目计算分摊利息支出或不能提供金融机构证明的房地产开发费用按取得土地使用权所支付金额和开发土地的成本之和的(　　)之内计算扣除。

A. 5%　　B. 10%　　C. 20%　　D. 15%

8. 属于土地增值税征税范围的有(　　)。

A. 房地产的出租　　B. 房地产的抵押

C. 国有土地使用权的转让　　D. 集体所有的土地自行转让

9. 某盐场附设的非独立核算的精盐加工厂,以本场生产的液体盐 1 000 吨加工成精制盐 400 吨对外销售,其资源税的计税依据为(　　)。

A. 1 000 吨　　B. 400 吨　　C. 600 吨　　D. 1 400 吨

**二、多项选择训练**

1. 土地增值税的纳税人转让房地产取得的收入包括(　　)。

A. 利息收入　　B. 货币收入　　C. 实物收入　　D. 其他收入

2. 资源税与流转税、所得税比较,具有以下特点(　　)。

A. 兼有有偿性和强制性的特征　　B. 实行差别税率

C. 只对特定资源征税　　D. 主要实行从量定额征收

3. 不属于土地增值税征税范围的有(　　)。

A. 国家出让土地使用权取得的收入　　B. 国有企业房地产的重新评估升值

C. 房地产的交换　　D. 将房地产赠予直系亲属

4. 下列哪些单位土地免征土地使用税?(　　)

A. 国家机关、人民团体、军队自用的土地

B. 由国家财政部门拨付事业经费的单位自用的土地

C. 宗教寺庙、公园、名胜古迹自用的土地

D. 市政街道 、广场、绿化地等公共用地

5. 城镇土地使用税的征税范围包括(　　)。

A. 城市　　B. 乡村　　C. 建制镇　　D. 工矿区

6. 土地增值税中下列哪些项目允许扣除?(　　)

A. 房地产开发费用　　B. 取得土地使用权所支付的金额

C. 房地产开发成本　　D. 转让房地产时交纳的税金

7. 资源税规定:纳税人开采或生产应税产品销售或自用的,以(　　)为课税数量。

A. 开采数量　　B. 销售数量　　C. 生产数量　　D. 自用数量

8. 土地增值税的征税范围包括(　　)。

A. 转让国有土地使用权

B. 出让国有土地使用权

C. 地上建筑物及其附着物连同国有土地使用权一并转让

D. 房地产的代建房行为

9. 根据土地增值税条例规定,对从事房地产开发的纳税人,其他扣除项目可按(　　)

之和加计 20% 扣除。

A. 取得土地使用权所支付的金额　　B. 房地产开发成本

C. 房地产开发费用　　D. 与转让房地产有关的税金

**三、业务训练**

1. 某油田 2014 年 10 月份生产原油 10 万吨，当月销售 6 万吨，用于加热、修井的原油 1 万吨，用于自办油厂加工 2 万吨，待销售 1 万吨。当月在采油过程中回收伴生天然气 1 000 万立方米。请计算该油田当月应纳资源税额（原油每吨售价 2 000 元，天然气每立方米售价 1.2 元，原油和天然气均按销售额的 5% 计征资源税）。

2. 某单位（非房产开发单位）建造并出售了一幢写字楼，取得了销售收入 2 000 万元，（城建税 7%，教育费附加 3%）该单位建造此楼支付的地价款 300 万元，房地产开发成本 400 万元，房地产开发费用中的利息支出 200 万元（能够按转让房地产项目计算分摊并提供银行证明），单位所在地规定的房地产开发费用计算扣除比例为 5%，计算应纳土地增值税额。

# 项目九　财产税核算与申报

| 知识目标 | 能力目标 |
| --- | --- |
| 1. 了解财产税的概念和特点。<br>2. 明确财产税的征税范围。<br>3. 掌握财产税应纳税额计算和账务处理。<br>4. 了解财产税的纳税申报。 | 1. 能够识别财产税的纳税人及征税范围。<br>2. 会正确计算财产税的应纳税额。<br>3. 能够对财产税进行会计核算。<br>4. 能够对财产税进行纳税申报。 |

**【案例导入】**

国内某企业2013年度拥有房产10栋，其中经营房产8栋，原值为12 000万元，当地允许扣除的比例为20%，适用税率为1.2%；出租房产2栋，年租金总计130万元。计算该企业2013年应纳房产税税额。

## 任务1　房产税核算与申报

### 一、认识房产税

#### （一）房产税的概念与特点

房产税是以房屋为征税对象，按房屋的计税余值或租金收入为计税依据，向房屋产权所有人征收的一种财产税。

房产税的特点有：房产税属于财产税中的个别财产税；征税范围限于城镇的经营性房屋；区别房屋的经营使用方式规定征税办法。

对房产征税的目的是运用税收杠杆，加强对房产的管理，提高房产使用效率，控制固定资产投资规模和配合国家房产政策的调整，合理调节房产所有人和经营人的收入。房产税税源稳定，易于控制管理，是地方财政收入的重要来源之一。

#### （二）房产税纳税人

凡在我国境内拥有房屋产权的单位和个人均为房产税的纳税人。纳税人的具体情况如下。

（1）产权属国家所有的，由经营管理单位纳税；产权属集体和个人所有的，由集体单位和个人纳税。

（2）产权出典的，由承典人依照房产余值缴纳房产税。

（3）产权所有人、承典人不在房屋所在地的，由房产代管人或者使用人纳税。

（4）产权未确定及租典纠纷未解决的，亦由房产代管人或者使用人纳税。

(5)纳税单位和个人无租使用房产管理部门、免税单位及纳税单位的房产,应由使用人代为缴纳房产税。

(6)对出租房产,租赁双方签订的租赁合同约定有免收租金期限的,免收租金期间由产权所有人按照房产原值缴纳房产税。

2009 年 1 月起外商投资企业、外国企业和外国人经营的房产,也应纳房产税。

## 【知识链接】

什么是房屋出典?

房屋出典是指承典人支付房屋典价而占有、使用出典人的房屋,出典人于典期届满时,返还典价赎回房屋或者不回赎而丧失房屋所有权的法律制度。

房屋出典具有如下法律特征。

(1)房屋出典是"房不计租、钱不计息"的互利、有偿法律关系。在房屋出典中,承典人占有使用出典的房屋而不交纳租金;出典人取得、使用承典人的金钱,而不支付利息。但出典人交付房屋须以承典人支付典价为前提,因而双方这种法律关系又是双务、有偿的。

(2)房屋出典受典期限制,典期届满前出典人并不丧失房屋所有权,承典人只能取得房屋典权(用益物权)。房屋出典后,在典期以内,出典人仍然享有房屋所有权,但已不能直接占有、使用房屋;承租人虽取得对房屋的占有、使用权,但并不能任意进行处分。典期届满的一般法律后果是,出典人如不返还典价款即丧失房屋所有权,承典人则因此而取得房屋所有权。

(3)房屋出典须符合法定条件和程序,是一种要式法律行为。

### (三)房产税的征税对象

房产税的征税对象为城市、县城、建制镇和工矿区的房产,不包括农村房产,有利于农业发展,有于社会稳定。

所谓房产,是指有屋面和围护结构,能够遮风避雨,可供人们在其中生产、学习、工作、娱乐、居住或储藏物资的场所。独立于房屋的建筑物如围墙、暖房、水塔、烟囱、室外游泳池等不属于房产。但室内游泳池属于房产。

房地产开发企业建造的商品房,在出售前不征收房产税;但对出售前房地产开发企业已使用或出租、出借的商品房,应按规定征收房产税。

### (四)房产税税率

我国现行房产税采用的是比例税率。房产税的税率有两种,一种是按房产余值计征的,年税率为 1.2%;另一种是按房产出租的租金收入计征的,年税率为 12%。

从 2001 年 1 月 1 日起,对个人按市场价格出租的居民住房,按 4% 征收房产税。2008 年 3 月 1 日起,对个人出租住房,不区分用途,按 4% 的税率征收房产税。对企事业单位、社会团体以及其他组织按市场价格向个人出租用于居住的住房,减按 4% 的税率征收房产税。

## 二、房产税优惠政策的运用

下列房产免征房产税。

（1）国家机关、人民团体、军队自用的房产免税。但上述免税单位的出租房屋以及非自身业务使用的生产、经营用房，不属于免税范围。

（2）由国家财政部门拨付事业经费的单位，其自身业务范围内使用的房产免税。

（3）宗教寺庙、公园、名胜古迹等自用房产免税。

（4）个人所有非营业用房产暂免征收房产税。

（5）经财政部批准免税的其他房产。

①企业办的各类学校、医院、托儿所、幼儿园自用的房产免征房产税。

②经有关部门鉴定，对毁损不堪居住的房屋和危险房屋，在停止使用后，可免征房产税。

③自 2004 年 8 月 1 日起，对军队空余房产租赁收入暂免征收房产税。

④自 2004 年 7 月 1 日起，纳税人因房屋大修导致连续停用半年以上的，在房屋在修其间免征房产税。

⑤老年服务机构自用的房产暂免征收房产税。

⑥对房地产开发企业建造的商品房，在出售前不征收房产税。但对出售前房地产开发企业已使用或出租、出借的商品房应按规定征收房产税。

## 三、房产税的计算

### （一）计税依据的确定

房产税计税依据是房产计税价值或房产的租金收入。按房产的计税价值征税的，称为从价计征；按房产的租金收入计征的，称为从租计征。

1. 从价计征

从价计征的，计税依据是按房产原值一次减除 10% ~30% 后的余值。房产原值是“固定资产”账户中记载的房产原值。10% ~30% 的扣除比例由当地省、自治区、直辖市人民政府确定。从价计征须注意以下几点。

（1）融资租赁房产，租入方以房产余值计税而不是租出方按租金计税。

（2）从 2006 年 1 月 1 日起，凡以房屋为载体，不可随意移动的附属设备和配套设施，无论会计核算中是否单独记账与核算，都应计入房产原值计征房产税。

（3）凡以房地产作为投资参与分红、共担风险的，这些房产应按房产余值计征房产税。对以房产投资，收取固定收入，不承担投资风险的，这些房产应按租金收入计征房产税。

2. 从租计征

从租计征的，计税依据为房产租金收入，即房屋产权所有人出租房产使用权所得的报酬，包括货币收入及其他形式的收入。纳税人对个人出租房屋的租金收入申报不实或申报数与同一地段同类房屋的租金收入相比明显不合理的，税务部门可核定其应纳税款。

### （二）应纳税额的计算

1. 从价计征

应纳税额 = 应税房产原值 ×（1 - 扣除比例）×1.2%

2. 从租计征

应纳税额 = 租金收入 ×12%（或 4%）

房产税税率是年税率，若房产在一年中有不同用途，应交房产税必须分段计算。

【例 9-1】 某公司 2013 年 12 月 31 日房屋原始价值为 1 000 万元。2013 年 3 月底公司将其中的 200 万元房产出租给外单位使用，租期两年，每年收取租金 10 万元。当地政府规定，从价计征房产税的，扣除比例为 20%。房产税按年计算，分半年缴纳。计算该公司 2013 年上半年应纳房产税税额。

【解析】 (1) 从价计征部分房产应缴纳的税额：

应纳房产税税额 = 1 000 ×（1 − 20%）×1.2% ÷4 + 800 ×（1 − 20%）×1.2% ÷4
= 2.4 + 1.92 = 4.32（万元）

(2) 从租计征部分房产应缴纳的税额：

应纳房产税税额 = 10 ÷4 ×12% = 0.3（万元）

(3) 上半年应纳房产税税额 = 4.32 + 0.3 = 4.62（万元）

## 四、房产税的账务处理

### （一）会计科目设置

为了准确反映企业房产税的计提及上缴情况，应设置“应交税费——应交房产税”科目，企业计提房产税时借方记“管理费用”等科目，贷方记“应交税费——应交房产税”科目。缴纳房产税时，借方记“应交税费——应交房产税”科目，贷方记“银行存款”科目。

### （二）会计处理

【例 9-2】 某生产企业 2013 年 1 月 1 日的房产原值为 4 000 万元，2 月 1 日将其中原值为 2 000 万元的房屋出租，月租金 10 万元，当地政府规定的减除比例为 20%。计算企业 1 季度应纳房产税并进行会计处理。

【解析】 (1)1 季度企业应纳房产税计算如下。

1 月份应纳房产税 = 4 000 ×（1 − 20%）×1.2% ÷12 = 3.2（万元）

2 月份和 3 月份应纳的房产税相同。

2 月份、3 月份每月应纳的房产税 =（4 000 − 2 000）×（1 − 20%）×1.2% ÷12 + 10 ×12 ×12% ÷12 = 2.8（万元）

(2)1 季度企业房产税的账务处理如下。

1 月份计提房产税。

借：管理费用　　32 000
　贷：应交税费——应交房产税　　32 000

2 月份、3 月份计提房产税。

借：管理费用　　28 000
　贷：应交税费——应交房产税　　28 000

上缴第一季度房产税。

借:应交税费——应交房产税　　88 000
　贷:银行存款　　88 000

## 五、房产税的纳税申报

### (一)纳税义务发生时间

(1)纳税人将原有房产用于生产经营,从生产经营之月起,计征房产税。

(2)纳税人自行新建房屋用于生产经营,从建成之日的次月起,计征房产税。

(3)纳税人委托施工企业建设的房屋,从办理验收手续的次月起,计征房产税。对纳税人在办理手续前,即已经使用或出租、出借的新建房屋,应从使用或出租、出借的当月起,计征房产税。

(4)纳税人购置新建商品房,自房屋权属交付使用之次月起计征房产税。

(5)纳税人购置存量房,自办理房屋权属转移、变更登记手续,房地产权属登记机关签发房屋权属证书之次月起计征房产税。

(6)纳税人出租、出借房产,自交付出租、出借房产之次月起计征房产税。

(7)纳税人是房地产开发企业的,其自用、出租、出借本企业建造的商品房,自房屋使用或交付之次月起计征房产税。

### (二)纳税期限

房产税实行按年计算,分期(半年或季)缴纳的征收办法。具体纳税期限由省、自治区、直辖市人民政府规定。

### (三)纳税地点

房产税应向房产所在地税务机关缴纳。对房产不在同一地方的纳税人,应按房产的坐落地点分别向房产所在地的税务机关缴纳。

### (四)纳税申报

房产税的纳税人应按照条例有关规定,及时办理纳税申报,并如实填写房产税纳税申报表。纳税人应将纳税房屋坐落地点、数量、房屋的原值或租金收入等情况,据实向税务机关申报,并按规定纳税。纳税人住址变更、产权转移、房屋原值等有变化时,应及时向税务机关申报。

# 任务2　契税核算与申报

## 一、认识契税

### (一)契税的概念与特点

契税是国家在土地使用权、房屋所有权发生转移时,向承受土地使用权、房屋所有权的单位和个人征收的一种财产税。

我国目前房地产类税收主要有耕地占用税、契税、房产税、城镇土地使用税、土地增值税等。契税具有以下特点。

1. 契税属于财产转移税

契税以发生转移的不动产，即土地和房屋为征税对象，具有财产转移课税性质。契税是在转让环节征收，每转让一次就征收一次契税，土地、房屋产权未发生转移的，不征契税。

2. 契税由财产承受人缴纳

契税由取得土地、房屋权属的一方缴纳，即买方纳税，这一点与其他税种有着明显的区别。对买方征税的主要目的，在于承认不动产转移生效，承受人纳税以后，便可拥有转移过来的不动产产权或使用权，法律保护纳税人的合法权益。

### （二）契税的纳税人

契税的纳税人是在中国境内转移土地、房屋权属的承受单位和个人。境内是指中华人民共和国实际税收行政管辖范围内。所谓承受，是指以受让、购买、受赠、交换等方式取得土地、房屋权属的行为。所谓土地、房屋权属是指土地使用权和房屋所有权。单位是指企业单位（包括外商投资企业和外国企业）、事业单位、国家机关、军事单位和社会团体以及其他组织。个人是指个体经营者及个人，包括中国公民和外籍人员。

### （三）契税的征税对象

契税以在我国境内转移土地使用权和房屋所有权的行为为征税对象。其具体的征税对象包括以下几种。

1. 国有土地使用权出让

国有土地使用权出让，指国家以土地所有者的身份将土地使用权在一定年限内出让给土地使用者，由土地使用者向国家支付土地出让金的行为，属于政府垄断的土地一级市场。

2. 土地使用权转让

土地使用权转让，指土地使用者以出售、赠予、交换等方式将土地使用权转移给其他单位和个人的行为，包括国有土地使用权转让和集体土地使用权转让。土地使用权有偿转让应当签订书面转让合同。

土地使用权转让是一种平等主体之间的民事行为，国家在其中只起监督作用，并依据一定的法律规定，收取一定的税金，属于土地的二级市场。

3. 房屋买卖

即以货币为媒介，出卖者向购买者让渡房产所有权的交易行为。以下几种特殊情况，视同房屋买卖。

（1）以房产抵债或实物交换房屋。经当地政府和有关部门批准，以房产抵债和实物交换房屋，均视同房屋买卖，应由产权承受人，按房屋现值缴纳契税。

（2）以房产作投资或作股权转让。这种交易也属房屋产权转移，应根据国家房地产管理的有关规定，办理房屋产权交易和产权变更登记手续，视同房屋买卖。由产权承受方按买契税率缴纳契税。以自有房产作股投入本人经营企业，免纳契税。因为以自有的房地产投入本人独资经营的企业，产权所有人和使用权使用人未发生变化，不需办理房产变更登记手续,也不办理契税手续。

(3)买房拆料或翻建新房,应照章征收契税。

4. 房屋赠予

房屋的赠予是指房屋产权所有人将房屋无偿转让给他人所有,其中,将自己的房屋转交给他人的法人和自然人,称为房屋赠予人。接受他人房屋的法人和自然人,称为受赠人。房屋赠予的前提,必须是产权无纠纷,赠予人和受赠人双方自愿。

由于房屋是不动产,价值较大,故法律要求赠予房屋应有书面合同(契约),并到房地产管理机关或农村基层政权机关办理登记过户手续,才能生效。如果房屋赠予行为涉及涉外关系,还需公证处证明和外事部门认证,才能有效。房屋的受赠人要按规定缴纳契税。以获奖方式取得房屋产权的,其实质是接受赠予房产,应照章缴纳契税。

5. 房屋交换

房屋交换是房屋所有者之间互相交换房屋的行为。交换双方应订立交换契约,办理房屋产权变更手续和契税手续。房屋产权相互交换,双方交换价值相等,免纳契税,办理免征契税手续。其价值不相等的,按超出部分由支付差价方缴纳契税。

6. 视同土地使用权转让、房屋买卖或房屋赠予

下列情况视同土地使用权转让、房屋买卖或房屋赠予:以土地、房屋权属作价投资入股、抵债;以获奖方式承受土地、房屋权属;以预购方式或者预付集资建房款方式承受土地、房屋权属。

### (四)契税的税率

契税采用比例税率,并实行3% ~5% 的幅度税率。契税的具体税率,由省、自治区、直辖市人民政府在规定的幅度内按照本地区的实际情况确定,以适应不同地区纳税人的负担水平和调控房地产交易市场价格。

自 2008 年 11 月 1 日起对个人首次购买 90 平方米以下普通住房,契税税率暂统一下调到 1% 。

## 二、契税优惠政策的运用

(1)国家机关、事业单位、社会团体、军事单位承受土地、房屋权属用于办公、教学、医疗、科研和军事设施的,免征契税,用于经营的部分,不予免征。

(2)城镇职工经县以上人民政府批准,在国家规定标准面积以内第一次购买公有住房的,免征契税;超过国家规定标准面积的部分,仍应按照规定缴纳契税。

(3)因不可抗力灭失住房而重新购买住房的,酌情准予减征或者免征契税。

(4)土地、房屋被县级以上人民政府征用、占用后,重新承受土地、房屋权属的,免征契税。

(5)纳税人承受荒山、荒沟、荒丘、荒滩土地使用权,用于农林牧渔业生产的,免征契税。

(6)依照我国有关法律规定以及我国宪法或参加的双边和多边条约或协定的规定,应当予以免税的外国驻华使馆、领事馆、联合国驻华机构及其外交代表、领事馆员和其他外交

人员承受土地、房屋权属的，经外交部确认，可以免征契税。

(7)法定继承人继承土地、房屋权属的不征契税；非法定继承人根据遗嘱承受立遗嘱人生前土地、房屋权属的，属于赠予行为，应征契税。

经国务院授权，财政部可以规定对某种特别行为实施契税减免。

(8)对拆迁居民因拆迁重新购置住房的，对购房成交价格中相当于拆迁补偿款的部分免征契税，成交价格超过拆迁补偿款的，对超过部分征收契税。

经批准减征、免征契税的纳税人改变有关土地、房屋的用途，不再属于减征、免征契税范围，应当补缴已经减征、免征的契税款。

## 三、契税的计算

### (一)计税依据的确定

契税的计税依据为土地、房屋权属转移时双方当事人签订的签约价格。按照土地、房屋权属转移方式不同，定价不同，具体规定如下。

(1)国有土地使用权出让、土地使用权出售、房屋买卖的计税依据为成交价格。成交价格是指土地、房屋权属转移合同确定的价格，包括承受者应交付的货币、实物、无形资产或者其他经济利益。

(2)土地使用权赠予、房屋所有权赠予的计税依据，由征收机关参照同类土地使用权出售、房屋买卖的市场价格核定。

(3)土地使用权交换、房屋所有权交换、土地使用权与房屋所有权交换的计税依据，为交换价格的差额。就是说，交换价格相等时，免征契税；交换价格不等时，由多交付的货币、实物、无形资产或者其他经济利益的一方缴纳契税。

(4)以划拨方式取得土地使用权的，经批准转让房地产时，除承受方按规定缴纳契税外，房地产转让者应当补缴契税，计税依据为补缴的土地使用权出让费用或者土地收益。

### (二)应纳税额的计算

契税应纳税额 = 计税依据 × 税率

应纳税额以人民币计算。转移土地、房屋权属以外汇结算的，应按照纳税义务发生之日中国人民银行公布的人民币市场汇率中间价折合成人民币计算。

**【例 9-3】** A 公司接受张某赠予房屋，赠予契约没有标明价格，经主管税务机关认定房屋现值为 680 万元，当地规定契税税率为 4%，计算 A 公司应纳的契税税额。

**【解析】** 房屋赠予属于契税的征税范围，由受赠人缴纳契税，A 公司是受赠人。

A 公司应纳的契税税额 = 680 × 4% = 27.2(万元)

## 四、契税的账务处理

契税核算应设置“应交税费——应交契税”科目。计提契税时，应借记“固定资产”“开发成本”“无形资产”等科目，贷记“应交税费——应交契税”科目；实际缴纳契税款时，应借记“应交税费——应交契税”科目，贷记“银行存款”科目。

企业也可以不设置“应交税费——应交契税”科目，而在缴纳契税时，直接借记“固定资产”等科目，贷记“银行存款”科目。

**【例9-4】** 某房地产开发公司2014年5月通过拍卖方式取得国有土地一块，准备开发商品住宅，支付地价款1 200万元，当地政府规定契税税率为5%。计算房地产开发公司应缴纳的契税，并进行账务处理。

**【解析】** (1)该房地产开发公司作为土地的承受者，需要就土地的价值计算契税，计算如下。

应纳契税税额 = 1 200 × 5% = 60（万元）

(2)该房地产开发公司对契税的计提与缴纳，进行会计处理如下。

计提契税时：

借：开发成本　　600 000

　　贷：应交税费——应交契税　　600 000

缴纳税款时：

借：应交税费——应交契税　　600 000

　　贷：银行存款　　600 000

## 五、契税的征收管理

### (一)纳税义务发生时间

契税的纳税义务发生时间是纳税人签订土地、房屋权属转移合同的当天，或者纳税人取得其他具有土地、房屋权属转移合同性质凭证的当天。

### (二)纳税期限

纳税人应当自纳税义务发生之日起10日，向土地、房屋所在地的契税征收机关办理纳税申报，并在契税征收机关核定的期限内缴纳税款。

### (三)纳税地点

契税属于属地征收管理，纳税人发生契税纳税义务时，应向土地、房屋所在地的征收机关申报纳税。

### (四)征收管理

纳税人应当在规定的期限内，填制契税纳税申报表，向契税的征收机关办理纳税申报，并在核定的期限内缴纳税款。契税的征收机关一般为土地、房屋所在地的地方税务机关，具体由省、自治区、直辖市人民政府确定。契税由财产承受人缴纳，要先交契税，才能办过户手续，即“先契后证”。

# 任务3　车船税核算与申报

## 一、认识车船税

### (一)车船税的概念与特点

车船税是对在中华人民共和国境内的车辆、船舶的所有人或者管理者征收的一种税，属于财产征税的范围。车船税具有以下特点。

1. 兼有财产税和行为税的性质

由于现行车船税的纳税人是拥有车船并使用的单位和个人，对于拥有车船但不使用的单位和个人的车船不征税。因此，这个税种兼有财产税和行为税的特点。

2. 具有单项财产税的特点

从财产税的角度看，车船税属于单项财产税。不仅征税对象仅限于车船类运输工具，而且，对不同的车、不同的船还规定了不同的征税标准。

3. 实行分类、分级(项)定额税率

车船税首先划分车辆与船舶，规定它们各自的定额税率。车辆税采用分类、分项幅度税额，即对不同类别和不同项目的车辆规定了最高税额和最低税额，以适应我国各地经济发展不平衡，车辆种类繁多、大小不同的实际情况。船舶税施行分类、分级固定税额，即不同类别、不同吨位的船舶，规定全国统一的固定税额，以适用船舶航程长、流动大的，保持全国税负的大体均衡。

### (二)车船税的纳税人

按照规定，车船税的纳税人是在我国境内拥有并且使用车船的单位和个人。在通常情况下，拥有并且使用车船的单位和个人同属一人，纳税人既是车船使用人，又是车船的拥有人。如果车船使用有租赁关系的，拥有人与使用人不一致的，则应由租赁双方商定以何方为纳税人;租赁双方未商定的，由使用人纳税。

外商投资企业、外国企业、外国驻华机构和外籍人员不适用车船使用税的规定。

### (三)车船税的征税对象

车船税的征税对象是应税车辆和船舶，范围包括依法在车船管理部门登记的车辆。具体包括车辆和船舶。

1. 车辆

车辆为机动车，包括乘用车、商用客车、商用货车、挂车、摩托车、专项作业车和轮式专用机械车等。

2. 船舶

船舶为机动船、非机动驳船和游艇。机动船包括客船、货船、气垫船和拖船等。

### (四)车船税的税目与税率

车船税对应税车船采用幅度定额税率，即对各类车辆船舶分别规定了税目和税额幅度，具体见表 9-1。

**表 9-1 车船税税目税率表**

| 税目 | | 计税单位 | 年基准税额 | 备注 |
|---|---|---|---|---|
| 一、乘用车（按发动机汽缸容量（排气量）分档） | 1.0 升（含）以下 | 每辆 | 60～360 元 | 核定载客人数 9 人（含）以下 |
| | 1.0 升以上至 1.6 升（含） | | 300～540 元 | |
| | 1.6 升以上至 2.0 升（含） | | 360～660 元 | |
| | 2.0 升以上至 2.5 升（含） | | 660～1 200 元 | |
| | 2.5 升以上至 3.0 升（含） | | 1 200～2 400 元 | |
| | 3.0 升以上至 4.0 升（含） | | 2 400～3 600 元 | |
| | 4.0 升以上 | | 3 600～5 400 元 | |
| 二、商用车 | 客车 | 每辆 | 480～1 440 元 | 核定载客人数 9 人以上，包括电车 |
| | 货车 | 整备质量每吨 | 16～120 元 | 包括半挂牵引车、三轮汽车和低速载货汽车等 |
| 三、挂车 | 挂车 | 整备质量每吨 | 按照货车税额的 50% 计算 | |
| 四、其他车辆 | 专用作业车 | 整备质量每吨 | 16～120 元 | 不包括拖拉机 |
| | 轮式专用机械车 | | 16～120 元 | |
| 五、摩托车 | | 每辆 | 36～180 元 | |
| 六、船舶 | 机动船舶 | 净吨位≤200 吨，每吨 | 3 元 | 拖船、非机动驳船分别按照机动船舶税额的 50% 计算 |
| | | 净吨位 201～2 000 吨，每吨 | 4 元 | |
| | | 净吨位 2001～10 000 吨，每吨 | 5 元 | |
| | | 净吨位≥10 001 吨，每吨 | 6 元 | |
| | 游艇 | 长度≤10 米，每米 | 600 元 | 长度指游艇总长 |
| | | 长度 11～18 米，每米 | 900 元 | |
| | | 长度 19～30 米，每米 | 1 300 元 | |
| | | 长度≥31 米，每米 | 2 000 元 | |
| | 辅助动力帆船 | 每米 | 600 元 | |

车辆具体适用税额由省、自治区、直辖市人民政府在规定的税额幅度内确定，并报国务院备案。

## 二、车船税优惠政策的运用

下列车船免征车船税。

（1）非机动车船。

（2）拖拉机。

(3)捕捞、养殖渔船。

(4)军队、武装警察部队专用的车船。

(5)警用车船。

(6)依照法律规定应当予以免税的外国驻华使领馆、国际组织驻华代表机构及其有关人员的车船。

(7)节约能源、使用新能源的车船可以免征或者减半征收车船税。

(8)依法不需要在车船登记管理部门登记的机场、港口、铁路站场内部行驶或者作业的车船,自车船税法实施之日起5年内免征车船税。

(9)省、自治区、直辖市人民政府根据当地实际情况,可以对公共交通车船,农村居民拥有并主要在农村地区使用的摩托车、三轮汽车和低速载货汽车定期减征或者免征车船税。

## 三、车船税的计算

### (一)计税依据的确定

车船税的计税依据车船的种类和性能,分别按辆、整备质量吨位、净吨位和艇身长度计税,具体规定如下。

(1)乘用车、商用客车、摩托车按辆计税。

(2)商用货车、挂车、专业作业车、轮式专用机械车按整备质量吨位计税。

(3)机动船舶按净吨位计税,拖船按照发动机功率每1千瓦折合净吨位0.67吨计税。

(4)游艇按艇身长度计税。

需要说明的以下两点。

(1)这里所涉及的整备质量吨位、净吨位、艇身长度等计税标准,以车船管理部门核发的车船登记证书或者行驶证书相应项目所载数额为准。依法不需要办理登记的车船和依法应当登记而未办理登记,或者不能提供车船登记证书、行驶证的车船,以车船出厂合格证明或者进口凭证标注的技术参数、数据为准;不能提供车船出厂合格证明或者进口凭证的,由主管税务机关参照国家相关标准核定,没有国家相关标准的,参照同类车船核定。整备质量也就是人们常说的一辆汽车的自重,即汽车在正常条件下准备行驶时,尚未载人(包括驾驶员)、载物时的空车重量。

(2)车辆整备质量尾数在0.5吨以下(含0.5吨)的按照0.5吨计算;超过0.5吨的,按照1吨计算,整备质量不超过1吨的车辆,按照1吨计算。船舶净吨位尾数在0.5吨以下(含0.5吨)的不予计算,超过0.5吨的按照1吨计算。净吨位不超过1吨的船舶,按照1吨计算。

### (二)应纳税额计算

车船使用税的应纳税额,应当根据不同类型的车船及其适用的计税标准分别计算。其具体的计算方法如下。

#### 1. 车辆应纳车船税的计算

车辆采取幅度税额,由省、自治区、直辖市人民政府在规定的幅度税额内,确定本地区的适用固定税额。因此,计算车辆应纳税额时,应适用当地所规定的固定税额。

乘用车、商用客车、摩托车应纳税额 = 车辆数 × 适用单位税额

商用货车、专业作业车、轮式专用机械车应纳税额 = 整备质量吨位 × 适用单位税额

挂车应纳税额 = 整备质量吨位 × 适用单位税额 × 50%

2. 船舶应纳车船税的计算

船舶采用固定税额,其应纳税额计算方法如下。

机动船舶应纳税额 = 净吨位 × 适用单位税额

拖船、非机动驳船应纳税额 = 净吨位 × 适用单位税额 × 50%

游艇应纳税额 = 艇身长度 × 适用单位税额

购置的新车船,购置当年的应纳税额自纳税义务发生的当月起按月计算。计算公式为

应纳税额 = (年应纳税额 ÷ 12) × 应纳税月份数

**【例9-5】** 汇丰公司2013年拥有客车5辆,其中商用客车1辆,2.4升乘用车2辆,1.6升小型客车2辆,单位税额分别为900元、700元、500元;拥有商用货车6辆,其中3辆每辆整备质量吨位为9.4吨,另3辆每辆整备质量吨位为19.7吨,单位税额分别为40元、80元。计算该公司2013年应纳车船税额。

**【解析】** (1)载客汽车应纳税额 = 1 × 900 + 2 × 700 + 2 × 500 = 3 300(元)

(2)载货汽车应纳税额 = 3 × 9.5 × 40 + 3 × 20 × 80 = 5 940(元)

(3)合计应纳车船税额 = 3 300 + 5 940 = 9 240(元)

## 四、车船税的账务处理

车船税的会计核算应设置“应交税费——应交车船税”科目。该科目贷方登记本期应缴纳的车船税税额,借方登记企业实际缴纳的车船税税额。企业分期计提车船税时,应借记“管理费用”科目,贷记“应交税费——应交车船税”科目;缴纳车船税时应借记“应交税费——应交车船税”,贷记“银行存款”科目,本科目期末贷方余额反映应交而未交的车船税。

**【例9-6】** 根据【例9-5】汇丰公司资料,车船税按年计算,分季缴纳,进行会计处理。

**【解析】** 企业按月计提应纳税额 = 9 240 ÷ 12 = 770(元)

(1)按月计提车船税时,作如下会计分录。

借:管理费用　　770

　　贷:应交税费——应交车船税　　770

(2)按季度交纳车船税时,作如下会计分录。

借:应交税费——应交车船税　　2 310

　　贷:银行存款　　2 310

## 五、车船税的征收管理

### (一)纳税义务发生时间

车船的纳税义务发生时间,为车船管理部门核发的车船登记证书或者行驶证书所载日

期的当月。纳税人未到车船管理部门办理登记手续的,以车船购置发票所载开具时间的当月作为车船税的纳税义务发生时间。对未办理车船登记手续且无法提供车船购置发票的,由主管税务机关核定纳税义务发生时间。

### (二)纳税期限

车船税按年申报,分月计算,一次性缴纳。具体纳税期限由省、自治区、直辖市人民政府确定。

### (三)纳税地点

车船税由地方税务机关负责征收。扣缴义务人代收代缴车船税的,纳税地点为扣缴义务人所在地;纳税人自行申报缴纳车船税的,纳税地点为车船登记地的主管税务机关所在地;依法不需要办理登记的车船,纳税地点为车船所有人或者管理人主管税务机关所在地。

### (四)纳税申报

(1)车船的所有人或管理人未缴纳车船税的,使用人应当代为缴纳车船税。

(2)从事机动车交通事故责任强制保险业务的保险机构为机动车车船税的扣缴义务人,应当依法代收代缴车船税。对于依法不需要购买机动车交通事故责任强制保险的车辆,纳税人应当自行向主管税务机关申报缴纳车船税。

(3)机动车车船税的扣缴义务人代收代缴车船税时,纳税人不得拒绝。由扣缴义务人代收代缴机动车车船税的,纳税人应当在购买机动车交通事故责任强制保险的同时缴纳车船税。

(4)扣缴义务人在代收车船税时,应当在机动车交通事故责任强制保险单上注明已收税款的信息,作为纳税人完税的证明。

(5)纳税人应当按照规定及时办理纳税申报,并如实填写车船税纳税申报表。

## 【任务小结】

财产税主要包括房产税、房屋契税,车船税。本项目主要内容包括财产税的纳税人、征税对象,税收优惠;财产税的计税依据和应纳税额的计算,会计核算;财产税的纳税义务发生时间、纳税期限、纳税地点和纳税申报。

房产税应纳税额的计算公式如下。

从价计征　应纳税额 = 应税房产原值 ×(1 - 扣除比例)×1.2%

从租计征　应纳税额 = 租金收入 ×12%(或 4%)

房屋契税应纳税额的计算公式如下:

契税应纳税额 = 计税依据 × 税率

## 【导入案例解析】

(1)该企业 2013 年经营房产按房产余值计算应纳房产税:

经营房产应纳房产税 = 12 000 ×(1 - 20%)×1.2% = 115.2(万元)

(2)该企业 2013 年出租房产按租金收入计算应纳房产税:

出租房产应纳房产税 = 130 × 12% = 15.6(万元)

(3)该企业 2013 年应纳房产税总额 = 115.2 + 15.6 = 130.8(万元)

## 任 务 训 练

### 一、单项选择训练

1. 赵某拥有两处房产,一处原值 60 万元的房产供自己及其家人居住,另外一处原值 20 万元的房产于 2013 年 7 月出租给王某居住,按市场价每月取得租金收入 1 200 元,赵某 2013 年应缴纳的房产税为(　　)。

A. 288 元　　B. 576 元　　C. 840 元　　D. 864 元

2. 下列关于契税的说法正确的是(　　)。

A. 外省投资企业和外国企业不征收契税　　B. 农民个人购买房屋不征收契税

C. 因他人欠债抵偿而获得的房屋不征税　　D. 契税的税率全国不统一

3. 大修期间在(　　)以上、停止使用的房产,由纳税人申请,经税务机关批准,可酌情定期减征或免征房产税。

A. 三个月　　B. 五个月　　C. 半年　　D. 一年

4. 我国房产税采用(　　)。

A. 超额累进税率　　B. 超率累进税率　　C. 比例税率　　D. 定额税率

5. 关于房产税纳税地点的一般规定为(　　)。

A. 机构所在地　　B. 房产坐落地　　C. 产权所有人　　D. 由使用人缴纳

6. 我国车船税的适用税率为(　　)。

A. 比例税率　　B. 全额累进税率　　C. 定额税率　　D. 超额累进税率

7. 下列行为不属于契税征收范围的是(　　)。

A. 房屋与土地交换　　B. 房屋继承　　C. 房屋赠予　　D. 集资建房

8. 契税暂行条例称土地、房屋权属是指(　　)。

A. 房屋所有权和土地所有权　　B. 土地使用权和房屋使用权

C. 房屋所有权和土地使用权　　D. 房屋使用权和土地所有权

### 二、多项选择训练

1. 以下属于房产税征税范围的是(　　)。

A. 城市　　B. 县城　　C. 工矿区　　D. 农村

2. 房产税税率有(　　)。

A. 1.2%　　B. 10%　　C. 12%　　D. 30%

3. 某人将一幢自有住房对外出租取得年租金收入 8 000 元,那么他应缴纳(　　)。

A. 房产税　　B. 营业税　　C. 城建税　　D. 教育费附加

4. 下列关于房产税纳税人的叙述正确的有(　　)。

A. 产权属于全民所有的其经营管理单位为纳税人

B. 产权出典的,其出典人为纳税人

C. 房产出租的,其承租人为纳税人

D. 产权所有人、承典人不在房产所在地的,或者产权未确定的,租典纠纷未解决的,房产代管人或使用人为纳税人。

5. 下列车船,以“辆”数为车船税计税标准的有(　　)。

A. 船舶　　B. 乘用汽车　　C. 摩托车　　D. 载货汽车

6. 契税条例规定可按实际成交价格征收契税的有(　　)。

A. 土地使用权出售　　B. 土地使用权赠予　　C. 房屋买卖　　D. 土地使用权划拨

7. 下列项目,属于契税征收范围的有(　　)。

A. 房屋交换　　B. 房屋出租　　C. 房屋买卖　　D. 房屋赠予

8. 下列说法符合契税制度规定的有(　　)。

A. 非法定继承人承受遗赠房屋,免纳契税

B. 先买房后拆除的,由于没有获得房屋权属,不交契税

C. 以房产抵债视同房屋买卖,应由房产承受人按规定税率交纳契税

D. 契税征收机关认为成交价格不实,可按实际评估价征收契税

**三、业务训练**

1. 某企业将自有的一栋楼出租给一家酒店,该企业 2013 年 12 月 31 日收取全年租金 20 万元,另外,有营业楼二幢,“固定资产——房屋”账面原值为 580 万元,当地政府规定的房产减除比例为 30%。请问该企业 2013 年应缴纳多少房产税?

2. 大昌汽车运输公司共有卡车 10 辆,每辆自重 3 吨,当地核定的单位税额为 80 元/年;另有本单位职工接送车(大巴)一辆,当地核定的税额为 600 元/年,计算该公司全年应纳的车船税。

# 项目十　行为目的税核算与申报

| 知识目标 | 能力目标 |
|---|---|
| 1. 了解行为目的税的概念和特点。<br>2. 明确行为目的税的征税范围。<br>3. 掌握行为目的税应纳税额的计算和账务处理。<br>4. 了解行为目的税的纳税申报。 | 1. 能够识别行为目的税的纳税人及征税范围。<br>2. 会正确计算行为目的税的应纳税额。<br>3. 能够对行为目的税进行会计核算。<br>4. 能够对行为目的税进行纳税申报。 |

**【案例导入】**

领先科技公司2013年11月份实际缴纳的增值税80万元，缴纳的消费税50万元，缴纳营业税20万元。计算该公司当月应该缴纳的城市维护建设税和教育费附加。

## 任务1　印花税核算与申报

### 一、认识印花税

#### （一）印花税的概念与特点

印花税是对经济活动和经济交往中书立、领受的凭证征收的一种税。印花税的征税对象是印花税暂行条例所列举的各种凭证，由凭证的书立、领受人缴纳，是一种兼有行为性质的凭证税。

印花税不论是在性质上，还是在征税方法方面，都有不同于其他税种的特点。

1. 印花税具有凭证税和行为税性质

印花税是对单位和个人书立、领受的应税凭证征收的一种税，具有凭证税性质。另一方面，任何一种应税经济凭证反映的都是某种特定的经济行为，因此，对凭证征税，实质上是对经济行为的课税。

2. 印花税征税范围广泛

印花税的征税对象包括了经济活动和经济交往中的各种应税凭证，凡书立和领受这些凭证的单位和个人都要缴纳印花税，其征税范围是极其广泛的。

3. 印花税税收负担比较轻

印花税与其他税种比较，税率要低得多，其税负较轻。具有广集资金、积少成多的财政效应。

4. 印花税纳税人自行完成纳税义务

纳税人通过自行计算、购买、粘贴并注销印花税票的“三自”方法完成纳税义务。这也与其他税种的缴纳方法有较大区别。

## (二)印花税的纳税人

印花税的纳税人是指在我国境内书立、使用、领受印花税法所列举的应税凭证的单位和个人。这里所说的单位和个人,是国内各类企业、事业、机关、团体、部队以及中外合资企业、中外合作企业、外资企业、外国企业和其他经济组织及其在华机构等单位和个人。

根据书立、领受应纳税凭证的不同,其纳税人可分别称为立合同人、立据人、立账簿人、领受人和使用人。

(1)立合同人,是指合同的当事人,是对合同有直接权利义务关系的单位和个人,但不包括合同的担保人、证人、鉴定人。

(2)立据人,是产权转移书据的纳税人。

(3)立账簿人,是营业账簿的纳税人,具体指设立并使用营业账簿的单位和个人。

(4)领受人,是权力许可证照的纳税人,具体指领取或接受并持有该凭证的单位和个人。

(5)使用人,是在国外书立、领受,但在国内使用的应税凭证的纳税人。

(6)各类电子应税凭证的签订人,即以电子形式签订的各类应税凭证的当事人。

印花税纳税人的规定,要注意的是凡由两方或两方以上当事人共同书立的凭证(如合同),其当事人各方都是纳税义务人,应就各自所持凭证的计税金额履行纳税义务。

## (三)印花税的征税范围

印花税征税范围采用正列举的方式,凡有列举的项目都须征税,未列入范围的不用征收。如对财产保险合同征税,对人身保险合同不征税。印花税征税范围可以归纳入五类,即经济合同及合同性质的凭证、产权转移书据、营业账簿、权力、许可证照和经财政部门确认的其他凭证。

## (四)印花税的税率

在印花税的征税范围中,各种凭证繁多,有些记载了金额,有些未记载金额;记载金额的,则金额有大,也有小。因此,有必要根据不同凭证的性质和特点,按照合理负担、便于征纳的原则,分别采用不同的税率。现行印花税采用比例税率和定额两种形式,印花税税目税率如表10-1所示。

**表10-1　印花税税目税率表**

| 税目 | 范　围 | 税　率 | 纳税义务人 |
| --- | --- | --- | --- |
| 1. 购销合同 | 包括供应、预购、采购、购销结合及协作、调剂、补偿、易货等合同 | 按购销金额万分之三贴花(0.3‰) | 立合同人 |
| 2. 加工承揽合同 | 包括加工、定作、修缮、修理、印刷、广告、测绘、测试等合同 | 按加工或承揽收入万分之五贴花(0.5‰) | 立合同人 |

续表

| 税目 | 范围 | 税率 | 纳税义务人 |
| --- | --- | --- | --- |
| 3. 建设工程设计合同 | 包括勘察、勘察设计合同 | 按收取费用万分之五贴花(0.5‰) | 立合同人 |
| 4. 建筑安装合同 | 包括建筑、工程承包、安装工程承包合同 | 按承包金额万分之三贴花(0.3‰) | 立合同人 |
| 5. 财产租赁合同 | 包括租赁房屋、船舶、飞机、机动车辆、机械、器具、设备等合同 | 按承租金额千分之一贴花(1‰)。税额不足一元的按一元贴花 | 立合同人 |
| 6. 货物运输合同 | 包括民用航空、铁路运输、海上运输、内河运输、公路运输和联运合同 | 按运输费用万分之五贴花(0.5‰)。单据作为合同使用的按合同贴花 | 立合同人 |
| 7. 仓储保管合同 | 包括仓储、保管合同 | 按仓储保管费用千分之一贴花(1‰)。仓单或栈单作为合同使用的,按合同贴花 | 立合同人 |
| 8. 借款合同 | 银行及其他金融组织和借款人(不包括银行同业拆借)所签订的借款合同 | 按借款金额万分之零点五贴花(0.05‰)。单据作为合同使用的按合同贴花 | 立合同人 |
| 9. 财产保险合同 | 包括财产、责任、保证、信用等保险合同 | 按保险费收入的千分之一贴花(1‰)。单据作为合同使用的,按合同贴花 | 立合同人 |
| 10. 技术合同 | 包括技术开发转让、咨询、服务等合同 | 按所载金额万分之三贴花(0.3‰) | 立合同人 |
| 11. 产权转移书据 | 包括财产、所有权和版权、商标专用权、专利权、专有技术使用权等转移书据 | 按所载金额万分之三贴花(0.3‰) | 立合同人 |
| 12. 营业账簿 | 生产经营用账册 | 记载资金的账簿,按固定资产原值与自有流动资金总额万分之五贴花(0.5‰);其他账簿按件贴花5元 | 立账簿人 |
| 13. 权力许可证照 | 包括政府部门发给的房屋产权证、工商营业执照、商标注册证、专利证、土地使用证 | 按件贴花5元 | 领受人 |

印花税税率在使用时,有以下问题要注意。

(1)因证券交易税暂未开征,现行A股、B股股权转让,以证券市场当日实际成交价格计算的金额,由卖出方按1‰(2008年9月19日)的税率缴纳印花税。

(2)其他营业账簿、权力许可证照采取按件规定固定税额,即每件5元。这主要是由于这类凭证没有金额记载,规定按件定额征税,可以方便征纳,简化手续。

(3)确定适用税率时,如果一份合同载有一个或几个经济事项的,可以同时适用一个或几个税率分别计算贴花。但属于同一笔金额或几个经济事项金额未分开,应按其中一个较高税率计算纳税。

## 二、印花税优惠政策的运用

下列凭证免征印花税。

(1)已缴纳印花税的凭证的副本或者抄本;但以副本或者抄本视同正本使用的,则应另贴印花。

(2)财产所有人将财产赠给政府、社会福利单位、学校所立的书据。

(3)国家指定的收购部门与村民委员会、农民个人书立的农副产品收购合同。

(4)无息、贴息贷款合同。

(5)外国政府或者国际金融组织向我国政府及国家金融机构提供优惠贷款所书立的合同。

(6)房地产管理部门与个人签订的用于生活居住的租赁合同。

(7)农牧业保险合同。

(8)特殊货运合同,如军需物资运输凭证、抢险救灾物资运输凭证。

(9)从 2008 年 11 月 1 日起,对个人销售或购买住房暂免征收印花税。

## 三、印花税的计算

### (一)计税依据的确定

印花税的计税依据是应税凭证上所记载的计税金额或者应税凭证件数。具体如下。

(1)购销合同的计税依据为合同记载的购销金额。

(2)加工承揽合同的计税依据为加工或承揽收入的金额。如由受托方提供原材料的加工、定做合同,凡在合同中分别记载加工费和原材料金额的,应分别按"加工承揽合同""购销合同"分别计税,若合同中未分别记载,则应就全部金额依照加工承揽合同计税可贴花。如果是由委托方提供主要原材料,受托方只提供辅助材料的加工合同,无论加工费和辅助材料金额是否分别记载,均以辅助材料与加工费的合计数,依照加工承揽合同计税贴花。对委托方提供的主要材料或原材料金额不计税贴花。

(3)建设工程勘察设计合同的计税依据为收取的费用。

(4)建筑安装工程承包合同的计税依据为承包金额。

(5)财产租赁合同的计税依据为租赁金额;经计算,税额不足 1 元的,按 1 元贴花。

(6)货物运输合同的计税依据为运输费用(即运费收入),但不包括装卸费用、所运货物的金额和保险费。

(7)仓储保管合同的计税依据为收取的仓储保管费用。

(8)借款合同的计税依据为借款金额。

### (二)应纳税额的计算

纳税人应根据应税凭证的性质,分别按比例税率或者定额税率计算其应纳税额。其计算公式是

应纳税额 = 计税金额 × 比例税率

应纳税额 = 凭证件数 × 固定税额(5 元)

**【例 10-1】**　某企业 2013 年 1 月份开业,领受房屋产权证、工商营业执照、商标注册证、土地使用证、专利证各一件;与其他企业订立购销合同一件,所载金额 100 万元;订立借款合同一份,所载金额 200 万元;订立加工承揽合同一份,内列加工收入 10 万元,受托方提供原材料金额 90 万元;订立财产保险合同一份,投保金额 200 万元,保险费 5 万元;签订总承包

合同一份，承包金额5 000万元，其中1 000万元分包给其他单位，已签订分包合同。请计算该企业共应纳印花税额为多少。

【解析】 计算如下。

(1)各项权利、许可证照应纳印花税 = 5 × 5 = 25(元)

(2)购销合同应纳印花税 = 1 000 000 × 0.3‰ = 300(元)

(3)借款合同应纳印花税 = 2 000 000 × 0.05‰ = 100(元)

(4)加工承揽合同应纳印花税 = 100 000 × 0.5‰ + 900 000 × 0.3‰ = 50 + 270 = 320(元)

(5)财产保险合同应纳印花税 = 50 000 × 1‰ = 50(元)

(6)工程承包合同应纳印花税 = (50 000 000 + 10 000 000) × 0.3‰ = 18 000(元)

该企业应纳印花税 = 25 + 300 + 100 + 320 + 50 + 18 000 = 18 795(元)

## 四、印花税的账务处理

由于企业缴纳的印花税不发生应付未付税款的情况，也不需要预计应缴税款数，为了简化会计处理，可以不通过"应交税费"科目核算，缴纳的印花税直接在"管理费用——印花税"科目中反映。企业购买印花税票时，按实际支付的款项借记"管理费用——印花税"科目，贷记"银行存款"科目。

【例10-2】 根据【例10-1】资料计算的印花税，进行相应的会计处理。

企业的会计处理如下。

| | | |
|---|---|---|
| 借：管理费用——印花税 | 18 795 | |
| 贷：银行存款 | | 18 795 |

## 五、印花税的征收管理

### (一)纳税方法

印花税的纳税办法，根据应纳税额的大小、纳税次数的多少以及税收征收管理的需要，分别采用以下三种纳税办法。

1. 自行贴花办法

这种办法，一般适用于应税凭证较少或同一种纳税次数较少的纳税人，使用范围较为广泛。纳税人书立、领受或者使用印花税法列举的应税凭证的同时，纳税义务即已产生，应当根据应税凭证的性质和适用的税目税率，自行计算应纳税额，自行向当地税务机关购买印花税票，并在应税凭证上一次贴足印花税票并加以注销或划销，纳税义务才算全部履行完毕。这就是印花税的"三自"纳税办法。

2. 汇贴或汇缴办法

这种办法，一般适用于应税税额较大或贴花次数频繁的纳税人。

一份凭证应纳税额超过500元的，应向当地税务机关申请填写缴款书或者完税凭证，将其中一联粘贴在凭证上或由税务机关在凭证上加注完税标记代替贴花。这就是通常所说的“汇贴”办法。

对同一种凭证需频繁贴花的，纳税人可根据实际情况自行决定是否采用按期汇总缴纳印花税的方式。汇总缴纳的期限最长不得超过一个月。纳税期满后，纳税人应填写印花税纳税申报表，向主管税务机关申报纳税。凡汇缴印花税的凭证，应加盖税务机关的汇缴戳记，编号并装订成册后，将已贴印花税票或缴款书的一联黏附册后，盖章注销，保存备查。

3. 委托代征

委托代征是受托单位按税务机关的要求，以税务机关的名义向纳税人征收税款的一种方式。受托单位一般是发放、鉴证、公证应税凭证的政府部门或其他社会组织。税务机关应与代征单位签订代征委托书。纳税人在办理应税凭证相关业务时，由上述受托单位代为征收印花税款，要求纳税人购花并贴花，这主要是为了加强税源控制。

### (二)纳税环节

印花税一般在应税凭证书立或领受时贴花。具体是指权利许可证照在领取时贴花，合同在签订时贴花，产权转移书据是在立据时贴花，营业账簿是在启用时贴花。如果合同是在国外签订，并且不便在国外贴花的，应在将合同带入境时办理贴花纳税手续。

### (三)纳税地点

印花税一般实行就地纳税。如果是全国性订货会所签合同，应纳的印花税由纳税人回其所在地办理贴花；对地方主办的不涉及省际关系的订货会、展销会上所签合同的印花税，由省级政府自行确定纳税地点。

### (四)纳税申报

印花税的纳税人应按照条例的规定及时办理纳税申报，并如实填写印花税纳税申报表。

# 任务2　车辆购置税核算与申报

## 一、认识车辆购置税

### (一)车辆购置税的概念与特点

车辆购置税是以《中华人民共和国车辆购置税暂行条例》以及国家税务总局与交通部联合发布的国税发〔2000〕211号文件为依据，自2001年1月1日起征收并取代车辆购置附加费的新税种。该税是以在中国境内购置规定车辆为课税对象、在特定环节向车辆购置的单位和个人征收的一种税。

车辆购置税具有以下特点。

1. 征收范围单一

作为财产税的车辆购置税，是以购置的特定车辆为课税对象，范围窄，是一种特种财产税。

2. 征收环节单一

车辆购置税实行一次课征制,它不是在生产、经营和消费的每一环节实行道道征收,而只是在退出流通进入消费领域的特定环节征收。

3. 税率单一

车辆购置税只确定一个统一比例税率征收,税率具有不随课税对象数额变动的特点,计征简便、负担稳定,有利于依法治税。

4. 征收方法单一

车辆购置税根据纳税人购置应税车辆的计税价格实行从价计征,以价格为计税标准,课税与价值直接发生关系,价值高者多征税,价值低者少征税。

5. 征税具有特定目的

车辆购置税具有专门用途,由中央财政根据国家交通建设投资计划,统筹安排。

6. 价外征收,税负不发生转嫁

车辆购置税的计税依据中不包含车辆购置税税额,车辆购置税税额是附加在价格之外的,且纳税人即为负税人,税负不发生转嫁。

## (二)车辆购置税的纳税人

车辆购置税的纳税人是指在我国境内购置应税车辆的单位和个人。其中购置是指购买使用行为、进口使用行为、受赠使用行为、自产自用行为、获奖使用行为以及以拍卖、抵债、走私、罚没等方式取得并使用的行为,这些行为都属于车辆购置税的应税行为。

所称单位,包括国有企业、集体企业、私营企业、股份制企业、外商投资企业、外国企业以及其他企业,事业单位、社会团体、国家机关、部队以及其他单位。所称个人,包括个体工商户及其他个人,既包括中国公民又包括外国公民。

## (三)车辆购置税的征税对象

车辆购置税的征税对象是在我国境内购置的应税车辆。包括汽车、摩托车、电车、挂车、农用运输车,具体规定如下。

1. 汽车

包括各类汽车。

2. 摩托车

(1)轻便摩托车:最高设计时速不大于50 km/h,发动机气缸总排量不大于50 $cm^3$ 的两个或三个车轮的机动车。

(2)二轮摩托车:最高设计车速大于50 km/h,或发动机气缸总排量大于50 $cm^3$ 的两个车轮的机动车。

(3)三轮摩托车:最高设计车速大于50 km/h,发动机气缸总排量大于50 $cm^3$,空车质量不大于400 kg的三个车轮的机动车。

3. 电车

(1)无轨电车:以电能为动力,由专用输电电缆供电的轮式公共车辆。

(2)有轨电车:以电能为动力,在轨道上行驶的公共车辆。

4. 挂车

(1)全挂车：无动力设备，独立承载，由牵引车辆牵引行驶的车辆。

(2)半挂车：无动力设备，与牵引车共同承载，由牵引车辆牵引行驶的车辆。

5. 农用运输车

(1)三轮农用运输车：柴油发动机，功率不大于7.4 kW，载重量不大于500 kg，最高车速不大于40 km/h 的三个车轮的机动车。

(2)四轮农用运输车：柴油发动机，功率不大于28 kW，载重量不大于1 500 kg，最高车速不大于50 km/h 的四个车轮的机动车。

为了体现税法的统一性、固定性、强制性和法律的严肃性特征，车辆购置税征收范围的调整，由国务院决定，其他任何部门、单位和个人无权擅自扩大或缩小车辆购置税的征税范围。

### (四)车辆购置税的税率

车辆购置税实行从价定率的征收办法，税率为应税车辆计税价格的10%。该水平的税率主要是为了保证车辆购置税的纳税人和税负，与原来的车辆购置附加费的缴费人和征收标准基本相同，从而使购车者在开征车辆购置税后负担不会加重。

## 二、车辆购置税优惠政策的运用

《中华人民共和国车辆购置税暂行条例》第九条规定，车辆购置税的免税、减税，按下列规定执行。

(1)外国驻华使馆、领事馆和国际组织驻华机构及其外交人员自用的车辆，免税。

(2)中国人民解放军和中国人民武装警察部队列入军队武器装备订货计划的车辆，免税。

(3)设有固定装置的非运输车辆，免税。

(4)有国务院规定予以免税或者减税的其他情形的，按照规定免税或者减税。

## 三、车辆购置税的计算

### (一)计税依据的确定

车辆购置税实行从价定率、价外征收的方法计算应纳税额，应税车辆的价格即计税价格就成为车辆购置税的计税依据。但是，由于应税车辆购置的来源不同，应税行为的发生不同，计税价格的组成也就不一样。

(1)纳税人购买自用的应税车辆的计税价格，为纳税人购买应税车辆而支付给销售者的全部价款和价外费用，不包括增值税税款。

(2)纳税人进口自用的应税车辆的计税价格，其计算公式为

计税价格 = 关税完税价格 + 关税 + 消费税

(3)纳税人自产、受赠、获奖或者以其他方式取得并自用的应税车辆的计税价格，由主管税务机关参照最低计税价格确定。

(4)纳税人以外汇结算应税车辆价款的,按照申报纳税之日中国人民银行公布的人民币基准汇价,折合成人民币计算应纳税额。

不同类型应税车辆的最低计税价格由国家税务总局参照其市场平均交易价格分别确定。当纳税人申报的应税车辆的计税价格低于同类型应税车辆最低计税价格的,按照最低计税价格征收车辆购置税。

### (二)应纳税额的计算

车辆购置税实行从价定率征收的办法计算应纳税额,其应纳税额的计算公式为

应税税额 = 计税价格 × 税率

**【例 10-3】** 2013 年 4 月,王某从某销售公司购买轿车一辆供自己使用,支付含增值税的价款 342 000 元,另支付购置工具件和零配件价款 2 000 元,车辆装饰费 5 000 元,销售公司代收保险费等 6 000 元,支付的各项价款除保险费外均由销售公司统一开票。计算王某应缴纳的车辆购置税税额。

**【解析】** 王某应缴纳的车辆购置税税额 = (324 000 + 2 000 + 5 000) ÷ (1 + 17%) × 10% = 28 290.60(元)

## 四、车辆购置税的账务处理

企业购置(包括购买、进口、自产、受赠、获奖、投资者投入或者以其他方式取得并自用)应税车辆,按规定交纳的车辆购置税,或者企业购置减税、免税车辆改制后用途发生变化的,按规定应补交的车辆购置税,应直接计入“固定资产”账户,计入购入车辆的成本。根据有关会计凭证,借记“固定资产”等账户,贷记“应交税费——应交车辆购置税”账户。

由于车辆购置税是实行的一次课征制度,纳税人应一次缴清,所以不存在与征税机关清算和结算的问题,因此企业按规定交纳的车辆购置税,也可以不通过“应交税费”账户核算,而在缴纳时直接通过“银行存款”账户核算。

## 五、车辆购置税的征收管理

### (一)纳税环节

现行政策规定,纳税人应当在向公安机关车辆管理机构办理车辆登记注册手续前,缴纳车辆购置税。车辆购置税实行一次性征收制度,购置已征车辆购置税的车辆,不再重复征收车辆购置税。车辆如发生过户、改型的,对此都不再征税,直到车辆报废为止。

### (二)纳税期限

纳税人购买自用应税车辆的,应当自购买之日起 60 日内申报纳税;进口自用应税车辆的,应当自进口之日起 60 日内申报纳税;自产、受赠、获奖或者以其他方式取得应税车辆的,应当自取得之日起 60 日内申报纳税。车辆购置税税款应当一次缴清。

### (三)纳税地点

纳税人购置应税车辆,应当向车辆注册地的主管税务机关申报纳税;购置不需要办理

车辆登记注册手续的应税车辆，应当向纳税人所在地主管税务机关申报纳税。

### （四）纳税申报

车辆购置税实行一车一申报制度。纳税人在办理纳税申报时应如实填写车辆购置税纳税申报表，同时提供车主身份证明、车辆价格证明、车辆合格证明及税务机关要求提供的其他资料的原件和复印件，并在规定期限内缴纳车辆购置税款。

# 任务3　城市维护建设税与教育费附加核算与申报

## 一、认识城市维护建设税

### （一）城市维护建设税的概念与特点

城市维护建设税是以纳税人实际缴纳的“三税”（消费税、增值税、营业税）税额为依据而征收的一种税。

城市维护建设税是一种具有受益性质的行为税，它与其他税收相比较，具有以下特点。

1. 属于一种附加税

城市维护建设税没有自己独立的征税对象或税基，而是以消费税、增值税、营业税“三税”实际缴纳的税额之和为计税依据。随“三税”同时附征，税法规定对纳税人减免“三税”时，相应也减免了城市维护建设税，其征管方法也完全比照“三税”的有关规定办理。

2. 征税范围较广

消费税、增值税、营业税是我国税制的主体税种，其征税范围基本上包括了我国境内所有经营行为的单位和个人。城市维护建设税以消费税、增值税、营业税税额为税基，意味着对所有纳税人都要征收城市维护建设税。因此，它的征税范围较广。

3. 根据城镇规模设计税率

城市维护建设税的负担水平，不是依据纳税人获取的利润水平或经营特点，而是根据纳税人所在城镇的规模及其资金需要设计的。城镇规模大的，税率高一些；反之，就要低一些。

4. 税款专款专用

城市维护建设税具有受益税的性质，其所征税款要求保证用于城市的公用事业和公共设施的维护和建设。

### （二）城市维护建设税的纳税人及征税对象

城市维护建设税的纳税人，是指负有缴纳“三税”义务的单位和个人。包括国有企业、集体企业、私营企业、股份制企业、行政事业单位、军事单位、社会团体以及个体工商户和其他个人。自2010年12月1日起，外商投资企业、外国企业和外籍人员开始征收城市维护建设税。

城市维护建设税征税范围比较广，具体包括城市、县城、建制镇以及税法规定征收“三税”的其他地区。

### (三)城市维护建设税的税率

城市维护建设税实行比例税率。纳税人所在地区不同,税率不同。具体规定如下。

(1)纳税人在城市市区的,税率为7%。

(2)纳税人在县城、建制镇的,税率为5%。

(3)纳税人所在地不在城市市区、县城、建制镇的,税率为1%。

### (四)城市维护建设税优惠政策的运用

城市维护建设税基本上没有单独规定减免税。但对于特殊情况,财政部和国家税务总局作了特别减免税规定。

(1)随"三税"的减免而减免。

(2)随"三税"的退库而退库。

(3)对海关代征的进口货物增值税、消费税,不征收城市维护建设税。

(4)对个别缴纳城市维护建设税有困难的单位和个人,可由县人民政府审批,酌情给予减免税照顾。

## 二、城市维护建设的计算

城市维护建设税纳税人的应纳税额大小是由纳税人实际缴纳的消费税、增值税、营业税的"三税"税额决定的。其计算公式为

应纳税额 = 计税依据(纳税人实际缴纳的消费税、增值税、营业税) × 适用税率

**【例10-4】** 某市区一家企业2013年4月实际缴纳的增值税50万,消费税20万,营业税10万。计算该企业应该缴纳的城市维护建设税。

**【解析】** 该企业应缴纳的城市维护建设税 = (50 + 20 + 10) × 7% = 5.6(万元)

## 三、城市维护建设的账务处理

城市维护建设税的会计核算应设置"应交税费——应交城市维护建设税"科目。计提城市维护建设税时,应借记"营业税金及附加"科目,贷记"应交税费——应交城市维护建设税";实际缴纳城市维护建设税时,应借记"应交税费——应交城市维护建设税",贷记"银行存款"科目。本科目期末贷方余额反映企业应交而未交的城市维护建设税。

**【例10-5】** 根据【例10-4】资料计算的城市维护建设税,进行相应的会计处理。

企业的会计处理如下。

(1)计提城市维护建设税时:

借:营业税金及附加——城市维护建设税 56 000

贷:应交税费——应交城市维护建设税 56 000

(2)实际缴纳城市维护建设税时:

借:应交税费——应交城市维护建设税 56 000

贷:银行存款 56 000

## 四、城市维护建设的征收管理

城市维护建设税的征税管理、纳税环节等事项，比照增值税、消费税、营业税的有关规定办理。下面仅就纳税地点和违章处理加以说明。

### (一)纳税地点

根据税法规定的原则，针对一些比较复杂并有特殊性的纳税地点问题，财政部和国家税务总局作了如下规定。

(1)纳税人直接缴纳“三税”的，在缴纳“三税”地缴纳城市维护建设税。

(2)代扣代缴的纳税地点。代扣代缴、代收代缴“三税”的单位和个人，同时也是城市维护建设税的代扣代缴、代收代缴义务人，其城市维护建设税的纳税地点在代扣代收地。

(3)银行的纳税地点。各银行缴纳的营业税，均由取得业务收入的核算单位就地缴纳。

### (二)纳税期限

由于城市维护建设税是由纳税人在缴纳“三税”时同时缴纳的，所以其纳税期限分别与“三税”的纳税期限一致。

### (三)纳税申报

城市维护建设税与“三税”同时申报缴纳，纳税人应按照有关税法的规定，如实填写城市维护建设税纳税申报表。

## 五、教育费附加

### (一)教育费附加的含义

教育费附加是对缴纳增值税、消费税、营业税的单位和个人，就其实际缴纳的税额为计算依据征收的一种附加费。

### (二)教育费附加的计税依据

以纳税人实际缴纳的增值税、消费税和营业税为计征依据，与“三税”同时缴纳。自2010年12月1日起，对外商投资企业和外国企业及外籍个人开始征收教育费附加。

### (三)教育费附加的计征比率

现行教育费附加征收比率为3%。

### (四)教育费附加的计算

应纳教育费附加 =（增值税额 + 消费税额 + 营业税额）× 征收比率

### (五)教育费附加的账务处理

教育费附加通过“应交税费”科目核算。计提教育费附加时，应借记“营业税金及附加”科目，贷记“应交税费”科目。缴纳教育费附加时，应借记“应交税费”科目，贷记“银行存款”科目。本科目期末贷方余额反映企业应交而未交的教育费附加。

**【例10-6】** 某市区一家企业2014年4月实际缴纳的增值税50万、消费税20万、营业税10万。计算该企业应该缴纳的教育费附加,并进行会计处理。

【解析】 (1)计算如下。

该企业应缴纳的教育费附加=(50+20+10)×3%=2.4(万元)

(2)会计处理如下。

计提教育费附加时

借:营业税金及附加——教育费附加 24 000

贷:应交税费 24 000

实际缴纳教育费附加时

借:应交税费 24 000

贷:银行存款 24 000

## 【任务小结】

行为目的税是国家为了贯彻某种政治经济政策,对纳税人的某种特殊行为作为征税对象而征收的一类税。行为目的税的税种包括印花税、城市维护建设税和车辆购置税,教育费附加由于具有附加税的性质,也列入其中。本项目主要内容包括各种行为目的税的纳税人、征税对象、税收优惠;计税依据和应纳税额的计算、会计核算、纳税义务发生时间、纳税期限、纳税地点和纳税申报。

印花税应纳税额的计算公式如下。

应纳税额=计税金额×比例税率

应纳税额=凭证件数×固定税额(5元)

车辆购置税应纳税额的计算公式如下。

应税税额=计税价格×税率

城市维护建设税和教育费附加的计算公式如下。

应纳的城市维护建设税或教育费附加=计税依据(纳税人实际缴纳的消费税、增值税、营业税之和)×适用税率

## 【导入案例解析】

应缴纳的城市维护建设税=(80+50+20)×7%=10.5(万元)

应缴纳的城市维护建设税=(80+50+20)×3%=4.5(万元)

# 任务训练

### 一、单项选择训练

1. 下列合同中适用千分之一税率的合同有(　　)。

A. 财产租赁合同　　B. 借款合同　　C. 加工承揽合同　　D. 购销合同

2. 购置下列交通工具应缴纳车辆购置税的是(　　)。

A. 火车　　B. 轮船　　C. 小轿车　　D. 自行车

3. 甲公司与乙公司签订了一份货物交换合同,甲公司的货物价值200万元,乙公司货物价值180万元,甲公司应缴纳的印花税是(　　)。

A. 1 140元　　B. 600元　　C. 540元　　D. 2 280元

4. 印花税法规规定,对加工承揽合同应按收入的(　　)贴花。

A. 千分之三　　B. 万分之五　　C. 千分之一　　D. 千分之五

5. 同一凭证,由两方或者两方以上当事人签订并各执一份的,应当由(　　)就所执一份全额贴花。

A. 甲方　　B. 乙方　　C. 各方　　D. 单方

6. 印花税对记载资金账簿的计税依据为(　　)。

A. 账簿件数　　B. 实收资本与资本公积合计金额

C. 流动资金的合计金额　　D. 固定资产合计金额

7. 城市维护建设税纳税人所在地在市区的城建税税率为(　　)。

A. 5%　　B. 1%　　C. 3%　　D. 7%

8. 张某将其房产抵押给银行,向银行借款12万元,则该抵押合同张某应缴纳(　　)印花税。

A. 12元　　B. 36元　　C. 6元　　D. 5元

9. 同一凭证记载两个或以上适用不同税率的经济事项的,分别记载金额的,其印花税应如何确定?(　　)

A. 按税率高的计印花税　　B. 分别计算税额加总贴花

C. 由税务机关确定适用的税率　　D. 无须缴纳印花税

**二、多项选择训练**

1. 印花税的征税对象是书立和领受应税凭证的行为,其征税范围是(　　)。

A. 经济合同　　B. 产权转移书据　　C. 营业账簿　　D. 权利、许可证书

2. 城建税和教育费附加税率有(　　)。

A. 7%　　B. 5%　　C. 1%　　D. 3%

3. 印花税适用万分之五税率的税目为(　　)。

A. 加工承揽合同　　B. 购销合同

C. 货物运输合同　　D. 建设工程勘察设计合同

4. 城市维护建设税在(　　)征收。

A. 城市　　B. 县城　　C. 建制镇　　D. 农村

5. 城市维护建设税以纳税人向税务机关实际缴纳和代征、代扣单位缴纳的(　　)税额为计税依据。

A. 增值税　　B. 房产税　　C. 消费税　　D. 营业税

6. 下列哪些是印花税的纳税人?(　　)

A. 立合同人　　B. 立据人　　C. 领受人　　D. 使用人

7. 张某出租其自有房屋,签订房屋租赁合同,则其应负担以下哪些税收?(　　)

A. 房产税　　B. 契税　　C. 印花税　　D. 土地增值税

8. 下列表述符合城市维护建设税计征规定的有(　　)。

A. 依照税法规定减免增值税、消费税、营业税的,同时也免征城市维护建设税

B. 海关代征增值税、消费税的,不征收城市维护建设税

C. 出口产品退还增值税、消费税的,一律退还城市维护建设税

D. 税务机关对纳税人违反增值税、消费税、营业税税法有关规定而给予的罚款,也应一并作为城市维护建设税的计税依据

**三、业务训练**

1. 某省会城市市区某企业本月缴纳增值税和消费税 200 万,则该月该企业应纳的城市维护建设税税额是多少?

2. 华远公司于 2012 年成立,其 2013 年发生以下应税项目。

(1)年初启用新账簿 8 本。本年 5 月,资金账簿中登记本年增加实收资本 500 万元、资本公积 100 万元。

(2)与甲企业签订一份加工承揽合同,受托为其加工一批产品,双方约定由华远公司提供所需的原材料 200 万元、辅助材料 10 万元,另收取加工费 20 万元,各项金额均在加工承揽合同中分别记载。

(3)与乙企业签订一份建筑工程承包合同,记载金额 2 000 万元,将其中的 500 万元转包给另一工程公司。

(4)与丙企业签订仓储合同一份,货物金额为 500 万元,仓储保管费为 10 万元。

(5)与丁企业签订一份运输保管合同,记载金额共计 500 万元,其中货物价值 400 万元、运输费 50 万元、装卸费 30 万元、仓储保管费 20 万元。

根据所给资料,依据印花税的有关规定回答下列相关问题:

(1)计算业务(1)应纳印花税;

(2)计算业务(2)应纳印花税;

(3)计算业务(3)应纳印花税;

(4)计算业务(4)应纳印花税;

(5)计算业务(5)应纳印花税。

# 项目十一　企业纳税筹划

| 知识目标 | 能力目标 |
| --- | --- |
| 1. 掌握纳税筹划的概念和特征。<br>2. 明确纳税筹划与避税、偷税的区别。<br>3. 了解纳税筹划的目标、原则、范围。<br>4. 掌握企业纳税筹划的方法与策略。 | 1. 能够将纳税筹划与避税、偷税进行区别。<br>2. 能够掌握企业纳税筹划的方法与策略。<br>3. 能够运用所学的纳税筹划知识对企业的纳税进行合理的筹划。 |

## 【案例导入】

刘小凯与其好友共同投资60万元，想从事零售商业经营，预计每年盈利10万元，其利润全部分配，刘小凯与其好友各分得50%。开办之初，就面临两个选择：成立有限责任公司还是成立合伙企业。这两个方案中均涉及税负影响，不同方案的纳税负担不一致，若你是刘小凯，将如何选择？

如何通过事先的筹划安排，选择最优方案，降低纳税负担，这就涉及本项目中所要学习的纳税筹划。

现代社会，税已经渗透到人们生活的方方面面，纳税是每个公民的应尽义务。有一种说法是：愚昧者抗税，愚蠢者偷税，聪明者节税。每个纳税人为了实现社会利益与个人利益的平衡，可以通过运用有效的方法和技巧来进行纳税以合理减轻自己的税负。而这种合理方法的选择就是纳税筹划。

## 任务1　认识纳税筹划

### 一、纳税筹划的内涵

纳税筹划是指纳税人为达到节税目的而制订的科学的节税计划，也就是在税法规定的范围内，在符合立法精神的前提下，通过对经营、投资、理财活动的筹划，而获得的节纳税益。

从这个定义中，我们可以看出：①纳税筹划的主体是具有纳税义务的单位和个人，即纳税人；②纳税筹划的过程或措施必须是科学的，必须在税法规定的范围内，在符合立法精神前提下通过对经营、投资、理财活动的精心安排，才能达到的；③ 纳税筹划的结果是获得节纳税益。

只有满足这三个条件，才是纳税筹划。

## 【知识链接】

自国家产生以来,征税人和纳税人之间就存在着矛盾。我国唐代著名诗人杜荀鹤写道“任是深山更深处,也应无计避征徭”;英美国家流行着一句有关纳税的名言,“纳税如同死亡一样不可避免”。由此可见,作为纳税人来说,对纳税表现出一种无奈,其中也隐含着一种冲动,希望通过纳税筹划的方式来实现少纳税、迟纳税甚至不纳税的目的。

纳税筹划起源于英美等发达的市场经济国家,英文为 tax planning。早在 19 世纪 30 年代,英国、美国就着手于纳税筹划的研究,并在实践中加以广泛的应用。中国的纳税筹划从 20 世纪 90 年代才开始起步,1996 年颁布的《注册税务师资格制度暂行规定》将纳税筹划列为税务顾问的一项业务,标志着官方正式承认纳税人纳税筹划的权利。

对“纳税筹划”概念的定义,不同的学者有不同的表述。

荷兰国际文献局《国际纳税辞汇》中是这样定义的:“纳税筹划是指纳税人通过经营活动或个人事务活动的安排,实现缴纳最低的纳税。”

美国南加州 W. B. 梅格斯博士在与他人合著的、已发行多版的《会计学》中写道:“人们合理而又合法地安排自己的经营活动,使之缴纳可能最低的纳税。他们使用的方法可称为纳税筹划……少缴税和递延缴纳纳税是纳税筹划的目标之所在。”

## 二、纳税筹划的特征

### (一)合法性

纳税筹划的合法性表现在其活动只能在法律允许的范围内。税法是国家制定的用以调整国家和纳税人之间在征纳税方面的权利与义务关系的法律规范的总称,它是国家依法征税及纳税人依法纳税的行为准则。根据纳税法规原则,国家征税必须有法定的依据,纳税人也只需根据税法的规定缴纳其应缴纳的税款。当纳税人依据税法作出多种纳税方案时,根据资本市场中人的自利行为原则,选择税负较低的方案来实施是无可指责的,因为法定最低限度的纳税权也是纳税人的一种权利,纳税人无须超过法律的规定来承担国家税赋。

### (二)筹划性

由于纳税人的纳税义务是在实际生产经营过程中产生的,如实现或分配净收益后才缴纳企业所得税、销售不动产后才缴纳营业税,其滞后性使得纳税筹划成为可能。纳税是国家宏观调控的重要手段,政府有权通过对纳税义务人、纳税对象、税基、税率作出不同的规定,引导纳税人采取符合政府导向的行为。纳税人则可以在其作出决策之前,明确国家的立法意图,设计多种纳税方案,并比较各种纳税方案的不同税负,挑选出能使企业整体效益达到最大的方案来实施。

### (三)目的性

纳税筹划的目的是降低纳税支出。企业要降低纳税支出,一是可以选择低税负,二是可以延迟纳税时间。不管使用哪种方法,其结果都是节约纳税成本,以降低企业的经营成本，这就有助于企业取得成本优势，使企业在激烈的市场竞争中得到生存与发展，从而实现长期盈利的目标。

### （四）系统性

纳税筹划的最根本目的是税后财务利益最大化，即使个人税后财务利益最大化，使企业价值最大化或股东财富最大化，而不仅仅是少纳税金，使个别税种税负或纳税人整体税负的降低。因此，纳税筹划不光要考虑纳税人现在的财务利益，还要考虑纳税人未来的财务利益；不仅要考虑短期利益，还要考虑长期利益；不仅要考虑所得增加，还要考虑资本增值；不仅要考虑税后财务利益最大化，而且还要尽量降低各种风险，如税制变化风险、市场风险、利率风险、信贷风险、汇率风险、通货膨胀风险等。

### （五）专业性

专业性主要不是指纳税人的纳税筹划需要其财务、会计专业人员进行，而是指面临社会大生产，全球经济日趋一体化，国际经贸业务的日益频繁，规模也越来越大，而各国税制也越来越复杂，仅靠纳税人自身进行纳税筹划已经显得力不从心，作为第三产业的税务代理、税务咨询便应运而生。现在世界各国，尤其是发达国家的会计师事务所、律师事务所纷纷开辟和发展有关纳税筹划的咨询业务，说明纳税筹划向专业化发展的特点。

## 三、纳税筹划、偷税、避税三者之间的比较

### （一）避税与偷税

避税是指纳税人利用税法的漏洞、特例和缺陷，规避或减轻其纳税义务的行为。税法漏洞指税法中由于各种原因遗漏的规定的不完善之处；税法特例指在规范的税法中因政策等需要对特殊情况所作出的某种不规范规定；税法缺陷指税法规定的失误。也就是说，避税是不违背法律的，而偷税是违法的。

### （二）纳税筹划与偷税

纳税筹划是合法的，而偷税是违法的。我国纳税征收管理法规定，纳税人伪造、隐匿、变造、擅自销毁账簿、记账凭证，或者在账簿上多列支出或者不列、少列收入，或者经税务机关通知申报而拒不申报或者进行虚假的纳税申报，不缴或者少缴应纳税款的，是偷税。对纳税人偷税的，由税务机关追缴其不缴或者少缴的税款、滞纳金，并处不缴或者少缴的税款50%以上5倍以下的罚款；构成犯罪的，依法追究刑事责任。

### （三）纳税筹划与避税

纳税筹划与避税都以减轻税负为目的，但纳税筹划的过程与税法的内在要求是一致的，它不影响纳税的地位，也不削弱纳税各种功能的发挥。而避税是本着“法无明文规定者不为罪”的原则，千方百计钻税法的空子，利用税法的缺陷与漏洞规避国家纳税，它是与纳税立法精神背道而驰的。在现实生活中有人对纳税筹划存有误解，将其与避税混为一谈，这是对纳税筹划的不了解，混淆了纳税筹划与避税的本质区别。必须承认，在实际工作中纳税筹划与避税有时难以区别，一旦纳税导向不明确，纳税制度不完善，纳税筹划就有可能

转化为避税行为。

## 【案例分析】11-1

偷税实例。

西安市某酒店有限公司是一家集餐饮、旅游、娱乐、桑拿于一体的综合性酒店。该酒店采用设置"真假两套账"方式进行虚假纳税申报,偷逃国家税款。即会计人员先按正常的会计核算程序归集原始凭证、填制记账凭证、登记入账、填制报表,形成一套反映酒店真实经营情况的"真账"。然后从"真账"里抽取一部分原始凭证,制作一套"假账"向税务机关申报纳税。从而,隐瞒销售收入,逃避了应申报缴纳的营业税、企业所得税、城市维护建设税、教育费附加及文化事业建设费合计365万元。这种行为显然属于违反税法的偷税行为。

## 【案例分析】11-2

避税实例。

我国税法规定;"三来一补"(即来料加工、来样加工和装配、补偿贸易)企业在初办三年内免征营业税和所得税。其政策意图是为增加国内就业和国内加工工艺水平的提高而鼓励该类企业的发展,考虑到新办企业起步时困难较多,有必要利用纳税手段进行扶持。结果不少纳税人钻税法空子,通过不断更换厂牌以延长免税期。据调查,西安市十多年来累计登记开办"三来一补"企业近万家,但实际经营的只有2/3,另外的1/3除极少数转产或停产外,大多数是在3年免税期满时,通过换招牌又变成了新办企业,从而再次享受免税待遇。该市新城区有一家皮革厂,开办12年还未进入纳税期,其手段是通过前后4次更换厂名,3次搬迁厂址,从而连续享受免税待遇。像该企业的这一投机行为,形式上并没有违反税法,但实际上钻了税法对新办企业缺乏严密界定的漏洞。这类行为属于避税范畴。

## 【案例分析】11-3

纳税筹划实例。

《企业所得税法》规定:民族自治地方的自治机关对本区域内企业应缴纳的企业所得税中属于地方分享的部分,可以决定减征或者免征。一家投资机构欲在国内办厂,考虑到我国上述区域性纳税倾斜政策,并得知某一自治区的企业所得税地方分享部分全部免征,经过全面权衡,决定在该自治区投资设厂,其好处之一是可以享受我国的纳税优惠待遇。像此家机构的这一投资行为,尽管其本身是为了实现最大投资收益,但符合我国税法的立法意图,为我国政府所鼓励,可归属于纳税筹划范畴。

## 四、纳税筹划的目标

实践中,纳税人的纳税筹划都应该在遵循一定原则的基础上,去实现既定目标。以企业为例,从根本上讲,纳税筹划属于企业财务管理的范畴。它的核心目标是由企业财务管理的目标——企业价值最大化所决定的。

### (一)纳税成本最小化目标

这一目标是纳税人最根本的目标。这一目标的产生动因和基本原理是纳税人纳税本身是有成本的,通过合理的筹划降低这些成本,实际上就人为创造了筹划效益。就企业而言,其在生产经营过程中发生的各项费用,如外购原材料、外购燃料、外购动力、支付工人的工资、津贴、固定资产投资支出、销售费用、管理费用、财务费用等构成企业的内在成本,减少内在成本可以提高总体经济效益。另一方面,国家凭借其权利,按照税法规定强制、无偿征收的纳税,可认为是企业的外在成本,也构成企业生产经营成本的一部分,其数额的减少照样可以增加企业的实际经济效益。因此,作为市场经济主体的纳税人,在产权界定清晰的前提下,为实现自身经济利益的最大化,进行纳税筹划可以减轻纳税负担,是市场竞争机制健全程度的外在表现,具有一定的合理性。

但是,该目标不应该简单追求缴税额最低,而是应追求相对缴税额的降低。在保证其他经济目标不受影响的前提下,如果因为筹划后将原本要缴纳的税减免或延期,以及将原本要缴纳的金额较大的税负减少,都是成功的筹划,而如果因为筹划虽然降低税负,却影响了其他经营活动或者经济指标,那么纳税筹划就可能是得不偿失的。

### (二)降低涉税风险目标

涉税风险是指纳税人在对纳税而采取各种应对行为时,所可能涉及的风险,包括因为纳税人在与纳税有关的各项工作的疏漏而致使产生损失或者增加纳税成本的风险。具体是指政策风险、管理风险、权利风险等。其中政策风险是指纳税人因为对税法缺乏足够了解或理解、对自身权利缺乏足够了解产生的风险。管理风险是指税务管理部门的原因致使企业自身负担了超过实际应该负担的税负的风险。权利风险是指纳税人通过寻求权利以求减轻税负,造成纳税成本加大而且可能引致行政或刑事处罚的风险。

纳税人进行纳税筹划,努力降低涉税风险,不仅可以减少不必要的经济和名誉上的损失,而且还可以使企业账目更加清楚,管理更加有条不紊,有利于企业的健康发展,更利于企业的生产经营活动。如果纳税人账目不清,纳税不正确,即使不被税务机关查处,不遭受任何经济上、名誉上的损失,也会使纳税人承受精神上的成本。每到税务稽查时,这种纳税人便会提心吊胆,担惊受怕,这种精神上的折磨,称之为精神成本。如果进行纳税筹划,使其账目清楚,纳税正确,则纳税人会心境坦然,这其实也是一种收益。

### (三)获取资金时间价值目标

在信用经济高速发展的今天,企业要进行生产经营活动,尤其是在扩大生产经营规模时,经常会举借贷款,因为仅靠自身积累发展生产的速度毕竟太慢,不能满足生产经营的需要,这时候,资金就显得极其宝贵。这样,如果企业能尽量延缓税款的缴纳,就会使企业的营运资金相对宽裕,更利于企业的发展,对那些资金比较紧张的企业来说更是如此。更深一层讲,延迟税款的缴纳,无偿地使用财政资金为自己企业的生产经营服务,不存在财务风险,当然这要求企业在税法允许的范围之内进行纳税筹划。只要具备可行性,企业可以尽可能多地使用这种无偿资金,而不用担心其规模超过限度。除此之外,由于纳税筹划使得企业当期的总资金增加,有利于企业扩大举债规模,即企业承担财务风险的能力相对增强了,这也有利于企业扩大生产经营规模,有利于企业的长期可持续发展。

### (四)维护主体合法权益目标

作为市场经济的主体,一方面应该承担依法纳税的义务,另一方面也就拥有纳税筹划的权利。也就是说,应该缴纳的税款,纳税人应该一分不少地上缴国库,履行自己应尽的义务;不应该缴纳的税款,纳税人可以理直气壮地拒绝纳税,无论对方是谁,采取什么手段,因为这是其应该享有的权利。

如果纳税人在进行纳税筹划时不注重维护自身的合法权益,而任由税务机关根据自身需要征收税款,那么,无论该纳税人进行如何周密的筹划,都无济于事。因而注意维护自身的合法权益是纳税人进行纳税筹划必不可少的一环。

纳税筹划采用不同的手段和方法,既可以减少纳税人的纳税义务又可以贯彻国家政策,企业在进行纳税筹划时还应遵循一些原则,这些原则包括合法性原则、综合性原则、经济性原则、前瞻性原则和社会责任原则等,以使纳税筹划更加有效地进行。

### 【问题思考】

纳税筹划、偷税、避税三者一样吗?如果不相同,三者有什么区别?

# 任务2　纳税筹划的方法与策略

## 一、纳税筹划的方法

### (一)充分利用现行税收优惠政策

税收优惠政策指国家为鼓励某些产业、地区、产品的发展,特别制定一些优惠条款以达到从税收方面对资源配置进行调控的目的。企业进行纳税筹划必须以遵守国家税法为前提,如果企业运用优惠政策得当,就会为企业带来可观的税收利益。由于我国的税收优惠政策比较多,企业要利用税收优惠政策,就需要充分了解、掌握国家的优惠政策。

我国的税收优惠政策涉及范围非常广泛,包括对产品的优惠、对地区的优惠、对行业的优惠和对人员的优惠等。

### (二)避免适用较高税率

税率是决定纳税人税负高低的主要因素之一。各税种的税率以及同一税种各税目的税率大多存在一定的差异。一般情况下,适用税率高,应纳税额就多,税后收益就少,因此,尽量使所从事的经济活动适用较低的税率,对纳税人降低税收负担意义重大。

### (三)充分利用"税前扣除"

各国税法中都有一些允许纳税人税前扣除的条款,纳税人应当充分利用这些规定,多扣除一些费用,缩小税基,减轻税负。尤其是当纳税人的所得适用超额累进税率时,如果纳税人可以多扣除一些费用,缩小了税基,其所得适用的最高税率和实际税负就会下降。

### (四)推迟纳税义务发生时间

推迟纳税可以使个人在不减少纳税总量的情况下获得货币的时间价值。推迟纳税义务的好处有:有利于资金周转,节省利息支出,以及由于通货膨胀的影响,延期以后缴纳的税款币值下降,从而降低了实际纳税额。因为按照贴现的原理,延迟缴纳的税款现值一定小于当期缴纳的等额税款。税款越晚缴纳,其经济成本就越低。

### (五)利用各种税种的某些特殊规定

纳税筹划是基于特定的税法规定进行的,而税法规定内容繁多、复杂,因此,必须认真梳理税法规定,确定策划的对象和内容。就目前我国比较流行的纳税筹划方法来说,主要包括以下几种。

(1)收入筹划,即通过对取得收入的方式和时间、计算方法等的选择和控制,以达到节税目的。

(2)成本费用纳税筹划,即基于税法对成本、费用的确认和计算的不同规定,根据企业的具体情况选择有利的方式进行筹划。

(3)盈亏抵补纳税筹划,即在符合税法规定法人前提下,准许企业在一定时期内以某一年度的亏损去抵以后年度的盈余,以减少以后年度的应纳税额。

(4)租赁纳税筹划,即通过选择不同的租赁方案以减轻企业纳税负担。

(5)筹资纳税筹划,即利用一定的筹资方式使企业达到利润最大和税负最小的筹划。

(6)投资纳税筹划,即纳税人在进行新的投资时,基于投资净收益最大化的目标,根据不同的投资纳税政策所进行的投资方案的选择。

### (六)税负转嫁

所谓税负转嫁就是纳税人在缴纳税款以后,通过种种途径将纳税负担转嫁给他人负担的过程。

按照交易过程中税负转嫁的不同途径,可以把税负转嫁归纳为如下几种形式。

#### 1. 前转

前转也称“顺转”,指纳税人将其所纳税款通过提高商品价格的办法,转嫁给商品的购买者或最终消费者负担。

#### 2. 后转

后转也称“逆转”,即纳税人通过压低购入商品和劳务进价的方式,将其缴纳的税款转给商品或劳务提供者的一种税负转嫁方式。

#### 3. 混转

混转是指纳税人在转嫁税的过程中,既进行前转,又进行后转。

#### 4. 消转

消转是指纳税人通过改善经营管理、提高劳动生产率等措施降低成本、增加利润,使税负从新增的利润中得到抵补。消转实际上不是转嫁,而是由纳税人自己负担。

## 二、纳税筹划策略

### (一)增值税纳税筹划

1. 包装物租金转为押金

税法规定:包装物租金属于价外费用,凡随同销售产品向购买方收取的价外费用,无论其会计上如何核算,均应并入销售额计算应纳税额。值得注意的是,对增值税一般纳税人向购买方收取的价外费用,应视为含增值纳税人,在征税时应换算为不含纳税人再并入销售额。而包装物押金(酒类产品除外,但不包括啤酒、黄酒)单独核算而又未逾期的,不并入销售额计税。但对因逾期未收回的包装物或者已收取时间超过12个月的押金,应并入销售额,缴纳税费。

筹划思路:包装物租金应并入销售额计算应纳税额,而包装物押金不并入销售额计算应纳税额。因此企业可以考虑在情况允许时,采取收取包装物押金的方式。若包装物押金逾期或超过一年未归还,押金按17%缴纳增值税,但即使这样,也使企业获得了1年的延迟纳税期。

**【例11-1】** 某空调生产企业为增值税一般纳税人,2012年6月销售空调5 200台,单价为3 500元(不含增值税),另外收取空调的包装物的租金117元。

方案一:采取收取包装物租金的方式。

包装物租金属于产品价外费用,应并入销售额中征收增值税。

增值税销项税 $= 5\ 200 \times 3\ 500 \times 17\% + 5\ 200 \times 117/(1+17\%) \times 17\%$

$= 3\ 094\ 000 + 88\ 400 = 318.24$(万元)

方案二:采取收取包装物押金的方式。

将包装物单独收取押金,假设规定的收回期限为12个月。此项押金不并入销售额中征税。此时,又可分为两种情况。

(1)包装物在规定期限内收回,且不超过12个月,此项押金不并入销售额中征税。

应纳增值税 $= 5\ 200 \times 3\ 500 \times 17\% = 309.4$(万元)

在此情况下,可少缴增值税8.84万元(318.24 - 309.4)。

(2)包装物逾期未收回若未规定收回期限的,则不得超过12个月,此时就补缴增值税。

2012年6月应缴增值税 $= 5\ 200 \times 3\ 500 \times 17\% = 309.4$(万元)

逾期未收回时应补缴增值税 $= 5\ 200 \times 117/(1+17\%) \times 17\% = 8.84$(万元)

即使这样,也使企业延缓了纳税时间,充分利用了资金的时间价值。

因此,在情况允许时,企业可以考虑将包装物租金转变为押金,这样可以少缴税额,即使逾期未归还,也可以晚缴税额。

2. 设立独立核算的销售公司

独立销售的核算部门,在销售环节只缴纳增值税,不缴纳消费税。

税法规定:消费税征税环节为生产销售环节(包括生产、委托加工和进口环节),而在以后的商品流通环节(包括批发、零售环节)是不征消费税的(不包括金银首饰)。从2009年

8月1日起,白酒生产企业消费税计税价格低于销售单位对外销售价格70%以下的,消费税最低计税价格由税务机关根据生产规模、白酒品牌、利润水平等情况在销售单位对外销售价格50%至70%范围内自行核定。其中生产规模较大、利润水平较高的企业生产的需要核定消费税最低计税价格的白酒,税务机关核价幅度原则上应选择在销售单位对外销售价格60%至70%范围内。

筹划思路:纳税人往往采取通过成立独立核算的经营部或者销售公司,生产企业以较低但不违反公平交易的销售价格将应税消费品销售给经营部或者销售公司,然后销售公司再对外进行销售,这样就可以达到降低消费税的目的。而独立核算的销售部门,在销售环节只缴纳增值税,不缴纳消费税,可使集团的整体消费税税负下降。

**【例11-2】** 某酒厂主要生产白酒,产品主要销售给各地的批发商,销售单价为每吨3.5万元(不含税价)。2012年5月,零售白酒50吨,销售单价为每吨5万元(不含税价)。白酒的比例税率为20%,定额税率为0.5元/500克。

方案一:直接销售给消费者。

$$应纳消费税 = 50 \times 2\,000 \times 0.00\,005 + 50 \times 5 \times 20\% = 5 + 50 = 55(万元)$$

方案二:先将白酒以每吨3.5万元的价格出售给独立核算的销售公司,然后销售公司再以每吨5万元的价格销售给消费者。

由于该白酒生产企业消费税计税价格不低于销售单位对外销售价格的70%,所以无须核定计税价格。

$$应纳消费税 = 50 \times 2\,000 \times 0.000\,05 + 50 \times 3.5 \times 20\% = 5 + 35 = 40(万元)$$

因此,企业在设立独立核算的销售公司后,可少缴消费税15万元(55 - 40)。但企业销售给销售公司的价格不应当低于70%,如果销售价格“明显偏低”,主管税务机关将会对价格重新进行调整。

**【例11-3】** 假设某商业批发企业主要从小规模纳税人处购入服装进行批发,年销售额为100万元(不含税销售额),其中可抵扣进项增值税的购入项目金额为50万元,由税务机关代开的增值税专用发票上记载的增值税税款为1.5万元。分析该企业采取什么方式节税比较有利。

**【解析】** 一般纳税人与小规模纳税人比较,税负轻重不是绝对的。由于一般纳税人应缴税款实际上是以其增值额乘以适用税率确定的,而小规模纳税人应缴税款则是以全部销售额乘以征收率确定的,因此,比较两种纳税人税负轻重需要根据应税销售额的增值率来确定。当纳税人应税销售额的增值率低于税负平衡点的增值率时,一般纳税人税负轻于小规模纳税人;当纳税人应税销售额的增值率高于税负平衡点的增值率时,一般纳税人税负重于小规模纳税人。根据这种平衡关系,经营者可以合理合法选择税负较轻的纳税人身份。

按照一般纳税人认定标准,该企业年销售额超过80万元,应被认定为一般纳税人,并缴纳15.5万元(100×17% - 1.5)的增值税。但如果该企业被认定为小规模纳税人,只需要缴纳3万元(100×3%)的增值税。因此,该企业可以将原企业分设为两个批发企业,年销售额均控制在80万元以下,这样当税务机关进行年检时,两个企业将分别被重新认定为小规模纳税人,并按照3%的征收率计算缴纳增值税。通过企业分立实现增值税一般纳税人转变为小规模纳税人,节约税款12.5万元。

### (二)营业税纳税筹划

降低建筑用原材料价格。

税法规定:纳税人从事建筑、修缮、装饰工程作业,无论与对方如何结算,其营业额均应包括工程所用原材料、设备及其他物资和动力的价款,但不包括建设方提供的设备的价款。

筹划思路:建筑业劳务(不包括装饰劳务),无论是包工包料工程,营业额均应包括工程所用的原材料、设备及其他物资和动力的价款。但是原材料的购货渠道不同导致价格不一样,必然会使施工企业的计税依据不同。施工企业一般与材料供应商有长期的合作关系,购进材料价格会相对比较便宜。这样就能够降低计税依据,从而节省企业税负。

**【例11-4】** 某建筑单位建造一栋楼房,将工程承包给H施工企业,工程承包价为800万元。若采取包工不包料方式,所需材料由该建筑单位提供,价款为500万元;若采取包工包料方式,即由H施工企业购买材料,H企业可以根据自己熟悉建材市场的优势,以较低的价格400万元购买到优质的材料。

方案一:H施工企业采取包工不包料的方式。

应纳营业税 = (800 + 500) × 3% = 39(万元)

方案二:H施工企业采取包工包料的方式。

应纳营业税 = (800 + 400) × 3% = 36(万元)

因此,选择方案二比方案一可少缴营业税3万元(39 - 36),但应该保证施工企业提供材料的价格及质量。如果出现虚增材料价格或者以次充好的现象,那还不如建设单位自行购买材料划算。

**【例11-5】**甲、乙两企业合作建房,甲提供土地使用权,乙提供资金。甲、乙两企业约定,房屋建好后,双方均分。完工后,经有关部门评估,该建筑物价值1 000万元,甲、乙各分得500万元的房屋。在此过程中,甲方以转让部分土地使用权为代价,换取部分房屋的所有权,发生了转让土地使用权的行为;乙方则以转让部分房屋的所有权为代价,换取部分土地的使用权,发生了销售不动产的行为。因而合作建房的双方都发生了营业税的应税行为。对甲方应按"转让无形资产"税目中"转让土地使用权"征税,对乙方应按"销售不动产"税目征税。甲乙各方应纳的营业税为500万元×5% = 25万元,合计共缴纳50万元营业税。

**【解析】** 如果甲方以土地使用权、乙方以货币资金合股,成立合营企业,合作建房。房屋建成后双方采取风险共担、利润共享的分配方式,按照营业税以无形资产投资入股,参与接受投资方的利润分配、共同承担风险的行为,不征营业税的规定,对甲方向合营企业提供的土地使用权,视为投资入股,对其不征营业税。因此,在上例中,若甲乙双方采取第二种合作方式,即甲企业以土地使用权、乙企业以货币资金合股成立合营企业,合作建房,房屋建成后双方采取风险共担、利润共享的分配方式。按照上述规定,对甲方向合营企业提供的土地使用权,视为投资入股,对其不征营业税;只对合营企业销售房屋取得的收入按销售不动产征税;在建房环节双方企业免缴了50万元的税款。

## (三)企业所得税纳税筹划

1.折旧年限的确定

客观地讲,折旧年限取决于固定资产的使用年限。由于使用年限本身就是一个预计的经验值,使得折旧年限容纳了很多人为成分,为纳税筹划提供了可能性。缩短折旧年限有利于加速成本收回,可以使后期成本费用提前,从而使前期会计利润发生后移。在税率稳定的情况下,所得税递延交纳,相当于从国家取得了一笔无息贷款。

**【例11-6】** 某企业有一辆价值500 000元的货车,残值按原值的4%估算,估计使用年限为8年。所得税税率为25%。按直线法年计提折旧额如下。

$500\ 000\times(1-4\%)\div 8=60\ 000$(元)

假定该企业资金成本为10%,则

折旧节约所得税支出折合为现值 $=60\ 000\times 25\%\times 5.335=80\ 025$(元)

如果企业将折旧期限缩短为6年,则

年提折旧额 $=500\ 000\times(1-4\%)/6=80\ 000$(元)

因折旧而节约所得税支出

折合为现值 $=80\ 000\times 25\%\times 4.355=87\ 100$(元)

尽管折旧期限的改变,并未从数字上影响到企业所得税税负的总和,但考虑到资金的时间价值,后者对企业更为有利。

当税率发生变动时,延长折旧期限也可节税。

2.捐赠的税务筹划

**【例11-7】** 某内资企业2013年预计利润总额为200万元,并且无其他调整项目。企业适用的企业所得税税率为25%。为了优化企业形象、提高社会知名度,准备在2013年度向社会捐赠30万元。该企业有多种捐赠方案可以选择。

**【解析】** 方案一:纳税人不通过境内非营利的社会团体、国家机关进行公益、救济性捐赠或非公益、救济性捐赠。

方案二:纳税人通过境内非营利的社会团体、国家机关,向教育、民政等公益事业进行公益、救济性的捐赠(不属可以全额扣除的情况)。

方案三:赞助非关联的科研机构和高等学校研究开发新产品、新技术、新工艺。

根据税法的规定,方案一中,其应纳税所得额不能作任何扣除,故其应纳所得税税额为50万元;方案二中,其捐赠支出在扣除限额内的部分可以据实扣除,故其应纳所得税税额为 $[200+30-200\times 12\%]\times 25\%=51.5$(万元);方案三中,其赞助支出可以全额在当年应纳税所得额中扣除,故其应纳所得税税额为 $(200-30)\times 25\%=42.5$(万元)。可见,企业采取方案三捐赠,现金流出最少,获得利益最多。

## (四)个人所得税纳税筹划

1.劳务报酬与工资薪金合理转换

**【例11-8】** 某企业想聘请另一家公司退休工程师赵先生担任技术顾问,企业约定的报酬为每年底6万元,按月领取。假如赵先生与企业签订劳动合同,则赵先生每月应按劳务报酬所得缴纳个人所得税 =(60 000/12)×(1 -20%)×20% =800(元);假如赵先生与企业签订招聘合同,成为其正式雇员,则赵先生每月工资薪金所得应纳个人所得税 =(600 000/12 -3 500)×3% =45(元)。通过比较发现,赵先生在签订合同时与劳务合同二者每月相差个人所得税 755 元(800 -45)。

**【例 11-9】** 承上例,假设企业约定的报酬为每年 60 万元,按月领取。如果赵先生与企业签订劳务合同,则每月应按劳务报酬所得缴纳个人所得税 =(600 000/12)×(1 -20%)×30% -2 000 =10 000(元);如果赵先生与企业签订招聘合同,成为其正式雇员,则每月工资薪金所得应缴纳个人所得税 =(600 000/12 -3 500)×30% -2 755 =11 195(元)。通过比较发现,赵先生在签订合同时选择劳务合同比选择招聘合同每月节省个人所得税 1 195 元(11 195 -10 000)。

**【解析】** 新税法将工薪所得税率由 9 级调整为 7 级,适当扩大了低档税率和最高档税率的适用范围。同时,新税法通过税率结构的调整,使一部分收入较高的人在减除费用标准所带来减税好处被抵消以后,还会增加纳税的负担,月收入 38 600 元以上的高收入人群,税负增加了。而在提供劳务时有时因用工单位的用工时间长,劳务提供者在很长一段时期内都会提供劳务,而薪金与劳务所得的个人所得税税率设置不同,在计税数额较小时选择薪金个人所得税负较轻,对于此种劳务方式,劳务提供者可与用工单位协商,将劳务合同更改为招聘合同,将个人所得税的税率降低从而减少税款支出。在计税数额较大时选择劳务所得的税负较轻。

**2. 劳务报酬合同签订不一样,纳税差异大**

**【例 11-10】** 张教授对企业管理颇有研究,2014 年 4 月,他与江苏一家外资企业签约,双方约定由张教授给该外资企业的经理层人士讲课。讲课时间为十天,关于讲课报酬,双方在合同书上约定:企业给张教授支付劳务费 50 000 元,往返交通费、住宿费、伙食费等其他费用均由张教授自负。

4 月 10 日,张教授按期到江苏授课。4 月 20 日,该企业财务人员支付张教授讲课费,并代扣代缴个人所得税 10 000 元,实际支付张教授 40 000 元。其个人所得税计算如下。

应纳个人所得税额 =50 000×(1 -20%)×30% -2 000 =10 000(元)

张教授 10 天以来的开支为:往返机票 3 000 元,住宿费 5 000 元,伙食费 1 000 元,其他费用 1 000 元。张教授本次讲课净收入为 30 000 元。

返京后,好友王先生来访。王先生系一税务专家,经常为企业和个人进行纳税筹划。他们在闲聊中,张教授提到了讲课一事。在审阅了张教授的讲课合同后,王先生指出,如果对合同进行修改,便可以获得更大收益。他建议将合同中的报酬条款修改为“企业向张教授支付讲课费 35 000 元,往返机票、住宿费、伙食费及应纳个人所得税税款均由企业负担”。

**【解析】** 本案例涉及劳务报酬合同的设计技巧。根据《中华人民共和国个人所得税法》有关规定,劳务报酬所得应缴纳个人所得税,但却没有明确的条文规定一定要由获得收入的个人缴纳。因而设计劳务报酬合同时,既可规定由支付报酬者缴纳,也可规定由获得报酬者缴纳。王先生的建议便很好地利用了这一点。

很多人在签订劳务报酬合同时只注意法律含义,却往往忽略其纳税含义,因而自己多缴了税款也不知道。从合同字面上看,好像可以获得很大收益,但扣除应缴税款及各项费用后,实际所得却远远下降。张教授讲课就属于这种情况。

3. 劳务报酬是一次支付还是分次支付结果不一样

张寒为某高校软件开发员,利用业余时间为华纳电脑公司开发软件并提供一年的维护服务,按约定可得劳务报酬24 000元,张寒可要求对方事先一次性支付该报酬,亦可要求对方按软件维护期12个月支付,每月支付2 000元。尽管后一种付款方式会有一定的违约风险,但考虑个人所得税因素后,两种付款方案利弊会有新变化。若对方一次支付,则张寒应纳个人所得税为24 000×(1-20%)×20%=3 840(元);若对方分次支付,则张寒每月应纳个人所得税(2 000-800)×20%=240(元),12个月共计缴税2 400元,比一次支付报酬少缴纳个人所得税税款1 440元。该例中张寒可以要求对方按月支付劳务报酬,因为是多次劳务报酬所得,每次可扣除20%的费用。经过多次分摊,多次扣除来实现降低税负。

## 【任务小结】

纳税筹划是指纳税人为达到节税目的而制订的科学的节税计划,也就是在税法规定的范围内,在符合立法精神的前提下,通过对经营、投资、理财活动的筹划,而获得的节纳税益。合法性、筹划性、目的性、系统性、专业性是纳税筹划的重要特征。纳税筹划与偷税、避税相比,虽然目的都是为了规避和减轻税负,但却有着本质的区别。纳税成本最小化、降低涉税风险、获取资金时间价值、维护主体合法权益是纳税筹划的目标。合法性原则、综合性原则、经济性原则、前瞻性原则、社会责任原则是纳税筹划的重要原则。所以,创业者应该根据自己的状况对企业组织形式做出选择。

## 【导入案例解析】

如果按合伙形式其投资者仅缴纳个人所得税,设个人所得税适用税率20%,则该项投资年税后所得为8万元(10万元-10万元×20%),两位投资者缴纳个人所得税合计2万元。

如果该商店为一家有限责任公司,则其盈利应先缴企业所得税。设企业所得税税率为33%,税后利润6.7万元(10万元-10万元×33%),税后利润如全部分给投资者,则两位投资者还须缴纳个人所得税合计1.34万元(6.7万元×20%),税后投资净所得为5.36万元。

可见,选择合伙企业形式比公司制形式每年节约纳税支出2.64万元(10万元×33%+6.7万元×20%-10万元×20%)。

总之,公司制企业存在双重纳税的情况,其税负重于合伙企业。但公司企业的股东以其投资额对公司债务承担有限责任,合伙企业的合伙人负无限债务责任。另外,在大多数国家中,由于合伙企业不具有独立法人资格,因而不能享受政府对公司提供的各种纳税优惠待遇和纳税协定优惠待遇,采用公司形式可以享受这些优惠待遇。所以,创业者应该根据自己的状况对企业组织形式做出选择。

# 任务训练

## 一、单项选择训练

1. 纳税筹划的主体是(　　)。

A. 纳税人　　B. 征税对象　　C. 计税依据　　D. 税务机关

2. 纳税筹划与逃税、抗税、骗税等行为的根本区别是具有(　　)。

A. 违法性　　B. 可行性　　C. 合法性　　D. 非违法性

3. 在税负能够转嫁的条件下,纳税人并不一定是(　　)。

A. 代扣代缴义务人　　B. 实际负税人　　C. 代收代缴义务人　　D. 法人

4. 下列混合销售行为中应当征收增值税的是(　　)。

A. 家具厂销售家具并有偿送货上门

B. 电信部门销售移动电话并提供有偿电信服务

C. 装饰公司为客户提供设计并包工包料装修房屋

D. 饭店提供餐饮服务同时提供酒水

5. 金银首饰、钻石及钻石饰品的消费税在(　　)征收。

A. 批发环节　　B. 零售环节　　C. 委托加工环节　　D. 生产环节

6. 下列不属于个人所得税征税对象的是(　　)。

A. 保险赔款　　B. 股票红利　　C. 偶然所得　　D. 国债利息

## 二、多项选择训练

1. 纳税筹划的合法性要求是与(　　)的根本区别。

A. 逃税　　B. 欠税　　C. 骗税　　D. 避税

2. 纳税筹划按税种分类可以分为(　　)等。

A. 增值税筹划　　B. 消费税筹划　　C. 营业税筹划　　D. 所得税筹划

3. 按企业运行过程进行分类,纳税筹划可分为(　　)等。

A. 企业设立中的纳税筹划　　B. 企业投资决策中的纳税筹划

C. 企业生产经营过程中的纳税筹划　　D. 企业经营成果分配中的纳税筹划

4. 按照企业性质的不同,纳税人可分为(　　)。

A. 扣缴义务人　　B. 法人　　C. 负税人　　D. 自然人

5. 计算增值税时下列(　　)项目不包括在销售额之内。

A. 向购买方收取的销项税额

B. 受托加工应征消费税所代收代缴的消费税

C. 承运部门的运费发票开具给购货方的代垫运费

D. 纳税人将该项发票转交给购货方的代垫运费

6. 增值税按次纳税和按月纳税的起征点分别为(　　)。

A. 100 元　　B. 300 ~ 500 元　　C. 5 000 ~ 20 000 元　　D. 1 000 ~ 5 000 元

7. 下列属于个人所得税纳税人的有(　　)。

A. 在中国境内有住所　　B. 在中国境内无住所但居住满半年

C. 在中国境内无住所但居住满1年　　D. 在中国境内有住所但未居住

8. 以下可以免征个人所得税的有(　　)。

A. 购物抽奖　　B. 领取住房公积金　　C. 省级见义勇为奖　　D. 教育储蓄利息

**三、业务训练**

1. 刘先生是一位知名撰稿人,当2014年年收入预计在60万元左右。在与报社合作方式上有以下三种方式可供选择:调入报社、兼职专栏作家、自由撰稿人。请分析刘先生采取哪种筹划方式最合算。

2. 王先生承租经营一家餐饮企业(有限责任公司,职工人数为20人)。该企业将全部资产(资产总额300 000元)租赁给王先生使用,王先生每年上缴租赁费100 000元,缴完租赁费后的经营成果全部归王先生个人所有。2013年该企业的生产经营所得为190 000元,王先生在企业不领取工资。试计算比较王先生如何利用不同的企业性质进行筹划。

# 项目十二　纳税实务综合实训

## 任务1　增值税实训

### 一、企业概况

企业名称:河南光华实业有限责任公司

企业性质:国有企业

企业法人代表:王海平

企业地址和电话:平顶山市开发区1号4987432

开户银行及账号:工商银行永达分理处0457032156

税务登记号:568032109801006

### 二、经济活动过程

该公司为增值税一般纳税人,增值税税率为17%,按月缴纳增值税。包装物单独核算。2013年12月份发生下列经济业务。

(1)12月3日由湛河机械厂购入甲材料15吨,每吨2 100元,收到增值税专用发票,价款31 500元,税款5 355元,价税合计36 855元,材料已验收入库,货款由银行支付。

(2)12月4日由繁荣批发市场购入乙材料18吨,每吨3 500元,收到增值税专用发票,价款63 000元,税款10 710元,价税合计73 710元,已验收入库,货款用支票支付,由运输公司提供运输服务,用支票支付运费2 550元,取得运费专用发票。

(3)12月4日用支票直接向农民收购用于生产加工的农副产品一批,已验收入库,经税务机关批准的收购凭证上注明价款为120 000元。

(4)12月8日从中原百货公司收到委托代销清单,销售A产品5台,每台60 000元,增值税税率为17%,对方按价款的5%收取手续费,收到支票一张存入银行。

(5)12月8日交上月的增值税346 780元。

(6)12月12日销售B产品2台,每台42 000元,货款84 000元,税款14 280元;同时随同产品一起出售包装箱3个,不含税价每个1 500元,货款4 500元,税款765元。款项103 545元已存入银行。

(7)12月14日向小规模纳税人河阳公司售出10吨甲材料,开出29 250元的普通发票,取得支票存入银行。

(8)12月18日将B产品2台转为本企业生产用,实际成本共计60 000元,税务机关认定的计税价格为80 000元。

(9)12 月 18 日将价值 84 000 元的库存甲材料 20 吨移送本企业修建产品仓库工程使用。

(10)12 月 20 日将 B 产品 5 台,价值 150 000 元(税务机关认定的计税价格为 200 000 元),无偿捐赠给新疆化工厂,用以支援西部开发。

(11)12 月 21 日委托河北加工厂加工配件,材料上月已发出,本月支付加工费 3 000 元和增值税额 510 元,取得增值税专用发票。另付往返运费 860 元,用支票支付。

(12)12 月 22 日购入汽车一辆,取得增值税专用发票,价款 150 000 元,税款 25 500 元,价税合计 175 500 元,用支票支付。

(13)12 月 24 日生产加工一批新产品 C 产品 450 件,成本价 380 元/件(无同类产品市场价格),全部售给本企业职工,取得销售额 171 000 元。

(14)12 月 30 日,企业上月销售的 B 产品 5 台发生销售退回,价款 198 000 元,应退增值税 33 660 元。企业开出红字增值税专用发票,并以银行存款支付退货款项。

(15)月末盘存发现上月购进的甲材料 15 吨被盗,金额 31 500 元。

## 三、实训目的

(1)了解增值税概况,掌握增值税的计算、增值税的会计处理。

(2)熟悉增值税的纳税申报。

(3)培养学生的分析理解能力、计算能力和财务处理能力。

## 四、实训条件

(1)记账凭证(18 张)。

(2)应交增值税专用账页(2 张)。

(3)一般纳税人增值税纳税申报表(月报表 1 张),增值税纳税申报表附列资料表一、表二(各 1 张)。

## 五、实训要求

(1)分析经济业务,编制会计分录。

(2)计算河南光华实业有限责任公司 2013 年 12 月应纳增值税。

(3)登记“应交税费——应交增值税——进项税额”明细账、“应交税费——应交增值税——销项税额”明细账、“应交税费——应交增值税——进项税额转出”明细账及“应交税费——未交增值税”明细账。

(4)填制一般纳税人增值税纳税申报表(表 12-1)及相关附表(表 12-2、表 12-3)。

**表 12-1　增值税纳税申报表(主表)**

(适用于增值税一般纳税人)

根据《中华人民共和国增值税暂行条例》和《交通运输业和部分现代服务业营业税改征增值税试点实施办法》的规定制定本表。纳税人无论有无销售额,均应按主管税务机关核定的纳税期限按期填报本表,向当地税务机关申报。

税款所属时间:自　　年　月　日至　　年　月　日

填表日期:　　年　月　日　　　　　　　　　　　　　　　　　　金额单位:元(列至角分)

| | | | | | | |
|---|---|---|---|---|---|---|
| 纳税人识别号 | | | | | 所属行业: | |
| 纳税人名称 | (公章) | 法定代表人姓名: | | 注册地址: | 营业地址: | |
| 开户银行及账号 | | | 企业登记注册类型 | | 电话号码: | |
| 项目 | | 栏次 | 一般货物及劳务 | | 即征即退货物及劳务 | |
| | | | 本月数 | 本年累计 | 本月数 | 本年累计 |
| 销售额 | (一)按适用税率征税货物及劳务销售额 | 1 | | | 0.00 | 0.00 |
| | 其中:应税货物销售额 | 2 | | | 0.00 | 0.00 |
| | 应税劳务销售额 | 3 | | | | |
| | 纳税检查调整的销售额 | 4 | 0.00 | 0.00 | 0.00 | 0.00 |
| | (二)按简易征收办法征税货物销售额 | 5 | 0.00 | 0.00 | 0.00 | 0.00 |
| | 其中:纳税检查调整的销售额 | 6 | 0.00 | 0.00 | | |
| | (三)免、抵、退办法出口货物销售额 | 7 | 0.00 | 0.00 | | |
| | (四)免税货物及劳务销售额 | 8 | 0.00 | 0.00 | | |
| | 其中:免税货物销售额 | 9 | 0.00 | 0.00 | | |
| | 免税劳务销售额 | 10 | 0.00 | 0.00 | | |
| 税款计算 | 销项税额 | 11 | | | | |
| | 进项税额 | 12 | | | 0.00 | 0.00 |
| | 上期留抵税额 | 13 | | | 0.00 | 0.00 |
| | 进项税额转出 | 14 | | | 0.00 | 0.00 |
| | 免抵退货物应退税额 | 15 | 0.00 | 0.00 | 0.00 | 0.00 |
| | 按适用税率计算的纳税检查应补缴税额 | 16 | 0.00 | 0.00 | 0.00 | 0.00 |
| | 应抵扣税额合计 | 17 = 12 + 13 − 14 − 15 + 16 | | | 0.00 | |
| | 实际抵扣税额 | 18(如 17 < 11,则为 17,否则为 11) | | | 0.00 | 0.00 |
| | 应纳税额 | 19 = 11 − 18 | | | 0.00 | 0.00 |
| | 期末留抵税额 | 20 = 17 − 18 | 0.00 | 0.00 | | |
| | 简易征收办法计算的应纳税额 | 21 | 0.00 | 0.00 | — | — |
| | 按简易征收办法计算的纳税检查应补缴税额 | 22 | 0.00 | 0.00 | | |
| | 应纳税额减征额 | 23 | 0.00 | 0.00 | 0.00 | 0.00 |
| | 应纳税额合计 | 24 = 19 + 21 − 23 | 0.00 | | | |

**续表**

| | | | | | | |
|---|---|---|---|---|---|---|
| 税款缴纳 | 期初未缴税额(多缴为负数) | 25 | | | 0.00 | 0.00 |
| | 实收出口开具专用缴款书退税额 | 26 | 0.00 | 0.00 | — | — |
| | 本期已缴税额 | 27 = 28 + 29 + 30 + 31 | | | | |
| | ①分次预缴税额 | 28 | 0.00 | 0.00 | | |
| | ②出口开具专用缴款书预缴税额 | 29 | 0/00 | | — | — |
| | ③本期缴纳上期应纳税额 | 30 | | | | |
| | ④本期缴纳欠缴税额 | 31 | | | | |
| | 期末未缴税额(多缴为负数) | 32 = 24 + 25 + 26 - 27 | | | | |
| | 其中:欠缴税额(≥0) | 33 = 25 + 26 - 27 | | | 0.00 | |
| | 本期应补(退)税额 | 34 = 24 - 28 - 29 | | | 0.00 | |
| | 即征即退实际退税额 | 35 | 0.00 | 0.00 | | |
| | 期初未缴查补税额 | 36 | 0.00 | 0.00 | | |
| | 本期入库查补税额 | 37 | 0.00 | 0.00 | | |
| | 期末未缴查补税额 | 38 = 16 + 22 + 36 - 37 | 0.00 | 0.00 | | |

| | | | |
|---|---|---|---|
| 授权声明 | 如果你已委托代理人申报,请填写下列资料:<br>为代理一切税务事宜,现授权:<br>(地址)　　　　为本纳税人的代理申报人,任何与本申报有关的往来文件,都可寄予此人。<br>授权人签字: | 申报人声明 | 此纳税申报表是根据《中华人民共和国增值税暂行条例》的规定填报的,我相信它是真实的、可靠的、完整的。<br>声明人签字: |

以下由税务机关填写:

收到日期:　　　　　　　　　　　　接收人:　　　　　　　　　　主管税务机关盖章:

**表 12-2　增值税纳税申报表附列资料(附表一)**

(本期销售情况明细)

税款所属时间：　　年　　月　　日至　　年　　月　　日

纳税人名称:(公章)　　　　金额单位:元至角分

| 项目及栏次 | | | 开具税控增值税专用发票 | | 开具其他发票 | | 未开具发票 | | 纳税检查调整 | | 合计 | | | 应税服务扣除项目本期实际扣除金额 | 扣除后 | |
|---|---|---|---|---|---|---|---|---|---|---|---|---|---|---|---|---|
| | | | 销售额 | 销项(应纳)税额 | 销售额 | 销项(应纳)税额 | 销售额 | 销项(应纳)税额 | 销售额 | 销项(应纳)税额 | 销售额 | 销项(应纳)税额 | 价税合计 | | 含税(免税)销售额 | 销项(应纳)税额 |
| | | | 1 | 2 | 3 | 4 | 5 | 6 | 7 | 8 | 9 = 1 + 3 + 5 + 7 | 10 = 2 + 4 + 6 + 8 | 11 = 9 + 10 | 12 | 13 = 11 − 12 | 14 = 13 ÷ (100% + 税率或征收率) × 税率或征收率 |
| 一、一般计税方法计税 | 全部征税项目 | (1)17%税率的货物及加工修理修配劳务 | | | | | | | | | | | | — | | — — |
| | | (2)17%税率的有形动产租赁服务 | | | | | | | | | | | | | | |
| | | (3)13%税率 | | | | | | | | | | | | — | | — — |
| | | (4)11%税率 | | | | | | | | | | | | | | |
| | | (5)6%税率 | | | | | | | | | | | | | | |
| | 其中：即征即退项目 | (6)即征即退货物及加工修理修配劳务 | | — | — | — | — | — | — | — | | | | — — | | — — |
| | | (7)即征即退应税服务 | | — | — | — | — | — | — | — | | | | | | |

**续表**

| 项目及栏次 | | | 开具税控增值税专用发票 | | 开具其他发票 | | 未开具发票 | | 纳税检查调整 | | 合计 | | | 应税服务扣除项目本期实际扣除金额 | 扣除后 | |
|---|---|---|---|---|---|---|---|---|---|---|---|---|---|---|---|---|
| | | | 销售额 | 销项(应纳)税额 | 销售额 | 销项(应纳)税额 | 销售额 | 销项(应纳)税额 | 销售额 | 销项(应纳)税额 | 销售额 | 销项(应纳)税额 | 价税合计 | | 含税(免税)销售额 | 销项(应纳)税额 |
| | | | 1 | 2 | 3 | 4 | 5 | 6 | 7 | 8 | 9 = 1 + 3 + 5 + 7 | 10 = 2 + 4 + 6 + 8 | 11 = 9 + 10 | 12 | 13 = 11 - 12 | 14 = 13 ÷ (100% + 税率或征收率) × 税率或征收率 |
| 二、简易计税方法计税 | 全部征税项目 | (8)6%征收率 | | | | | | | — | — | | | | —<br>— | | —<br>— |
| | | (9)5%征收率 | | | | | | | — | — | | | | —<br>— | | —<br>— |
| | | (10)4%征收率 | | | | | | | — | — | | | | —<br>— | | —<br>— |
| | | (11)3%征收率的货物及加工修理修配劳务 | | | | | | | — | — | | | | —<br>— | | —<br>— |
| | | (12)3%征收率的应税服务 | | | | | | | — | — | | | | | | |
| | | (13)预征收率(%) | | | | | | | — | — | | | | | | |
| | 其中：即征即退项目 | (14)即征即退货物及加工修理修配劳务 | | — | — | — | — | — | — | — | | | | | | —<br>— |
| | | (15)即征即退应税服务 | | — | — | — | — | — | — | — | | | | | | |
| 三、免抵退税 | (16)货物及加工修理修配劳务 | | | — | | — | | — | — | — | | — | | —<br>— | | —<br>— |
| | (17)应税服务 | | | — | | — | | — | — | — | | — | | | | — |
| 四、免税 | (18)货物及加工修理修配劳务 | | | | | — | | — | — | — | | — | | | | — |
| | (19)应税服务 | | | — | | — | | — | — | — | | — | | | | — |

**表 12-3 增值税纳税申报表附列资料(附表二)**

(本期进项税额明细)

税款所属时间: 年 月 日至 年 月 日

纳税人名称:(公章) 金额单位:元(列至角分)

| 一、申报抵扣的进项税额 | | | | |
|---|---|---|---|---|
| 项目 | 栏次 | 份数 | 金额 | 税额 |
| (一)认证相符的防伪税控增值税专用发票 | 1 =2 +3 | | | |
| 其中:本期认证相符且本期申报抵扣 | 2 | | | |
| 前期认证相符且本期申报抵扣 | 3 | | | |
| (二)其他扣税凭证 | 4 =5 +6 +7 +8 | | | |
| 其中:海关完税凭证 | 5 | | | |
| 农产品收购凭证及普通发票 | 6 | | | |
| 代扣代缴税收通用缴款书 | 7 | | | |
| 运输费用结算单据 | 8 | | | |
| | 9 | | | |
| | 10 | | | |
| (三)外贸企业进项税额抵扣证明 | 11 | | | |
| 当期申报抵扣进项税额合计 | 12 =1 +4 +11 | | | |
| 二、进项税额转出额 | | | | |
| 项目 | 栏次 | 税额 | | |
| 本期进项税额转出额 | 13 =14 至 23 之和 | | | |
| 其中:免税项目用 | 14 | | | |
| 非应税项目用、集体福利、个人消费 | 15 | | | |
| 非正常损失 | 16 | | | |
| 简易计税方法征税项目用 | 17 | | | |
| 免抵退税办法出口货物不得抵扣进项税额 | 18 | | | |
| 纳税检查调减进项税额 | 19 | | | |
| 红字专用发票通知单注明的进项税额 | 20 | | | |
| 上期留抵税额退税 | 21 | | | |
| 其他应作进项税额转出的情形 | 22 | | | |
| | 23 | | | |
| 三、待抵扣进项税额 | | | | |
| 项目 | 栏次 | 份数 | 金额 | 税额 |
| (一)认证相符的税控增值税专用发票 | 24 | | | |
| 期初已认证相符但未申报抵扣 | 25 | | | |
| 本期认证相符且本期未申报抵扣 | 26 | | | |
| 期末已认证相符但未申报抵扣 | 27 | | | |
| 其中:按照税法规定不允许抵扣 | 28 | | | |

续表

| | | | | |
|---|---|---|---|---|
| (二)其他扣税凭证 | 29 = 30 至 33 之和 | | | |
| 其中:海关进口增值税专用缴款书 | 30 | | | |
| 农产品收购发票或者销售发票 | 31 | | | |
| 代扣代缴税收通用缴款书 | 32 | | | |
| 运输费用结算单据 | 33 | | | |
| | 34 | | | |
| 四、其他 | | | | |
| 项目 | 栏次 | 份数 | 金额 | 税额 |
| 本期认证相符的防伪税控增值税专用发票 | 35 | | | |
| 代扣代缴税额 | 36 | | | |
| | | | | |
| | | | | |

# 任务 2　消费税实训

## 一、企业概况

企业名称:苏州宏达集团公司

企业性质:国有企业(一般纳税人)

企业所属行业:工业企业

开户银行及账号:工行光华路分理处 3489321

纳税人识别号:1210560000012344

## 二、经济活动过程

该集团公司主要生产经营酒类和卷烟产品。2014 年 5 月份发生如下经济业务。

(1)5 月 1 日,领用库存自产烟丝 1 吨,用于连续生产卷烟,该批烟丝的成本为 2 万元。

(2)5 月 4 日将生产的啤酒 20 吨销售给青年商店,收取押金 300 元/吨,价税款及押金均已收到。该啤酒出厂价为 2 800 元/吨。

(3)5 月 5 日,将 10 吨自产啤酒供给客户及顾客免费品尝。该啤酒出厂价为 2 800 元/吨,成本为 2 000 元/吨。

(4)5 月 10 日带包装销售粮食白酒 20 吨,单价 7 050 元,价款 141 000 元,含包装物价款 25 000 元。粮食白酒的比例税率为 20%,定额税率为 0.5 元/斤。

(5)5 月 20 日用自产粮食白酒 10 吨抵偿某农场大米款 70 000 元,不足或多余部分不再结算。该粮食白酒每吨售价在 5 500 ~ 6 500 元内浮动,平均售价为 6 000 元。粮食白酒的比例税率为 20%,定额税率为 0.5 元/斤。

(6)5 月 6 日，发往 B 烟厂烟叶一批，委托 B 烟厂加工烟丝，发出烟叶成本 20 万元，支付加工费 8 万元。该集团公司委托加工的烟丝一半出售，一半用于连续生产卷烟，B 烟厂没有同类烟丝销售价格。

(7)5 月 22 日，收回委托 B 烟厂加工的烟丝，出售一半取得收入 25 万元，生产卷烟领用另一半。

(8)5 月 27 日，销售卷烟 20 大箱，取得收入 100 万元，销售外购烟丝取得收入 10 万元。

(9)5 月 28 日，没收逾期未收回的卷烟包装物押金 23 400 元。

(10)5 月 29 日，收回委托个体户张某加工的烟丝（发出烟叶成本 2 万元，支付加工费 1 060 元，该处同类烟丝销售价格为 3 万元），直接出售取得收入 3.5 万元。

## 三、实训目的

(1)了解消费税概况，掌握消费税的计算、消费税的会计处理。

(2)熟悉消费税的纳税申报。

(3)培养学生的分析理解能力、计算能力和财务处理能力。

## 四、实训条件

(1)记账凭证（18 张）。

(2)应交增值税专用账页(2 张)、三栏式明细账页(1 张)。

(3)烟、酒消费税纳税申报表(各 1 张)。

## 五、实训要求

(1)分析经济业务，编制会计分录。

(2)计算苏州宏达集团公司 2014 年 5 月份应缴纳的增值税和消费税。

(3)登记“应交税费——应交消费税”明细账及“应交税费——应交增值税”明细账。

(4)填制消费税纳税申报表（表 12-4、表 12-5）并按规定申报。

**表 12-4　烟类应税消费品消费税纳税申报表**

税款所属期:2014 年 5 月 1 日至 2014 年 5 月 31 日
纳税人名称(公章):苏州宏达集团公司
纳税人识别号:1210560000012344
填表日期:2014 年 06 月 05 日　　　　金额单位:元(列至角分)

<table>
<tr><td colspan="2" rowspan="2">项目<br>应税消费品名称</td><td colspan="2">适用税率</td><td rowspan="2">销售数量<br>(A)</td><td rowspan="2">销售额<br>(B)</td><td rowspan="2">应纳税额<br>C=A×M+B×N</td></tr>
<tr><td>定额税率<br>(M)</td><td>比例税率<br>(N)</td></tr>
<tr><td>1</td><td>卷烟</td><td>150 元/箱</td><td>56%</td><td></td><td></td><td></td></tr>
<tr><td>2</td><td>卷烟</td><td>150 元/箱</td><td>36%</td><td></td><td></td><td></td></tr>
<tr><td>3</td><td>雪茄烟</td><td>—</td><td>36%</td><td></td><td></td><td></td></tr>
<tr><td>4</td><td>烟丝</td><td>—</td><td>30%</td><td></td><td></td><td></td></tr>
<tr><td>5</td><td>合计</td><td>—</td><td>—</td><td>—</td><td>—</td><td></td></tr>
<tr><td>6</td><td colspan="2">本期减(免)税额:</td><td></td><td colspan="3" rowspan="3">声明<br>此纳税申报表是根据国家税收法律的规定填报的,我确定它是真实的、可靠的、完整的。<br>经办人(签章):　　财务负责人(签章):<br>联系电话:</td></tr>
<tr><td>7</td><td colspan="2">本期准予扣除数额:</td><td></td></tr>
<tr><td>8</td><td colspan="2">期初未缴税额:</td><td></td></tr>
<tr><td>9</td><td colspan="2">本期缴纳前期应纳税额:</td><td></td><td colspan="3" rowspan="6">(如果你已委托代理人申报,请填写)<br>授权声明<br>为代理一切税务事宜,现授权______(地址)______为本纳税人的代理申报人,任何与本申报表有关的往来文件,都可寄与此人。<br>授权人签章:</td></tr>
<tr><td>10</td><td colspan="2">本期预缴税额:</td><td></td></tr>
<tr><td>11</td><td colspan="2">本期应补(退)税额:</td><td></td></tr>
<tr><td>12</td><td colspan="2">期末未缴税额:</td><td></td></tr>
<tr><td>13</td><td colspan="2">本期应补(退)税额 13 栏 =5 栏 C -6 栏 -(7 栏 +8 栏 -9 栏) -12 栏</td><td></td></tr>
<tr><td>14</td><td colspan="2">期末未缴税额 14 栏 =10 栏 +13 栏 -11 栏</td><td></td></tr>
<tr><td colspan="7">以下由税务机关填写</td></tr>
<tr><td colspan="7">受理人(签章):　　受理日期:　　年　　月　　日　　受理税务机关(章):</td></tr>
</table>

表 12-5 酒及酒精消费税纳税申报表

税款所属期:2014 年 5 月 1 日至 2014 年 5 月 31 日

纳税人名称(公章):苏州宏达集团公司

纳税人识别号:1210560000012344

填表日期:2014 年 6 月 5 日 金额单位:元(列至角分)

| 项目 / 应税消费品名称 | | 适用税率 | | 销售数量 | 销售额 | 应纳税额 |
|---|---|---|---|---|---|---|
| | | 定额税率 (*A*) | 比例税率 (*B*) | (*C*) | (*D*) | $E=C\times A+D\times B$ |
| 1 | 粮食白酒 | 0.5 元/斤 | 20% | | | |
| 2 | 薯类白酒 | 0.5 元/斤 | 20% | | | |
| 3 | 甲类啤酒 | 250 元/吨 | — | | | |
| 4 | 乙类啤酒 | 220 元/吨 | — | | | |
| 5 | 黄酒 | 240 元/吨 | — | | | |
| 6 | 其他酒 | — | 10% | | | |
| 7 | 酒精 | — | 5% | | | |
| 8 | 合 计 | — | — | — | — | |

| | | | |
|---|---|---|---|
| 9 | 本期减(免)税额: | | 声明<br>此纳税申报表是根据国家税收法律的规定填报的,我确定它是真实的、可靠的、完整的。<br>经办人(签章) 财务负责人(签章)<br>联系电话: |
| 10 | 本期准予扣除税额: | | |
| 11 | 期初未缴税额: | | |
| 12 | 结转下期抵减税额 12 栏 = 8 栏 *E* - 9 栏 - 10 栏 - 11 栏。如 12 栏 ≥ 0,则 12 栏为 0;如 12 栏 < 0,则 12 栏为 1。 | | |
| 13 | 本期缴纳前期应纳税额: | | (如果你已委托代理人申报,请填写)<br>授权声明<br>为代理一切税务事宜,现授权______(地址)______为本纳税人的代理申报人,任何与本申报表有关的往来文件,都可寄与此人。<br>授权人签章: |
| 14 | 本期预缴税额: | | |
| 15 | 期末未缴税额: | | |
| 16 | 本期应补(退)税额 16 栏 = 8 栏 *E* - 9 栏 - (10 栏 + 11 栏 - 12 栏) - 15 栏 | | |
| 17 | 期末未缴税额 17 栏 = 13 栏 + 16 栏 - 14 栏 | | |
| 以下由税务机关填写 | | | |
| 受理人(签章): | 受理日期: 年 月 日 | | 受理税务机关(章) |

# 任务 3 营业税实训

## 一、企业概况

企业名称:河南永华实业有限责任公司

企业性质:国有企业

企业法人代表:王海平

企业地址和电话:平顶山市开发区1号4987432

开户银行及账号:工商银行永达分理处0457032156

税务登记号:568032109801006

## 二、经济活动过程

该公司2013年3月发生如下经济业务。

(1)3月2日开出发票1张,取得娱乐业收入80 000元,收取价外费用2 000元。

(2)3月8日企业组团出境旅游,取得旅游费800 000元,其中支付给境外服务公司的接待费40 000美元,当月1日美元对人民币汇率为1:8.27。

(3)公司承包一栋住宅楼的建造工程,总承包额100 000 000元。3月11日收到第一批工程款,开具发票一张,金额为50 000 000元。

(4)公司3月20日将一项专利使用权进行转让,开具普通发票一张,金额为200 000元。

(5)公司于3月25日出售一幢厂房,厂方原价为100万元,已提折旧30万元,售价为80万元,以银行存款支付清理费用2万元。

## 三、实训目的

(1)了解营业税概况,掌握营业税的计算、营业税的会计处理。

(2)熟悉营业税的纳税申报。

(3)培养学生的分析理解能力、计算能力和财务处理能力。

## 四、实训条件

(1)记账凭证(12张)。

(2)三栏式明细账页(2张)。

(3)营业税申报表1张。

## 五、实训要求

(1)根据上述业务编制会计分录并填制记账凭证。

(2)计算该公司3月份应缴纳的营业税。

(3)登记“应交税费——应交营业税”明细账、“主营业务税金及附加”明细账。

(4)月末,将“营业税金及附加”账户从贷方转出,结转至“本年利润”账户借方。结转后,该账户无余额。

(5)填制营业税申报表(表12-6)。

**表 12-6 营业税、城市维护建设税、教育费附加、文化事业建设费申报表**

纳税人识别号：
纳税人名称：(公章)
税款所属时间：自 年 月 日至 年 月 日
填表日期： 年 月 日 金额单位：元(列至角分)

| 纳税人名称（公章） | | | | | 经营地址 | | | | | |
|---|---|---|---|---|---|---|---|---|---|---|
| 纳税人识别号 | | | 电话 | | 经济性质 | | 开户银行 | | 账号 | |
| 项目 | | | 应税收入 | 本期实际减除金额 | 应税营业额（计征金额） | 适用税（费）率 | 应纳税额 | 减免税额 | 已缴税额 | 应征（退）税额 |
| 营业税 | 税目 | 子目 | 1 | 2 | 3 = 1 - 2 | 4 | 5 = 3 × 4 | 6 | 7 | 8 = 5 - 6 - 7 |
| | 建筑业 | | | | | | | | | |
| | 服务业 | | | | | | | | | |
| | 销售不动产 | | | | | | | | | |
| | | | | | | | | | | |
| | | | | | | | | | | |
| | | | | | | | | | | |
| | 合计 | | | | | | | | | |
| 城市维护建设税 | 营业税 | | | | | | | | | |
| | 增值税、消费税 | | | | | | | | | |
| | 经批准免抵增值税额（生产企业） | | | | | | | | | |
| | 免、抵、退应退税额（生产企业一般纳税人） | | | | | | | | | |
| | 合计 | | | | | | | | | |
| 教育费附加 | | | | | | | | | | |
| 地方教育费附加 | | | | | | | | | | |
| 文化事业建设费 | | | | | | | | | | |
| 总计 | | | | | | | | | | |

纳税人声明：

此纳税申报表是根据中华人民共和国有关税收法规填报的，我确认它是真实、可靠、完整的。如有不实，我愿承担法律责任。

法人代表（单位负责人）：

（公章）

年 月 日

**填 表 说 明**

1. 本表适用于营业税、城市维护建设税、教育费附加、地方教育费附加、文化事业建设费的纳税申报。经主管税务机关核准实行简易申报方式的纳税人和仅办理一般登记的建筑业项目，不填报本表。

2. 无论本期有无税款，均应填写此报表，否则按未申报处理。

3. 第1栏"应税收入"：填报纳税人当期取得的全部价款和价外费用之和。

4. 第2栏"本期实际减除金额"：不为0时，应填报营业税计税营业额减除项目申报表。

5. 第3栏"应税营业额（计征金额）"：应税营业额填写营业税计税依据；计征金额填写城市维护建设税、教育费附加、地方教育附加、文化事业建设费的计征依据。其中城市维护建设税（经批准免抵增值税额（生产企业））填写国税机关正常审核出具的生产企业出口免抵退税审批通知单上注明的"免抵税额"。

6. 第6栏"减免税额"不为0时，应填报减免税申报表。

7. 第7栏"已缴税额"填报前期多缴税额与本期已缴税额之和。

8. 本表及明细申报表"纳税人名称"填写纳税人单位名称全称，并加盖公章，不得填写简称。"税款所属时间"填写纳税人申报的营业税应纳税额的所属时间，应填写具体的起止年、月、日。"纳税人识别号"栏，填写税务机关为纳税人确定的税务管理码。"填表日期"栏，填写纳税人填写本表的具体日期。

9. 本表一式三份，纳税人按规定的申报期限向主管税务机关申报纳税，主管税务机关受理后，二份税务机关留存，一份纳税人留存。

# 任务4 企业所得税实训

## 一、企业概况

企业名称:陕西建华机械有限公司

企业性质:国有独资企业

企业法人代表:李金鹏

企业地址和电话:西安市高新技术开发区 1 号 02933886586

开户银行及账号:工商银行桃园分理处 0457032156

税务登记号:568032109801006

## 二、经济活动过程

该公司为增值税一般纳税人,2013 年的纳税资料如下。

(1)取得产品销售收入 6 000 万元,营业外收入 30 万元(固定资产处置的净收益)。

(2)产品销售成本 2 200 万元。

(3)销售税金 2 365.46 万元(其中,增值税 646 万元)。

(4)发生销售费用 800 万元(其中,广告费 500 万元)。

(5)发生管理费用 777.84 万元(其中,业务招待费 35 万元、新产品开发费用 60 万元)。

(6)发生财务费用 200 万元(其中,当年 1 月 1 日向其他非金融企业签订生产性借款合同,记载借款金额 800 万元,借款期限一年,支付利息费用 80 万元,同期银行贷款的年利率为 5%)。

(7)营业外支出 45 万元(其中,通过公益性社会团体向自然灾害地区捐款 40 万元,向有关部门支付罚款 1 万元,处置固定资产净损失 4 万元)。

(8)连续 12 个月以上的权益性投资收益 40 万元(已在投资方所在地按 15% 缴纳了所得税)。

(9)全年计入成本、费用中的合理的工资支出 1 000 万元;拨缴的工会经费 20 万元;实际发生的职工福利费 150 万元;支出的职工教育经费 30 万元。

(10)2011 年 12 月 30 日购入某项机器设备,其取得成本为 100 万元,使用年限为 10 年, 净残值为 0。会计上采用直线法计提折旧(每年折旧额 10 万元已经计入成本费用),税法规定允许采用加速折旧,按双倍余额递减法计列折旧(第一年的折旧额为 20 万元)。

(11)2012 年已预缴了企业所得税 50 万元。

(12)公司在 A、B 两国设有分支机构。汇回的 A 国机构的税后所得 70 万元,A 国所得税税率 30%;汇回的 B 国机构的税后所得 40 万元,B 国所得税税率 20%。在 A、B 两国分别已纳所得税 30 万元、10 万元。假设两国与我国税法规定的应纳税所得额的计算相同。

除所列项目外,其他资产、负债项目不存在会计和税收的差异。

## 三、实训目的

(1)了解企业所得税概况,掌握企业所得税的计算、企业所得税的会计处理。
(2)熟悉企业所得税的纳税申报。
(3)培养学生的分析理解能力、计算能力和财务处理能力。

## 四、实训条件

(1)记账凭证(2 张)。
(2)企业所得税年度纳税申报表(1 张)

## 五、实训要求

(1)计算该企业年末应纳所得税税额。
(2)计算该企业年末应补(退)所得税税额。
(3)进行计提及缴纳企业所得税的会计处理。
(4)将有关资料填入企业所得税纳税申报表(表 12-7)。

**表 12-7　中华人民共和国企业所得税年度纳税申报表(A 类)**

税款所属期间：　　年　月　日至　　年　月　日
纳税人识别号:□□□□□□□□□□□□□□□□□
纳税人名称：　　　　　　　　　　　　　　　　　金额单位:元(列至角分)

| 类别 | 行次 | 项　目 | 金额 |
|---|---|---|---|
| 利润总额计算 | 1 | 一、营业收入(填附表一) | |
| | 2 | 减:营业成本(填附表二) | |
| | 3 | 营业税金及附加 | |
| | 4 | 销售费用(填附表二) | |
| | 5 | 管理费用(填附表二) | |
| | 6 | 财务费用(填附表二) | |
| | 7 | 资产减值损失 | |
| | 8 | 加:公允价值变动收益 | |
| | 9 | 投资收益 | |
| | 10 | 二、营业利润 | |
| | 11 | 加:营业外收入(填附表一) | |
| | 12 | 减:营业外支出(填附表二) | |
| | 13 | 三、利润总额(第 10 行 + 第 11 行 - 第 12 行) | |

续表

| 类别 | 行次 | 项　目 | 金额 |
|---|---|---|---|
| 应纳税所得额计算 | 14 | 加:纳税调整增加额(填附表三) | |
| | 15 | 减:纳税调整减少额(填附表三) | |
| | 16 | 其中:不征税收入 | |
| | 17 | 免税收入 | |
| | 18 | 减计收入 | |
| | 19 | 减、免税项目所得 | |
| | 20 | 加计扣除 | |
| | 21 | 抵扣应纳税所得额 | |
| | 22 | 加:境外应税所得弥补境内亏损 | |
| | 23 | 纳税调整后所得(第13行+第14行-第15行+第22行) | |
| | 24 | 减:弥补以前年度亏损(填附表四) | |
| | 25 | 应纳税所得额(第23行-第24行) | |
| 应纳税额计算 | 26 | 税率(25%) | |
| | 27 | 应纳所得税额(第25行×第26行) | |
| | 28 | 减:减免所得税额(填附表五) | |
| | 29 | 减:抵免所得税额(填附表五) | |
| | 30 | 应纳税额(第27行-第28行-第29行) | |
| | 31 | 加:境外所得应纳所得税额(填附表六) | |
| | 32 | 减:境外所得抵免所得税额(填附表六) | |
| | 33 | 实际应纳所得税额(第30行+第31行-第32行) | |
| | 34 | 减:本年累计实际已预缴的所得税额 | |
| | 35 | 其中:汇总纳税的总机构分摊预缴的税额 | |
| | 36 | 汇总纳税的总机构财政调库预缴的税额 | |
| | 37 | 汇总纳税的总机构所属分支机构分摊的预缴税额 | |
| | 38 | 合并纳税(母子体制)成员企业就地预缴比例 | |
| | 39 | 合并纳税企业就地预缴的所得税额 | |
| | 40 | 本年应补(退)的所得税额(第33行-第34行) | |
| 附列资料 | 41 | 以前年度多缴的所得税额在本年抵减额 | |
| | 42 | 以前年度应缴未缴在本年入库所得税额 | |

| 纳税人公章: | 代理申报中介机构公章: | 主管税务机关受理专用章: |
|---|---|---|
| | 经办人及执业证件号码: | 受理人: |
| 经办人: | 经办人执业证件号码: | |
| 申报日期:　　年　月　日 | 代理申报日期:　　年　月　日 | 受理日期:　　年　月　日 |

国家税务总局监制

注:本表适用于实行查账征收企业所得税的居民纳税人填报。

# 任务5　个人所得税实训

## 一、案例介绍

中国公民王好学是某大学教授，平时热爱绘画和写作，2013 年收入情况如下所述。

(1)每月领取工资 5 000 元。

(2)在 A 国举办书画展取得收入 60 000 元，按收入来源国税法规定缴纳了个人所得税 15 000 元。

(3)出版小说一部，获得稿酬 40 000 元；同时，该小说还在某报纸上连载，至年底连载尚未结束，于 2013 年底获得部分预付稿酬 5 000 元，其余稿酬在连载完后一并付清。

(4)保险赔款所得 5 000 元。

(5)2013 年 12 月，一年期储蓄存款到期，取得利息收入 2 100 元。

(6)购买彩票，中奖所得 20 000 元，领奖时从中奖收入中拿出 4 000 元通过教育部门捐给希望小学。

## 二、案例解析要求

(1)分析指出该案例适用的相关税收法律、法规条文。

(2)依法计算个人全年应纳个人所得税。

(3)填报个人所得税纳税申报表(表 12-8)。

### 表 12-8　个人所得税纳税申报表

（适用于年所得 12 万元以上的纳税人申报）

所得年份：　　年　　　　填表日期：　　年　月　日　　　　金额单位：人民币元（列至角分）

| | | | | | | | | | |
|---|---|---|---|---|---|---|---|---|---|
| 纳税人姓名 | | 国籍（地区） | | 身份证照类型 | | 身份证号码 | | | |
| 任职、受雇单位 | | 任职、受雇单位税务代码 | | 任职、受雇单位所属行业 | | 职务 | | 职业 | |
| 在华天数 | | 境内有效联系地址 | | | | 境内有效联系地址邮编 | | 联系电话 | |
| 此行由取得经营所得的纳税人填写 | | 经营单位纳税人识别号 | | | | 经营单位纳税人名称 | | | |

| 所得项目 | 年所得额 | | | 应纳税所得额 | 应纳税额 | 已缴（扣）税额 | 抵扣税款 | 减免税额 | 应补税额 | 应退税额 |
|---|---|---|---|---|---|---|---|---|---|---|
| | 境内 | 境外 | 合计 | | | | | | | |
| 1. 工资、薪金所得 | | | | | | | | | | |
| 2. 个体工商户的生产经营所得 | | | | | | | | | | |
| 3. 对企事业单位承包承租经营所得 | | | | | | | | | | |
| 4. 劳务报酬所得 | | | | | | | | | | |
| 5. 稿酬所得 | | | | | | | | | | |
| 6. 特许权使用费所得 | | | | | | | | | | |
| 7. 利息、股息、红利所得 | | | | | | | | | | |
| 8. 财产租赁所得 | | | | | | | | | | |
| 9. 财产转让所得 | | | | | | | | | | |
| 其中：股票转让所得 | | | | | | | | | | |
| 个人转让房屋所得 | | | | | | | | | | |
| 10. 偶然所得 | | | | | | | | | | |
| 11. 其他所得 | | | | | | | | | | |
| 合计 | | | | | | | | | | |

税务机关受理人（签字）　　　　税务机关受理时间：　　年　月　日　　　　受理申报税务机关名称（盖章）

# 参考文献

[1]梁伟样. 纳税实务. 北京:中国财政经济出版社,2013.
[2]盖地. 税务会计与纳税筹划. 10版. 大连:东北财经大学出版社,2014.
[3]财政部会计司编写组. 企业会计准则讲解. 北京:人民出版社,2010.
[4]陆建军,刘红梅. 纳税实务与筹划. 北京:机械工业出版社,2013.
[5]胡永政. 税收与税务筹划. 北京:人民邮电出版社,2010.
[6]韩娜. 经济法基础. 北京:中国经济出版社,2013.
[7]曹庆华,王汉民. 税务会计. 北京:中国经济出版社,2013.
[8]朱丹,方飞虎. 税务会计实务. 杭州:浙江大学出版社,2010.
[9]唐晓,何俐利. 税务会计. 3版. 北京:机械工业出版社,2012.
[10]苏春林. 纳税实务. 北京:清华大学出版社,2010.
[11]全国注册税务师执业资格考试教材编写组. 税法Ⅰ. 北京:中国税务出版社,2013.
[12]全国注册税务师执业资格考试教材编写组. 税法Ⅱ. 北京:中国税务出版社,2013.
[13]索晓辉. 纳税新手一学就会. 北京:中国宇航出版社,2012.
[14]赵静. 营业税改征增值税账务处理与纳税操作指南. 北京:人民邮电出版社,2013.
[15]国家税务总局货物和劳务税司. 营业税改征增值税试点工作手册. 北京:中国税务出版社,2012.
[16]吴秋霜,赵桂娟. 会计人员继续教育培训教材. 北京:经济科学出版社,2013.
[17]李晓红. 税法. 北京:清华大学出版社,北京交通大学出版社,2009.
[18]王振东. 税法. 北京:人民邮电出版社,2013.
[19]财政部会计资格评价中心. 经济法. 北京:中国财政经济出版社. 2011.
[20]财政部会计资格评价中心. 经济法基础. 北京:经济科学出版社. 2011.
[21]财政部会计资格评价中心. 初级会计实务. 北京:中国财政经济出版社. 2011.
[22]财政部会计资格评价中心. 中级会计实务. 北京:经济科学出版社. 2011.